LES CURIOSITÉS

DE

L'EXPOSITION DE 1878

TABLE DES PLANS

Typographie Lahure, rue de Fleurus, 9, à Paris. — 3e tirage.

LES CURIOSITÉS

DE

L'EXPOSITION DE 1878

GUIDE DU VISITEUR

PAR

HIPPOLYTE GAUTIER ET ADRIEN DESPREZ

Auteurs des *Curiosités de l'Exposition de* 1867

AVEC 21 VIGNETTES ET 16 PLANS

NOUVELLE ÉDITION REVUE ET CORRIGÉE

Prix : 1 Franc

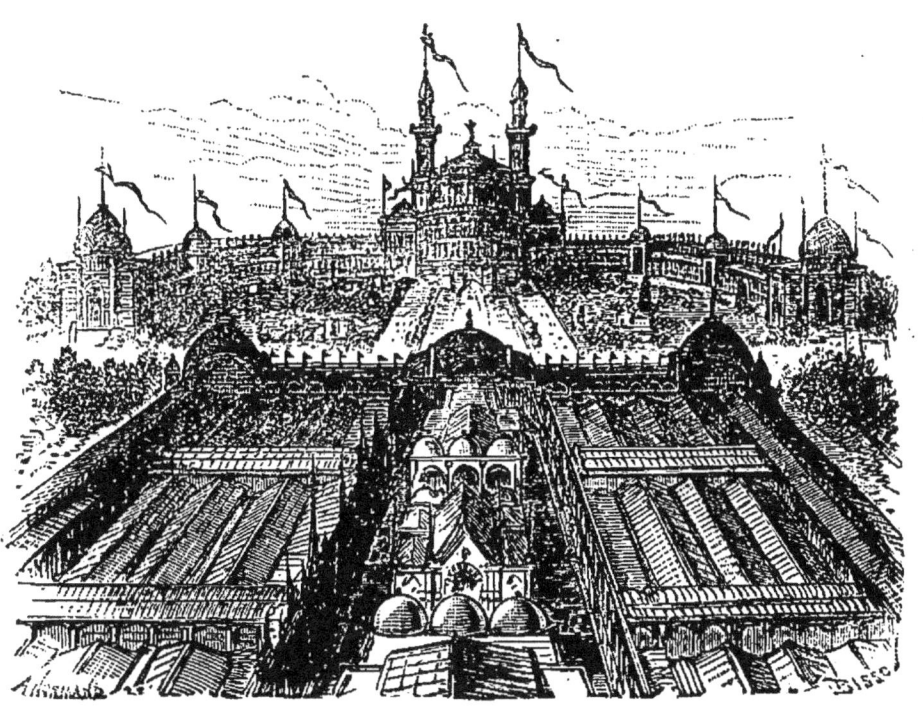

PARIS

LIBRAIRIE CH. DELAGRAVE

15, RUE SOUFFLOT, 15

AOUT 1878

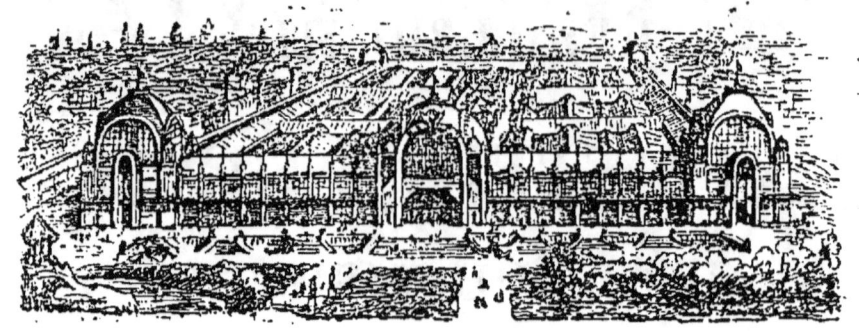

INTRODUCTION

Pas de temps à perdre!

Pas de phrases à faire! Soixante-quinze hectares à parcourir! et en zigzags encore! en route! En route!

Les Anglais, quand ils voyagent, n'aiment pas les guides qui s'extasient, et ils ont raison. Des préambules admiratifs sur l'avantage des Expositions, ces grands tournois qui... que... ces Babels modernes que n'arrête plus la diversité des langues, ce campement des peuples fraternisant, cette apothéose de l'industrie, pacificatrice du monde, etc. etc., ne manqueraient peut-être pas d'attrait pour le philosophe assis, mais impatienteraient l'explorateur en mouvement.

En route! En route! Nous sommes des touristes pressés qui voulons tout voir en un jour; *tout*, c'est beaucoup dire; au moins les principales choses, les plus extraordinaires ou les plus belles, celles dont tout le monde parle, celles où va la foule, celles qu'on regretterait de n'avoir pas vues.

Ainsi raisonne le lecteur qui a compté sur nous pour lui épargner des pas et des mécomptes. Il nous crie : Droit au merveilleux!

Au merveilleux donc! C'était déjà notre programme pour les *Curiosités de l'Exposition* de 1867 : nous attacher uniquement à ce qui frappe ou à ce qui charme; ne pas laisser notre public passer à côté sans y prendre garde; lui en indiquer la valeur, l'origine, l'emplacement; nous orienter pour lui dans ce labyrinthe et lui communiquer les trouvailles faites, moins la fatigue des recherches; cette pensée répond à la sienne, il nous l'a prouvé en 1867; elle est restée la même aujourd'hui. Que ce soit notre unique préface.

CURIOSITÉS.   1

LES CURIOSITÉS INVISIBLES

La difficulté vaincue. — L'œuvre préparatoire. — Le travail enfoui —
Les chiffres. — Les dimensions. — Comparaisons avec le passé. — Le
travail de nuit. — Le travail souterrain. — La ventilation. — L'hydraulique. — Les moteurs.

La première, la plus grande peut-être des curiosités de cette
Exposition est son existence même, après les difficultés de toutes
sortes qu'elle a traversées.

En reprenant possession de l'ancien terrain de 1867, du Champ
de Mars, redevenu depuis trois ans un Sahara dénudé, il a fallu
l'excaver, le canaliser à nouveau, le couvrir de terre végétale et
de gravier, d'arbustes et d'édifices.

Il n'a pas suffi; il a fallu conquérir en face de lui sur l'autre
rive de la Seine, un autre emplacement, le Trocadéro, monticule
inégal, qu'on a dû régulariser, trancher, surmonter d'un palais,
transformer en jardins.

Il s'y trouvait un sous-sol évidé par des carrières; il a fallu les
consolider.

L'eau manquait sur ces hauteurs; il a fallu l'y monter à profusion par de vastes conduites et des pompes élévatoires.

Le pont d'Iéna devenait trop chétif pour les multitudes attendues; il a fallu l'élargir.

On ne voulait pas fermer la Seine aux passants du dehors, il a
fallu construire, non loin de ce pont, et pour le suppléer, une
passerelle.

On ne voulait pas interrompre la circulation le long des quais,
il a fallu y creuser deux tranchées, l'une de 20 mètres de largeur
sur la rive droite, l'autre de 5 mètres sur la rive gauche, et recouvrir chacune de ces tranchées d'un pont de plus pour faire
suite au pont d'Iéna.

Au lieu d'un palais, on en a voulu deux, l'un de pierre, l'autre
de métal; l'un à demeure fixe, l'autre périssable, immenses l'un
et l'autre. Pour ces deux palais, on a rassemblé de tous les points
une masse de matériaux que les ingénieurs seuls peuvent cacu!-
ler. On a dû construire toute une ville de marbre, de fonte, de
briques, de vitres, de faïences; pour la soutenir il a fallu — autre
curiosité que malheureusement on ne peut plus voir, — des sub-
structions considérables, un ouvrage souterrain de géants. Et pour

le tout un mince délai, d'une effrayante brièveté : dix-huit mois à peine.

C'est un intarissable sujet d'étonnement qu'en un si faible intervalle on ait pu mener à bien tant de grandes choses. Ah ! si le public, qui voit maintenant l'œuvre accomplie, savait, ou s'il pouvait seulement supputer par la pensée ce qu'il y est entré de laborieuses préparations, de calculs, de force de volonté, de courageux et persévérants efforts ; ce qu'elle a coûté d'inventions, d'essais même, d'engins, de main-d'œuvre ; ce qu'elle a englouti de travaux ignorés, disparus aux regards depuis lors, enfouis dans le sol, ou lointains, dans les forges, dans les fonderies, et de transports donc ! de poses de rails, d'échafaudages, sans parler des nuits passées à ce labeur de titans !

Il ne reste plus aujourd'hui pour le dire que des chiffres.

Mais pourquoi ne les indiquerions-nous pas, avant que d'entrer, ces chiffres émouvants qui valent un récit? Eux seuls peuvent donner idée des obstacles surmontés.

Étendue des emplacements.

Cette Exposition de 1878 se partage d'abord entre deux vastes emplacements :

1° Le Champ de Mars, d'un kilomètre de longueur, en chiffres ronds, sur près d'un demi-kilomètre de large, en tout une surface de 42 hectares.

2° Le Trocadéro, 28 hectares.

De l'extrémité du Trocadéro à l'extrémité opposée du Champ de Mars, tirons une ligne droite, en traversant le pont d'Iéna. Nous aurons 1800 mètres de distance.

A ces deux emplacements principaux l'on a joint les quais et les berges de la Seine.

L'Exposition sur le quai d'Orsay s'allonge jusqu'au pont de l'Alma (2200 mètres carrés). Des hangars, en outre, destinés aux animaux vivants, couvrent sur la place des Invalides 1400 mètres carrés.

Le total donne 75 hectares.

La première exposition, celle de l'an VI, se tenait sur ce même Champ de Mars.

Elle y occupait seulement 23 mètres carrés.

L'exposition de Londres, 1851 (à Hyde-Pack) 38 027.

Notre exposition de 1855 (Champs-Elysées) 252 052.

En 1862 exposition de Londres (Sydenham) 159 944.

En 1867, exposition de Paris (Champs de Mars et Billancourt) 642 520.

En 1873, exposition de Vienne.

En 1876 exposition de Philadelphie, 598 000.

L'exposition que nous allons visiter s'étend sur 750 000 mètres carrés.

Étendue des constructions

La surface couverte était précédemment :

En 1851, à Londres, par le Crystal Palace de Hyde-Park (bâtiment temporaire à 2 étages) : 75 000 mètres carrés.

En 1855 à Paris, par le Palais de l'Industrie qui subsiste encore, à deux étages également, 47 000 mètres carrés (sans parler des annexes temporaires, 68 000 m. q.)

En 1862, à Londres, par le palais de Sydenham : 120 000. (Ce palais avait 588 mètres de longueur).

En 1867, à Paris, par le bâtiment central du Champ de Mars, 151 751 mètres ; (152 000 avec la marquise) ; il était de forme ovale ; il avait dans sa plus grande longueur 490 mètres ; pour sa largeur diamétrale, 380 ; et un pourtour de 1 kilomètre et demi.

Aujourd'hui, la surface couverte par le palais du Champ de Mars est de 240 531 mètres carrés ; les annexes y ajoutent sur la rive gauche de la Seine 40 000 mètres carrés, et le palais du Trocadéro, qui possède une envergure de 430 mètres, en a 13 000 superficiels.

Le total donne 41 hectares couverts de bâtiments.

La hauteur.

En 1867, le bâtiment du Champ de Mars avait pour les machines une galerie qui atteignait 25 mètres.

Aujourd'hui la galerie des machines a conservé à peu près cette mesure ; on lui a donné jusqu'à la pointe du toit, $23^m,65$. Les deux grands vestibules transversaux ont une moindre élévation : 16 mètres.

Au Trocadéro, le point culminant de la coupole est à 55 mètres au-dessus du niveau de la place, et les deux tours, dont la plate-forme, à la hauteur de 62 mètres, se charge d'un belvédère, ont en tout jusqu'au sommet 82 mètres.

Travaux souterrains.

Soubassement du Trocadero, profondeur, 15 et 20 mètres. Sous-sol du Champ de Mars : profondeur, 3 mètres.

Cube total des remblais, au Trocadéro 235 000, et des remblais 260 000. En tout, 500 000 mètres environ de terre remuée et déplacée ; une colline délogée.

Longueur des égouts : 13 kilomètres.

Longueur des conduites d'eau : on parle de 30 kilomètres.

Autres chiffres.

Les clôtures en bois des diverses enceintes de l'Exposition se développent sur 10 kilomètres.

Le pont d'Iéna, exhaussé et élargi au moyen d'un tablier superposé à l'ancienne chaussée, supporte, pour ce tablier, 37 poutres métalliques pesant dans leur ensemble 400 000 kilogr.

Cubage total des maçonneries du Champ de Mars : 80 000 mètres.

Poids des fers employés : 18 000 000.

Les ventilateurs.

Voici l'être créé! Mais ce n'était pas tout que de lui avoir donné un corps, il fallait lui assurer une respiration.

Dans le palais du Champ de Mars, l'aération sans courants d'air était un point capital. Il y avait risque ou d'étouffer ou de frissonner dans ces couloirs de 650 mètres.

L'air! mais y songez-vous? Pour l'insuffler en de telles profondeurs, n'aurait-il pas fallu les poumons formidables des Éoles de l'antiquité? Qu'on se rassure. Les Éoles sont là! Ce sont de puissants ventilateurs. Ils ont une trachée-artère de plusieurs kilomètres. Elle serpente modestement sous les pas des visiteurs, dissimulée par le plancher des galeries, et distribue par seize voies souterraines le souffle aspiré du dehors. Grâces soient rendues aux humbles génies, on ne sera pas suffoqué.

Dans la salle des fêtes, au Trocadéro, où peut être entassée une masse de 4500 auditeurs, ce n'était pas à moins de 200 000 mètres cubes par heure qu'on évaluait l'air vicié à remplacer, l'air respirable à introduire. Quel problème et que d'ingénieuses combinaisons pour le résoudre! L'air vicié, soutiré par le bas dans de nombreux soupiraux, dégorge dans un collecteur souterrain. L'air pur est insufflé par le haut; une pression de 3 kilogrammes par mètre carré refoule la masse gazeuse. On a dû chercher pour ce travail mécanique formidable un système de ventilateurs silencieux; hélas! ils le sont rarement; ils font presque toujours payer leur énergie par de bruyants ronflements; les appareils à hélice qu'on a choisis passent pour les ronfleurs les plus discrets, ce qui n'est pas à dédaigner dans une salle de concerts.

Travaux hydrauliques.

Et l'eau?

On en voulait pour 20 000 mètres cubes par jour.

Quatre machines élévatoires, qui en pourraient fournir chacune 8000, installées deux par deux sur la berge du quai de Billy et animées d'une force totale de 400 chevaux, font gravir les pentes du Trocadéro à une véritable rivière.

Cette rivière à rebours, qui marche la tête en bas, grimpe souterrainement dans des réservoirs placés en dehors de l'Exposition.

Elle alimente le large bassin de la place d'entrée; la grande cascade au pied du Palais des fêtes, cascade dont la chute a 9 mètres, et qui débite 1000 mètres cubes environ par heure, enfin l'aquarium, et de l'autre côté de la Seine (car elle la traverse après en être sortie), les bassins et les tuyaux du Champ de Mars.

Maintenue en partie sous pression, elle sert encore au fonctionnement des ascenseurs, à l'élancement du grand jet d'eau qui atteint 19 mètres d'élévation, aux besoins de l'arrosage, et se tient prête, en cas d'incendie, à jaillir de bouches répandues partout.

On a cité comme chiffres de la canalisation exigée par le mouvement des eaux: 30 kilomètres de conduits en fonte, 8 kilomètres de tuyaux de plomb.

Il y aurait ingratitude à ne pas citer aussi les noms attachés à ces merveilles aquatiques : M. Duval, directeur des travaux, MM. Clausel et Barrois, ingénieurs.

Les moteurs.

Enfin, la vie répandue à profusion dans les galeries des machines où tournoient tant de roues, où s'agitent tant de bras métalliques, à qui la doit-on?

A une trentaine de moteurs espacés d'intervalle en intervalle dans ces galeries, presque partout deux par deux. Ces appareils d'une incroyable variété, œuvres de divers constructeurs, constituent eux-mêmes un objet d'exposition, en même temps qu'ils distribuent autour d'eux l'énergie de la vapeur. On pourra comparer le mérite des systèmes respectifs. Les arbres de couche destinés à transmettre l'action de ces appareils longent à droite et à gauche un portique central, soutenus par de solides piliers de fonte. Ces arbres de couche jouent le rôle de poulies, ils communiquent leur mouvement de rotation, par l'intermédiaire de courroies, aux rouages exposés.

Quant aux générateurs d'où sort la vapeur, c'est-à-dire l'âme de toute cette activité, on les a établis à l'extérieur du palais, cinq du côté français, quatre du côté étranger, reconnaissables à leurs hautes cheminées, qui donnent à ce sanctuaire du travail l'aspect qui lui convenait, l'aspect d'un colossal atelier. Les Égyptiens apostaient à l'entrée de leurs palais des obélisques. Ces hautes cheminées sont les obélisques de la civilisation moderne conviée au Champ de Mars.

Et maintenant, à l'œuvre! Les organisateurs ont fait leur tâche; ils ont créé; à nous, la nôtre: visitons.

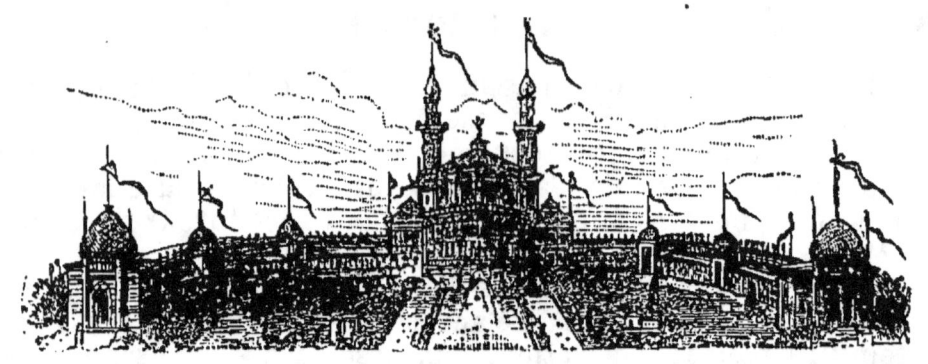

LES CURIOSITÉS DU COUP D'ŒIL

I. LE DÉCOR

L'aspect des deux Palais.

Une différence qui frappe dès le premier abord entre 1878 et 1867, et qui constitue une immense supériorité pour l'Exposition nouvelle sur sa devancière, est dans la construction même des édifices qui l'abritent: c'est l'architecture, c'est le soin décoratif, c'est l'aspect monumental des palais, — car au lieu d'un, il y en a deux,— c'est le style particulier de l'un et de l'autre, deux créations nouvelles. Et si l'on joint cet heureux aspect de la surface à ce que nous avons dit de l'immensité du travail et de la rapidité de l'exécution, on pourra définir cette œuvre sans précédents : une Exposition d'ingénieurs et d'architectes. Tel est son caractère dominant. Ils ont accumulé pour elle les ressources les plus savantes, les tours de force les plus hardis, des matériaux, des ornements d'une variété et d'une richesse qu'il était difficile de dépasser, les uns empruntés à nos carrières de marbre, les autres à la métallurgie, ceux-ci à la statuaire, ceux-là au moulage, à l'art du mosaïste, à la céramique surtout, qui fait là son entrée triomphale.

Cette recherche de l'effet décoratif marque, comme un signe

extérieur de renaissance, le progrès de cette année sur les autres.

En 1867, le mot *Palais* n'était pas justifié ; on avait des galeries, des vitrages, des charpentes métalliques ; mais de monument, point. L'édifice circulaire qui abritait les richesses du monde entier n'était point digne d'elles. C'était un hangar monstre, bien agencé, même merveilleux pour les dimensions et entouré au surplus d'un promenoir des plus agréables. Mais il n'y avait pas d'illusion à se faire sur la beauté de la forme. Le *Palais* avait plutôt l'air d'un gazomètre. C'était dans le genre gazomètre un géant, voilà tout ; à part sa taille, fort modeste auberge des progrès du siècle, il laissait à ses hôtes le soin de plaire et d'émerveiller. Pour lui il semblait dire : « Tout mon luxe est en eux ; ma gloire est de les préserver de la pluie et du vent. »

Aujourd'hui le luxe déborde au contraire sur l'extérieur même. Il s'y manifeste par l'éclat de l'ornementation, dorures et couleurs, moulures et contours ; c'est harmonieux et grandiose comme décor. Il y a prodigalité d'émail, envahissement de faïences peintes. Il y a des proportions étudiées savamment, des contrastes heureux, des hardiesses de voussures. On sent la main d'architectes amoureux de leur art, qui ont cherché le beau à travers le gigantesque, et l'original à travers le métallique. Ils n'ont pas voulu que l'on sentît au dehors les lourdeurs de la main, ni la dureté des froides ossatures.

Les uns, MM. Davioud et Bourdais, qui ont construit le palais du Trocadéro, ont obtenu qu'il couronnât les hauteurs sans être rapetissé par elles et sans les écraser non plus. Avec ses solides assises on le dirait léger ; il couvre toute la longueur du coteau de ses deux ailes gracieusement recourbées en demi-cercle, et le corps rengorgé et élancé à la fois comme celui d'un aigle à deux têtes allonge ses campaniles vers le ciel pendant qu'il ouvre à l'air, du côté du Champ de Mars, son plumage de pierres découpées en portiques. Une sombre coloration court dans les frises ; il n'y a ni trop ni trop peu ; c'est sévère et c'est délicat.

L'autre architecte, celui qui a conçu l'édifice du Champ de Mars, M. Hardy, — ce nom durera plus que l'œuvre, — avait à lutter contre d'autres inconvénients tout différents, contre ceux du métal et contre ceux de l'étendue. Il a réussi à déguiser le fer sous les élégances de la couleur, le titanesque sous les élégances de la forme. Ses pavillons d'angle, avec leurs quatre grandes faces cintrées et percées à jour, dépassent en hauteur le dôme central ; ils en rachètent la largeur pesante ; ils relèvent les horizons monotones de l'immense quadrilatère par leurs coupoles élancées, qu'on croirait soutenues par l'air seul et qui semblent retomber en parachutes sur leurs quatre uniques points de soutien. A travers leur transparent vitrail bleuâtre on revoit le ciel de l'autre côté, et la lumière passe au-dessous, comme emprisonnée dans un filet, pour se répandre en gerbes étincelantes sur les trésors du dedans.

Au dedans aussi, nous retrouverons des splendeurs architecturales : la nef du grand vestibule, le pavillon de la ville de Paris et la rangée — curieuse au dernier point — des façades de chaque nation alignées sur le promenoir central pour se faire comparer entre elles, à la manière des trois déesses du *Jugement de Pâris*, l'une fière de ses dentelures de bois, l'autre étalant ses ramages de couleurs, l'autre ses arabesques de pierres, l'autre ses losanges de briques, l'autre ses marbres.

Ainsi l'architecture domine dans ce festival des arts et du goût. C'est elle qui fait les honneurs, c'est elle qui héberge, et c'est elle en même temps qui est la première exposante. Elle expose partout à la fois, dans les parcs, dans le Trocadéro, dans le Champ de Mars, par les abris mêmes qu'elle donne aux autres exposants; elle les résume, elle les symbolise, elle les couvre de son manteau richement brodé.

II. LE PLAN ET LE PANORAMA.

L'entrée. — Notre poste d'observation. — Terrasse et belvédère. — Coup d'œil général. — Distribution des enceintes, des parcs et des palais.

L'entrée.

Des deux grands palais, l'un, celui du Trocadéro, a été fait pour contempler l'autre, bien qu'il doive lui survivre, et pour le glorifier.

Celui du Champ de Mars, plus éphémère, est le spectacle, la scène.

Celui du Trocadéro est, à tour de rôle, suivant le point où l'on se place, la loge ou le décor.

Celui du Champ de Mars, vaste cité de fonte et de verre, plus populeuse à certaines heures que mainte grande ville, sert de caravansérail aux inventions, aux productions accourues de presque tous les points du globe. C'est le *palais industriel*.

Celui du Trocadéro est pour le plaisir de l'œil et de l'oreille. Il est le belvédère, il est l'orchestre, il est le palais magique par excellence, le *palais des fêtes*.

Aussi est-ce par lui qu'on se sent attiré tout d'abord.

De toutes les entrées, celle qu'il nous ouvre place du Troca-

1.

déro est à préférer, au moins pour le prestige d'une première visite et aussi pour un autre avantage tout pratique, parce que de ces hauteurs qui dominent l'Exposition entière on aura, en même temps qu'un magnifique panorama dévoilé tout à coup, quelque chose de précieux pour tout explorateur : le plan à vol d'oiseau du pays à parcourir. Le palais du Champ de Mars nous apparaîtra dans toute son étendue, avec son système de galeries, avec son entourage d'annexes et d'enceintes. Le parc, au pied de notre observatoire, va en pentes fuyantes, en pentes douces jusqu'à la Seine ; nous pourrons d'un seul regard en embrasser tout l'agencement ; ce sera notre itinéraire en relief ; introduction géographique indispensable pour le rapide voyage à faire sur ce diminutif du globe, sur ce planisphère un peu bouleversé, où la Suède confine au Japon, où la Norvége coudoie l'Egypte, où tous les points cardinaux sont emmêlés et où la mer, apportée en bateau, perche plus haut que la Seine.

Donc nous pénétrons par ce qui est du reste l'entrée d'honneur, par les propylées aux massives colonnes de marbre rouge qui traversent le palais des Fêtes. Nous commençons par le décor, par l'apothéose, par le couronnement. N'est-ce pas naturel ? N'y a-t-il pas plaisir à passer sous les arcs de triomphe, quand on vient saluer des conquérants ? Les conquérants de notre époque, les arts, les industries, se sont donné rendez-vous en champ clos, là, en bas, au pied du palais, et les colonnades en demi-cercle du Trocadéro remplacent, pour cette arène du génie moderne, les colisées que l'antiquité dressait pour les luttes moins nobles des gladiateurs. La colline ainsi couronnée de galeries en amphithéâtre semble avoir été faite exprès pour servir de tribune à un aréopage. On se figure ainsi l'estrade où se tenaient les juges des jeux Olympiques. C'est bien le frontispice qui convenait au carrousel des nations rassemblées, la préface qu'il fallait aux féeries de la vue et aux féeries du travail.

La vue.

Résistons à l'attraction qui porte la plupart des visiteurs à descendre tout d'abord dans les jardins d'Armide.

Plaçons-nous à l'un des promenoirs de la rotonde centrale, le plus haut que nous pourrons, il y en a trois superposés, les deux d'en bas faisant portique, le troisième formant terrasse ; on y arrive par des escaliers taillés dans le pourtour de la rotonde.

Voilà notre observatoire. Cette terrasse circulaire, spacieuse, nous donne vue sur presque tout Paris ; nous avons à notre gauche les silhouettes de ses monuments, depuis le dôme de l'École militaire, en face de nous, au fond du Champ de Mars, jusqu'à

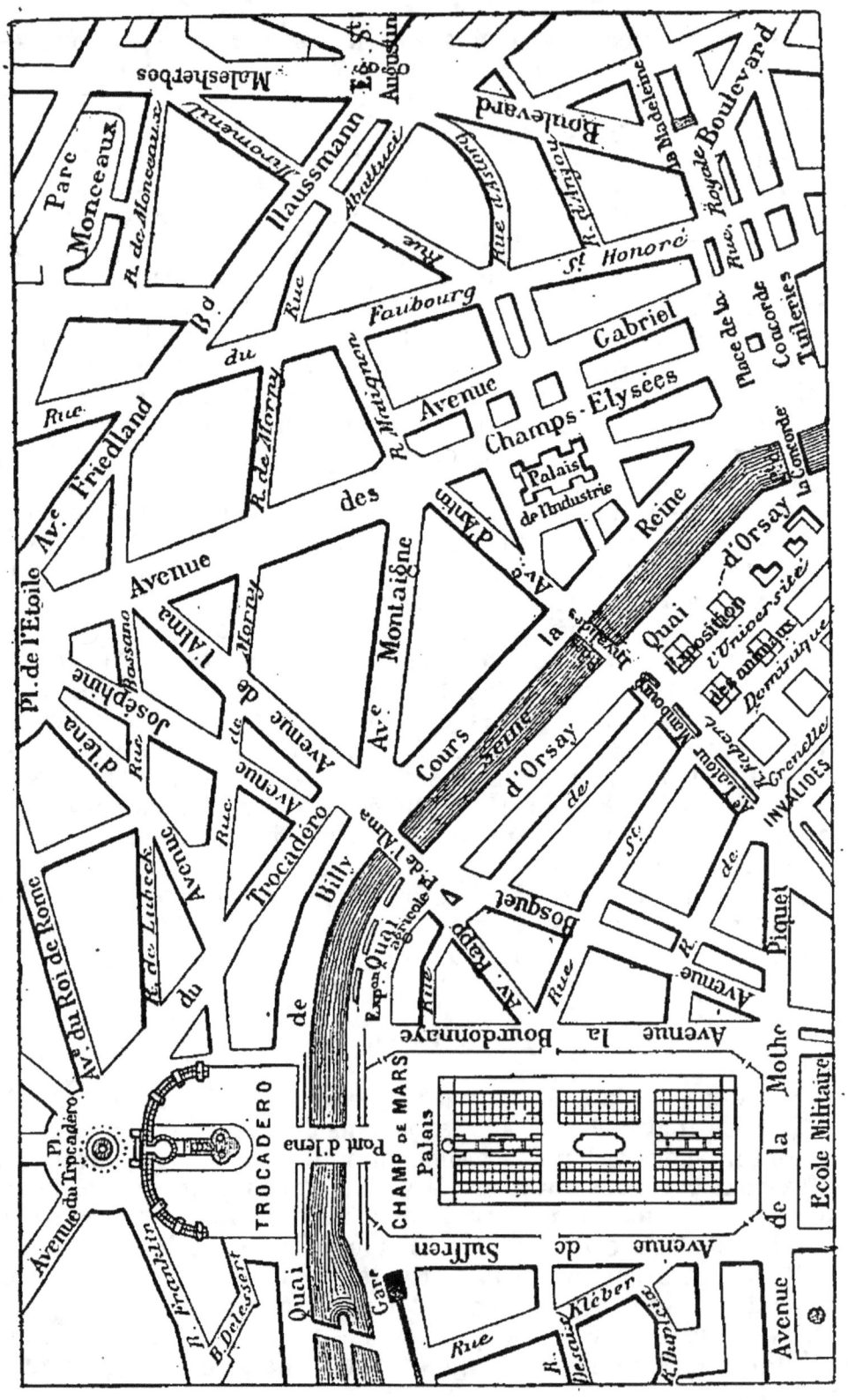

l'arc de l'Étoile à notre gauche, en passant par la coupole des Invalides, par celle du Panthéon, par les tours de Saint-Sulpice, la
flèche de la Sainte-Chapelle, Notre-Dame, les clochers gothiques
de Sainte-Clotilde, la tour Saint-Jacques, le Louvre, et dans ces
fouillis d'édifices et de toitures, la Seine qui serpente et des massifs de verdure enrubannés comme elle à travers ce labyrinthe
de pierres.

Orientation. — Division des enceintes.

Mais l'important pour nous, c'est que l'Exposition entière se
déroule à nos yeux. Nous en comprenons à première vue la distribution : deux grandes démarcations tracées en croix :
L'une en travers, par la Seine qui fait deux parts : Champ de
Mars, Trocadéro;
L'autre en longueur, par la convention des organisateurs qui
ont divisé le tout en deux tranches symétriques : à notre droite,
la série étrangère; à notre gauche, la série française.
La ligne séparative des deux séries nous est donnée d'une manière toute pittoresque par une cascade.
A nos pieds, en effet, nous entendons bruire une chute d'eau, et
nous voyons, avec les apparences d'un fleuve qui coule gaiement,
cette eau agitée descendre par nappes étagées dans un vaste
bassin au centre même du parc.
Que ce soit notre méridien. Cette cascade, en effet, peut servir
à nous orienter. Perpendiculaire à la Seine, sa direction est dans
l'axe même du pont d'Iéna, dans l'axe des deux grands palais,
et si vous la prolongez par la pensée, vous aurez une ligne mé-
diane qui, aboutissant au centre de l'École militaire, pourrait être
considérée comme allant du nord au sud.
Un pur géographe nous chicanerait sur ce point.
Mais pour la commodité de nos indications, rien ne vaudra cet
à peu près.
Le sud nous sera donc marqué par cette École au fond du
Champ de Mars.
Cela dit, on doit retenir que toute la moitié à l'ouest de notre
méridien-cascade est consacrée aux étrangers, et l'autre moitié à la
France.

Distribution du Trocadéro.

La séparation se fait déjà sentir dès le Trocadéro. La partie
occidentale est parsemée de kiosques, de tours, de campaniles,
les plus disparates, les moins familiers au regard parisien. Ces
aspects bizarres nous avertissent qu'on a groupé là des pays loin-

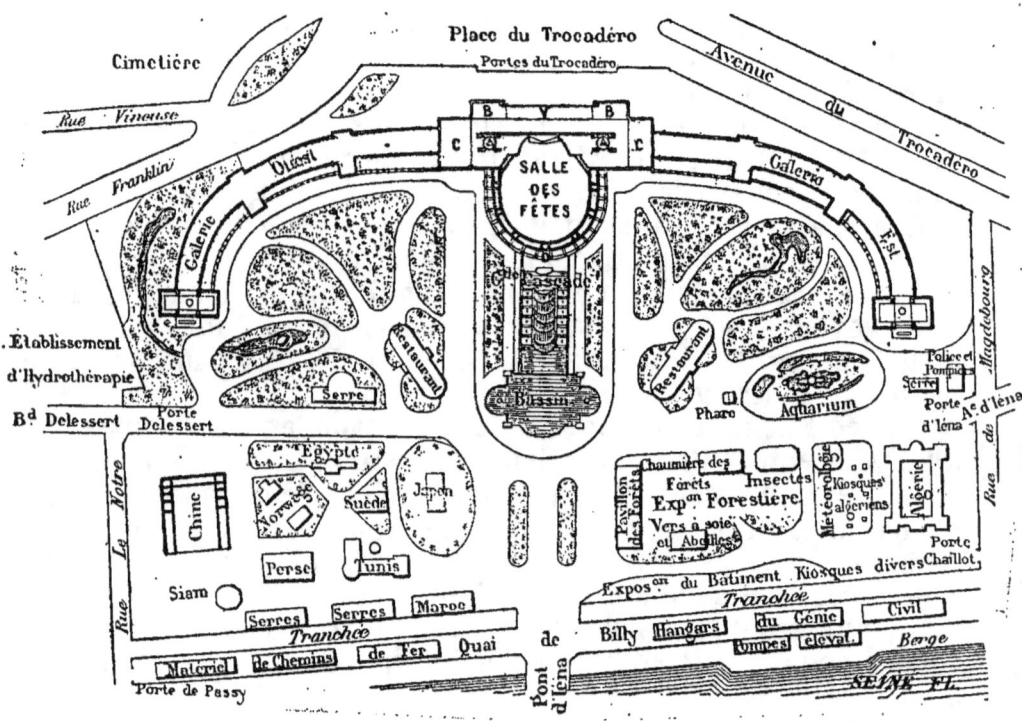

Plan du Parc et du Palais du Trocadéro.

tains; l'Orient, surtout revélé par ses bariolages, la Chine par ses toits recourbés en forme de vagues; Siam, plus près du quai, par un kiosque que nous appellerions en musique un *pavillon chinois;* la Perse par ses fenêtres pointues et son vernis vert. Cet enclos en bambou, ces habitations toutes simples, c'est le Japon.

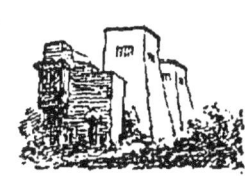

Mais l'Asie n'est pas seule sur ce terrain, l'Afrique l'y a rejointe, sans isthme; justement ces deux tours massives et blanches qu'on aperçoit accompagnées d'une petite demeure à moucharabieh, c'est l'Égypte. Les Africains sont encore représentés par Tunis et par le Maroc, ou plutôt par leurs bazars, échoppes ou baraques de foire comme à Saint-Cloud. Ce n'est pas tout à fait le côté sérieux de l'Exposition, mais la foule y va, nous irons aussi. Enfin au milieu de tout ce monde exotique, la Scandinavie, placée là on ne sait trop comment, peut-être à cause du proverbe *les extrêmes se touchent,* et peut-être aussi pour faire contraste, par l'élégante rusticité de ses chalets de bois, au prétentieux clinquant de l'art musulman.

Pour encadrer un coin du paradis terrestre, une bordure de plantes rares, de serres, de fleurs. Là étaient les 10 000 tulipes de Hollande. Neiges d'antan !

Enfin — chose pratique, et qui n'est pas à dédaigner, même au bout du monde — un restaurant; seulement il est espagnol.

Voilà pour le côté ouest de la cascade.

A l'opposé, et pour faire pendant, un autre restaurant; seulement ici nous sommes en terre française.

Nous y sommes du moins par le Pavillon de nos Forêts, charmante construction de bois escortée de chaumières agrestes, et par le palais de l'Algérie, ce bâtiment à murs blancs, à tours blanches crénelées, à minaret blanc, que nous voyons se dresser, près du quai, avec son escorte aussi, une escorte de kiosques algériens de toutes grandeurs et de toutes formes.

Pour le reste, cette partie du parc n'est à proprement parler d'aucune nation, car elle comprend des hôtes passablement cosmopolites : des poissons, des insectes, et les quatre vents de la météorologie. Les habitants des rivières se promènent dans les cages vitrées d'un vaste aquarium ; les insectes ne se promènent plus, ils sont représentés par leurs corps sans âme au bout d'une épingle, ou bien en effigie sur des cartes murales, ou par leurs produits, miel ou cocons, le tout abrité dans une des chaumières qui avoisinent l'exposition forestière.

Avant de quitter cette rive droite de la Seine, il nous resterait à dire ce que sont les larges rideaux de tuiles rouges qui masquent la vue au bord de l'eau. Ce sont : à l'ouest les hangars des chemins de fer; à l'est, les hangars du génie civil. Nous aurions préféré pour la beauté de la scène que ces coulisses fussent un peu reculées à droite ou à gauche. Mais tant de choses rachètent cet inconvénient, ces vilains hangars contiennent tant d'admirables témoignages du travail humain, que nous n'aurons pas le droit de dire avec dédain comme le poëte de l'Enfer, devant les nonchalants qui encombraient le passage :

Non ragioniam di lor, guarda e passa.

Cependant, il faudra passer la Seine. Ne la passons que du regard, pour le moment, par le pont d'Iéna, qui étend en droite ligne devant nous son large tablier réservé aux visiteurs.

Distribution du Champ de Mars.

La berge de la rive opposée est remplie de constructions, toutes plus ou moins fluviales ou maritimes. Navigation, bateaux de plaisance, sauvetage, pompes, ports de commerce, y sont installés.

Le quai d'Orsay, qui, le long du Champ de Mars, est consacré aux fleurs, aux serrres, à l'art des jardins, à l'horticulture, forme en se prolongeant dans l'est jusqu'au pont de l'Alma l'enceinte agricole, qu'une passerelle légère rattache au parc principal sur ce quai.

Les hangars, étendus là en double rangée et interrompus au milieu par le restaurant Fanta, contiennent l'outillage et les productions des champs.

Au delà encore, toujours dans la même direction, nous arriverions à l'esplanade des Invalides, où se trouve une autre enceinte, celle-là entièrement isolée; elle contient encore des hangars; ils sont pour les animaux vivants.

Mais restons au Champ de Mars.

Juste en face de nous, s'étend son vaste quadrilatère, désert hier, cité populeuse aujourd'hui, ou plutôt mosaïque des cités du monde.

Avant d'en arriver au héros de la solennité, au palais industriel, qui occupe les deux tiers de cet espace, nous aurons à traverser un second parc, qu'on appelle généralement *Parc d'Iéna* et qui, à son tour, tapissé de verdure, agrémenté de fleurs et de bassins, peuplé de statues, ouvre une royale perspective au majestueux édifice qu'on voit trôner au fond du tableau.

Parmi les constructions de ce parc nous pouvons distinguer : à l'est, celle du Creuzot, genre grec, à curieuse balustrade terminée par des boules luisantes; elle est précédée — emblème caractéristique — d'un gigantesque marteau pilon qui nous dit : C'est là un temple de la métallurgie. A coté, un rival, mais plus

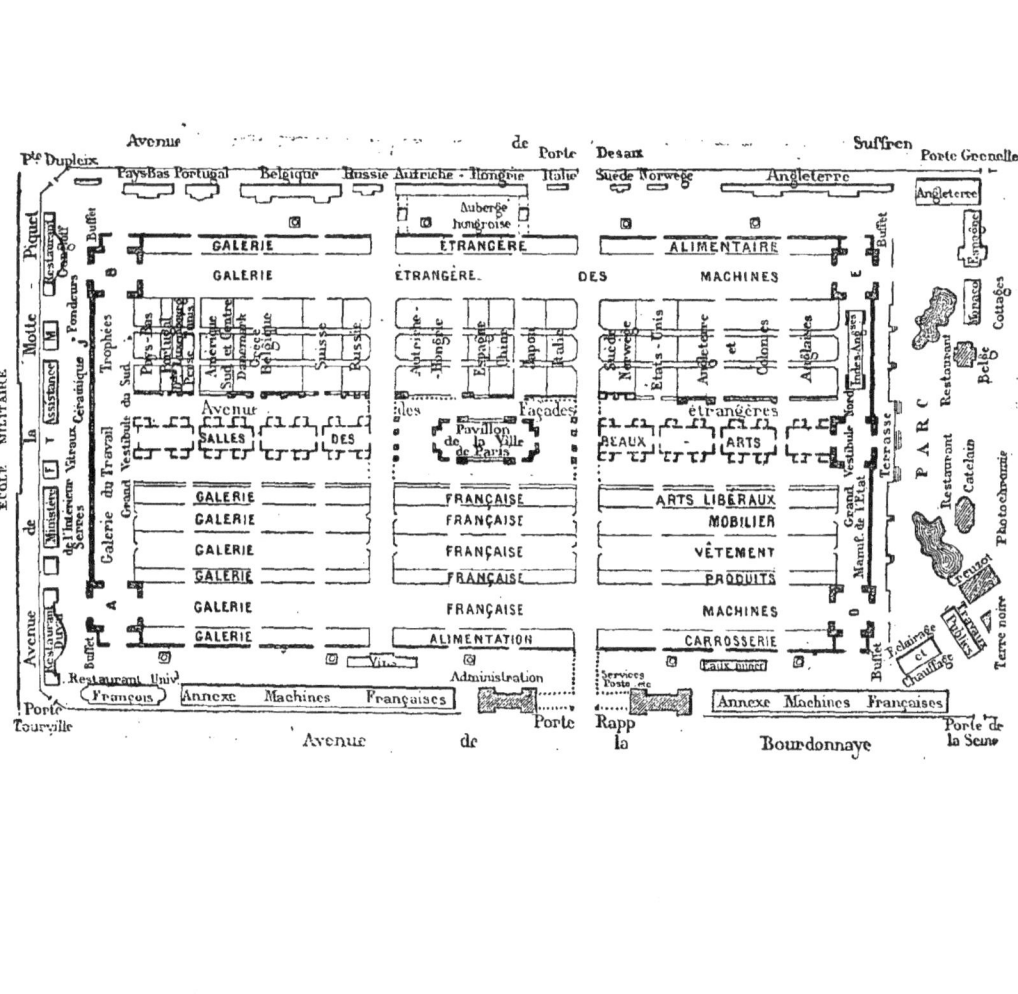

simple, presque un chalet, le pavillon de Terrenoire. Plus loin, annoncée par un clocheton à terrasses en forme de phare, la charmante construction des Travaux publics. Cette partie du parc contient aussi le pavillon des Tabacs, celui de la Compagnie parisienne du gaz, celui de l'éclairage et du chauffage, celui des terres cuites de Perrusson, et sur le devant, un restaurant français (Catelain).

A l'ouest, la Belgique est représentée par un restaurant, demeure flamande à pignons de briques; l'Angleterre par des cottages curieux en béton vissé; Monaco par un pavillon mystérieux; l'Espagne, par un bâtiment analogue à une gare.

Et puisque nous parlons de gare, disons qu'une des plus ravissantes constructions — mais elle est en dehors de l'enceinte — est la gare qui amène et attend les visiteurs de ce même côté, à la porte de Grenelle.

Enfin, il est temps de saluer le seigneur de céans, le palais principal, qui dès l'entrée voulait absorber notre attention par son large front bien étalé devant nous, cette façade au large perron, aux larges verrières, au large dôme central, aux quatre coupoles hardiment jetées, presque aériennes, qui marquent les quatre angles de son vaste échiquier.

Du promenoir où nous sommes, ou mieux de l'un des belvédères du Trocadéro, si nous pouvons en faire l'ascension, l'œil saisira la simple disposition de ces travées longitudinales.

Distribution intérieure du Palais.

On a renoncé à la forme circulaire et étoilée de 1867. On a préféré, comme à Philadelphie, mais avec plus d'ordre, les lignes droites.

Tout le palais est donc un rectangle formé de la juxtaposition de galeries parallèles.

Elles sont croisées à l'intérieur par deux passages transversaux à haute toiture, et à chaque extrémité par les grands vestibules des deux façades.

Rappelez-vous notre ligne d'orientation. Toute la moitié orientale est pour la France, l'autre pour l'étranger.

La frontière n'est à personne ou elle est à tous ; affectée aux beaux-arts, elle a reçu les peintures étrangères, alignées avec les nôtres et interrompues seulement au milieu par l'intercalation d'un édifice à part : le Pavillon de la ville de Paris.

Figurez une grille étendue à terre, formée de 15 barreaux. Le barreau du milieu, voilà cette série des beaux arts.

Isolez-le par le retranchement d'un compagnon à droite et à gauche. Le vide ainsi formé vous représentera deux promenoirs

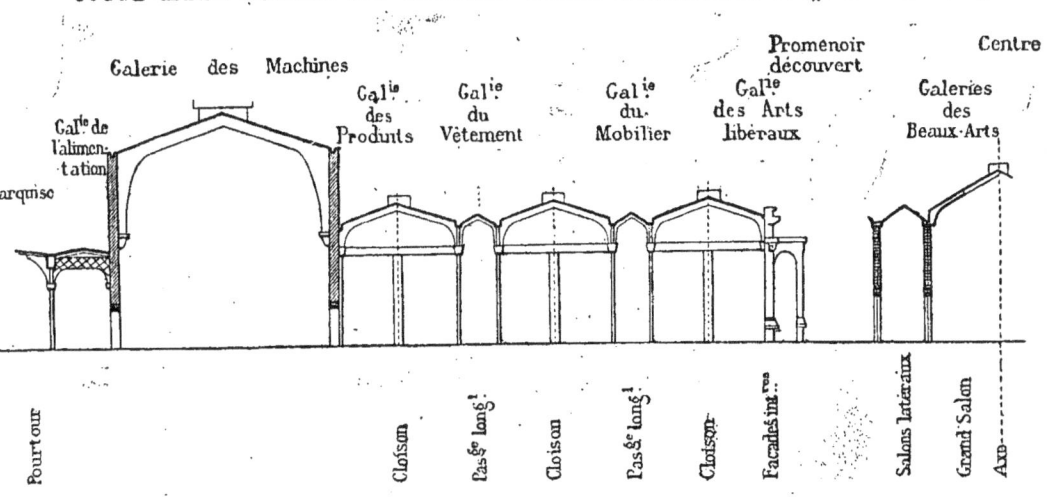

COUPE TRANSVERSALE DES GALERIES DEPUIS LE POURTOUR JUSQU'AU MILIEU

à ciel ouvert : le promenoir de l'Est, exclusivement français ; le promenoir de l'Ouest, décoré des façades étrangères et appelé *rue des Nations.*

Les autres barreaux rangés symétriquement de chaque côté, représenteront, les galeries qui contiennent les six groupes industriels admis dans l'Exposition du palais, savoir :

Groupe II. ARTS LIBÉRAUX. (Ministère de l'instruction publique, écoles, dessin, plastique, chromo-lithographie, imprimerie, librairie, photographie, géographie, médecine, papeterie, reliure, musique.)

Groupe III. MOBILIER. (Bronzes, céramique, cristallerie, orfévrerie, horlogerie, tapisserie, chauffage, éclairage, parfumerie, tabletterie.)

Groupe IV. VÊTEMENT. (Chales, dentelles, bijoux, tissus, armes, jouet.)

Groupe V. PRODUITS. (Métaux, mines, bois, liége, fourrures, plumes, joyaux, pharmacie, couleurs, teintures, cuirs et peaux.)

Groupe VI. MACHINES.

Groupe VII. ALIMENTS. (La galerie consacrée à cette exposition est la dernière du palais. Elle contient de plus la carrosserie.)

Notez que les travées apparentes au dehors par leurs toitures ne correspondent pas exactement à ces six groupes.

Nous en voyons une très-grande (celle des machines), trois moyennes, et quatre petites.

Les trois moyennes, séparées intérieurement par une cloison servent à la ois à deux groupes.

Sur les quatre petites, trois sont simplement des couloirs pour la circulation.

La simple et étroite galerie, formant un portique vitré, qui, en France, longe le promenoir intérieur, est remplacée sur la *rue des Nations* par le pittoresque alignement des façades de chaque pays.

Ces façades étrangères annoncent par leur style architectural les sections correspondantes, qui, rangées derrière elles, prennent chacune dans l'ordre qu'indique notre plan (page 21) une coupure transversale du palais.

Le pourtour du Palais.

Les annexes latérales qui font escorte au palais du Champ de Mars sont naturellement françaises ou étrangères, selon leur situation : à l'est ou à l'ouest, françaises par conséquent, le long de l'avenue de Labourdonnaye. Parmi celles-là, presque tout entières consacrées aux machines, et au bout desquelles nous verrons fonctionner pour la première fois une fabrique de papier (outillage d'Essonnes), nous rencontrerons deux pavillons qui se font pendant, entre les hautes cheminées : le pavillon des Eaux minérales et le pavillon de la Dégustation des vins.

Là se trouvent aussi le bâtiment de la Poste et du Télégraphe et le bâtiment de l'Administration, placés en frères jumeaux à droite et à gauche de la *porte Rapp*.

Leur voisinage donne à cette porte la principale importance. C'est du reste la plus fréquentée et la mieux disposée du Champ de Mars. Sous une marquise, vaste parapluie tendu avec prévenance, elle abrite jusqu'au seuil du Palais les arrivants et les sortants.

Etrangères sont les annexes situées à l'opposé, le long de l'avenue Suffren. Citons un charmant pavillon du Portugal, une auberge hongroise, un débit de koumis russe, une buvette hollandaise; beaucoup de machines et de produits agricoles.

Dernier parc enfin, tout à fait au fond, nous sommes convenus de dire au sud, derrière le palais et arrêté par l'Ecole militaire, d'où lui vient ce nom de *parc de l'École*. Nous y trouverons deux restaurants français l'*Universel* et *Duval*; à l'autre bout, un restaurant étranger : *Gangloff*. Entré les deux : des expositions d'horticulture de vitraux, de céramique, de cloches; le pavillon du ministère de l'intérieur; celui de Commentry, et le pavillon russe de la lumière électrique Jablochkoff.

Et c'est tout. Voilà le bout du monde!

Le lecteur, avant même que de s'être « nourri dans le sérail », en connaît maintenant les détours.

Il n'a plus qu'à se tracer un plan de voyage. Nous lui proposons.

Notre itinéraire.

Première visite. L'architecture des édifices. Commencer par celui du Trocadéro, puisque nous y sommes. — Salle des fêtes. Cascade. Pavillon des forêts. Pavillon d'Algérie.

Passer au Champ de Mars. Vestibule d'honneur. Façades étrangères. Loggias. Pavillon de Paris.

2ᵉ *visite*. Beaux-Arts,

3ᵉ *visite*. Sections étrangères de l'Industrie, nation par nation.

(On aurait bien permis à notre patriotisme de donner le pas à la France, mais il faut savoir être hospitalier).

4ᵉ *visite*. Section française, galerie par galerie.

5ᵉ *visite*. Les parcs et les quais, annexes, pavillons, bazars, expositions particulières, distractions.

CURIOSITÉS ARTISTIQUES.

I. L'ARCHITECTURE

Le palais du Trocadéro.

Architectes : MM. Davioud et Bourdais.

La valeur architecturale des deux grands palais nous a frappés dès le premier abord, et nous n'avons pu nous retenir d'exprimer déjà, dans le précédent chapitre, les sensations du premier coup d'œil.

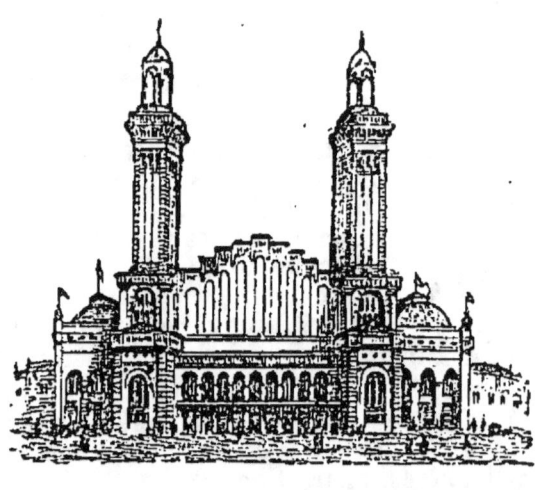

Le Palais du Trocadéro occupe une situation merveilleuse; il se voit de loin et la manière dont il se présente, dès le pont de la Concorde, arrache un cri d'admiration. Sa rotonde, ce qu'on a appelé son gros ventre, risquait de l'alourdir; mais comme elle est évidée par deux étages de portiques, comme elle est allégée par deux ailes gracieusement ramenées en arc, comme elle semble, par deux minarets élancés, tendre les bras dans l'espace, nous avons pu la caractériser au contraire : légèreté dans la grandeur.

Ce n'est pas la *façade d'entrée* qui laisse la plus vive impression.

Non qu'elle soit disgracieuse; de près on lui découvre même une tonalité excellente due à des lignes simples, à des colorations délicates, à des mosaïques finement répandues dans les frises, à des alternances régulières de bandeaux en moellons blancs et en pierres jaunes du Jura.

Mais elle n'annonce pas assez clairement la destination de l'édifice, palais de concerts et de fêtes; elle n'éveille aucune idée de plaisance; ni théâtrale, ni lyrique. De loin, son pignon en escaliers, ce front graduellement pyramidal, sévèrement dénudé, à peine sillonné par quelques rides, ébauches d'arcatures, et coiffé de deux appendices qui pourraient être tout aussi bien clochers que belvédères ou tours à signaux, la feraient prendre indifféremment pour une église, pour une tribune de courses, pour une gare — va pour une gare! Après tout, ce ne serait pas hors de propos pour marquer les plaisirs d'un siècle rapide dans ses progrès, où tout marche à la vapeur.

Mais c'est l'autre façade, *la façade principale.* qui justifie le mieux l'attente d'une fête par ses colonnades élégantes et par ses pavillons d'apparence orientale.

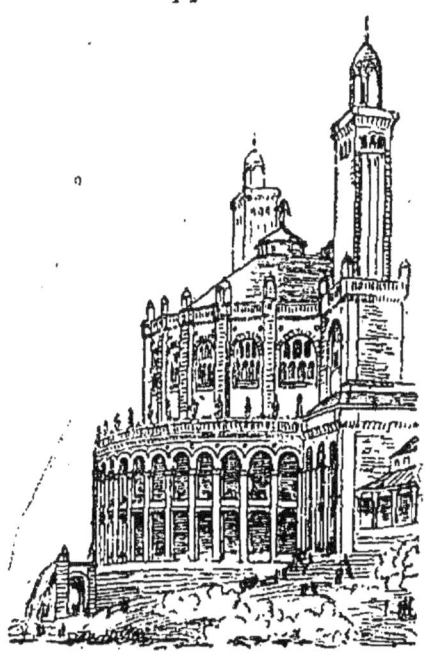

Il faut regarder cette façade de l'une des galeries latérales, puis d'en bas. Quand nous serons au pied de la cascade, nous nous retournerons, alors nous pourrons saisir dans son ensemble et dans son harmonie ce large déploiement, où l'art grec se marie si bien à l'art byzantin et à l'art mauresque, qu'il en est arrivé à former une pensée nouvelle.

Où nous voyons l'inspiration grecque c'est dans l'idée de l'hémicycle formé par les deux ailes.

L'inspiration byzantine nous apparaît dans les arceaux de la rotonde.

L'inspiration mauresque, dans les murailles nues à bandes alternées, blanches et brunes, et dans les hautes portes des pavillons ouvertes jusqu'aux dômes à la façon des mosquées de la Perse et de l'Inde.

Enfin une quatrième inspiration se fait sentir pour le château d'eau qui est au pied de la rotonde, et d'où part la grande cascade; il nous apparaît en style Louis XIV.

Ce qui est nouveau, outre l'ensemble, ce sont les contre-forts de la salle des fêtes, hauts pilastres ou minarets adossés au mur entre chacune des neuf larges baies qui éclairent cette salle; ils sont tous terminés par un belvédère.

Ce qui est nouveau aussi, c'est l'*ornementation polychrome* dont on a fait usage et qui n'a rien de criard comme les essais imaginés depuis quelque temps. C'est plus léger, plus doux que la décoration italienne; ce sont des couleurs qui effleurent à peine, en courant, les entre-deux des arcades ou des entablements, rosaces bien semées, bordures en mosaïque pleines de goût.

On reconnaît là l'élégance artistique de M. Davioud.

Avec la collaboration de M. Bourdais, qui a veillé surtout à l'agencement solide de l'édifice, il s'est produit, en somme, une création à la fois vigoureuse et originale.

Ce palais est tout en pierre, moins les voûtes, dont les charpentes sont en fer forgé et assemblé, et les intervalles en plâtre moulé.

On entre par deux *péristyles*, l'un à droite, l'autre à gauche du vestibule d'honneur, long de 61 mètres. Ces péristyles, à plafonds lourds supportés par d'imposantes colonnes en marbre du Jura, rappellent la majesté de quelques propylées de la Grèce.

Sur chacun d'eux s'ouvre la porte d'une des galeries semicirculaires qu'on a pour le moment consacrées à des expositions historiques (histoire du travail, de l'art, des mœurs et des races de l'humanité).

Extérieurement, le long de ces galeries, s'arrondit la colonnade dont nous avons parlé, et qui fait, comme une tribune, face au Champ de Mars. Elle compte 110 colonnes d'ordre corinthien.

De chaque côté, elle aboutit à un pavillon d'angle qui présente à la Seine sa large baie cintrée, garnie de meneaux et de vitraux.

Au milieu de l'ensemble, cette fameuse *rotonde*, qui contient la salle des fêtes, s'avance proéminente, plus vaste que la tour Saint-Ange à Rome, plus haute de 7 mètres que le dôme de Saint-Pierre. Elle a 58 mètres de diamètre et 55 mètres de haut, y compris la lanterne, mais sans parler de la colossal statue de la Renommée, de Mercié, qui la surmonte et qui paraît toute petite dans cette immensité. Au-dessus du portique à deux étages qui l'enveloppe, au-dessus de la terrasse aux 30 statues (dont nous parlerons au chapitre *Sculpture*, car elles sont remarquables), la rotonde apparaît nue, éclairée par 9 larges baies. Retenez ce chiffre 9, il est la clef de la distribution intérieure.

Elle est flanquée des deux *tours* mal caractérisées, un peu florentines, un peu arabes, un peu phares, un peu campaniles, qui nous ont arraché une critique, non pour leur forme, très-admissible mais pour leur *incompréhensibilité*. La forme est simple; un cube très-allongé. On ne dira pas :

Ce ne sont que festons, ce ne sont qu'astragales.

Jusqu'à 50 mètres, pas d'ornements, pas même de fenêtres, sauf des fentes régulièrement taillées; à 50 mètres seulement apparaît une triple ouverture sur chaque face. Suit un large encorbellement en saillie, et sur la plate-forme une lanterne ou belvédère à coupole. Nous avons dit la hauteur, 82 mètres. Le tout dépasse de 14 mètres le niveau supérieur de Notre-Dame.

Nous avons le choix maintenant : ou monter dans ces tours par les ascenseurs, ou monter dans la *salle des fêtes*. A celle-ci la préférence.

La Salle des fêtes.

On y pénètre ou l'on en sort par neuf dégagements, ce que les Latins pour leurs cirques appelaient des *vomitoires;* ils correspondent à chacune des fenêtres, et donnent sur des corridors circulaires ménagés entre le mur et le promenoir extérieur. On a de l'air très-rapidement. Le dégagement de la foule peut se faire très-vite. On n'a pas évité, pour tous ces corridors superposés, l'inconvénient des plafonds écrasés où l'on se croit obligé d'incliner la tête pour passer. Cela dépend des étages. Mais quels magnifiques foyers forment les promenoirs ! Il faut les parcourir pour se faire une idée de la manière ample, grandiose dont ils ont été taillés.

Les dimensions de la salle et sa disposition sont aujourd'hui connues de tous : 31 mètres de hauteur, 45 de diamètre : on n'avait rien vu encore d'aussi vaste. On a entendu parler aussi d'amphithéâtre, de gradins, de places pour 6 ou 8000 spectateurs; on a exagéré ce nombre : il y aura des places pour 4807, ce qui est déjà bien beau. Tout éveille donc, avant d'entrer, l'idée d'un colisée. Mais quand on entre, les dimensions sont si bien comprises, si harmonieuses, qu'on ne sait plus juger de la grandeur. La surprise tient à autre chose.

Elle tient d'abord à ce que, contrairement à l'habitude, l'intérieur est éclairé en plein jour, et largement éclairé, par de vastes arceaux espacés autour de l'hémicycle.

Elle tient surtout à la nouveauté des tribunes ménagées dans le mur, tribunes analogues à celles des églises, et richement ornementées; il y en a une rangée sous chacune des neuf grandes baies.

Au-dessous commencent les gradins. Ils s'interrompent à un certain étage pour faire place à un cordon de loges, et reprennent ensuite en pente douce jusqu'au niveau du sol.

Le fond procure à son tour une surprise, parce qu'il tient des scènes de théâtre et s'en éloigne par plus d'un point. On dirait un théâtre aplati, resserré, tout en largeur, sous un immense arceau. On a souvent défini sa forme : une conque, nous aurions dit une niche, une niche gigantesque. Là se placeront les musiciens l'estrade en pourra contenir d'une manière normale 400.

Elle est dominée par un orgue géant (12 mètres de hauteur), l'orgue de M. Cavaillé-Coll.

Au-dessus de l'arceau règne dans toute la longueur une peinture de fronton, grande et superbe peinture à teintes claires et presque plates, due à M. Charles Lameire. C'est la *France harmonieuse attirant à elle les autres nations*. Ces nations sont représentées rangées à droite et à gauche, par des personnages au costume significatif : burnous, turbans, sombreros ou plumes de sauvages. La Russie apparaît remettant son épée au fourreau. Mais nous avouerons que le ton général de la peinture, sa note dominante, qui est un peu archaïque, mais très-tempérée, nous touche beaucoup plus que le sujet même; les allégories sont toujours compassées et froides; trop souvent on a eu le tort, en outre de leur donner un éclat fatigant; ici rien de semblable, vous la prendriez tout aussi facilement pour une vieille tapisserie du moyen âge, et à défaut du dramatique, elle a au moins le mérite de la poésie.

Quant au firmament de la salle il est peint sobrement, finement, avec cette simplicité noble qui caractérise l'œuvre tout entière. Vous diriez un *velum* byzantin piqueté de fleurons, moucheté d'étoiles fantaisistes, retenu par les riches arêtes d'une colossale tonnelle. Toute la peinture décorative de cette salle où les tons rouges, les tons vifs, ont été relégués pour le contraste dans quelques lignes isolées, est une peinture excellente à notre avis.

A droite et à gauche de la salle des fêtes et au-dessus des deux péristyles latéraux, sont les deux salles de conférences. C'est la place réservée aux congrès, aux entretiens publics.

Nous descendons dans le jardin par les perrons; nous côtoyons les soubassements de l'édifice dissimulés sous les arbustes, et nous arrivons, sur le devant, à

La grande cascade.

La grande cascade a fait beaucoup de bruit, avant de couler ; on a célébré par toutes les trompettes de la renommée (celle de M. Mercié n'y est pour rien) ses rampes en marbre du Jura en 5800 assises ouvragées, sa tombée de 9 mètres de haut, ses rejaillissements en 7 gradins, son immense réservoir final, et l'on s'était promis de sa chute, de ses cascatelles, un grand et puissant effet. Elle n'a tenu parole qu'à demi. C'est la faute du plan incliné, qui n'est pas assez escarpé, qui n'est pas aussi heureux qu'à Saint-Cloud. Vue du pont d'Iéna, ses ressauts paraissent à peine s'étager au-dessus du sol.

L'immense volume d'eau qui s'y répand (20 000 mètres cubes par jour) est noyé (si jamais on peut appliquer ce mot à l'eau) dans le vaste ensemble du Trocadéro où tant de choses sont grandes.

Enfin la chute d'eau elle-même, derrière laquelle le curieux peut passer, et qui devait, comme un rideau transparent, lui laisser voir le Champ de Mars, est moins rideau qu'on ne l'avait supposé. C'est plutôt une pluie de perles, égrenées sans relâche, qu'une nappe unie, comme on s'y était attendu. Pour notre part, nous aimons mieux cela; c'est plus rare et plus riche. Mais voilà l'inconvénient du bruit prématuré qui va toujours grossissant et fait trotter l'imagination. Le public voulait un Niagara avec son vacarme, avec sa glaçure, avec ses tourbillons d'écume bouillonnante et de vapeurs légères; il n'a pas son Niagara.

Il a devant lui des gerbes d'eau, mousseline assez légère gracieusement soulevée; il a dans le bassin un jet d'eau d'assez belle taille ; mais gerbes et jet d'eau, on est blasé là-dessus.

La masse principale tombe d'une large vasque arrondie placée sur le rebord d'une plate-forme où trônent six statues dorées, pour personnifier les *cinq* parties du monde, qu'il a fallu augmenter d'une compagne pour la circonstance, en dédoublant l'Amérique.

Le bassin aussi a quatre statues dont l'appréciation trouvera mieux sa place à propos de la sculpture.

Sous la plate-forme du château d'eau s'ouvre une grotte-portique d'un certain cachet dix-huitième siècle; une énorme tête de Neptune forme la clef saillante de la grande arche centrale, à travers laquelle on peut contempler l'envers de la cascade, et entendre avec toute la sonorité voulue son bruissement majestueux. Deux niches latérales accompagnent cette arche et logent chacune une très-belle statue (et de douze, tel est notre compte à régler avec la statuaire du Trocadéro).

Pendant que nous sommes dans ce parc, nous ferons bien de remarquer deux œuvres d'architecture qui, pour n'être pas les plus grands édifices, ne laissent pas d'être fort intéressantes : le palais de l'Algérie et le pavillon des forêts.

Le palais de l'Algérie.
(Architecte : Wable.)

Il était juste que notre Algérie eût dans cette exposition française et en regard des kiosques tunisiens, marocains ou égyptiens, une place digne d'elle, si active, si pleine de sève et d'avenir, et pourtant si imparfaitement connue de l'Europe et de nous-mêmes.

On lui a donc construit, où plutôt elle s'est construit de ses deniers, croyons nous, un vrai palais, plein de caractère, dans le goût musulman, dont on aperçoit le minaret blanc au bas du parc.

Ce minaret, haut de 30 mètres, n'est pas une mince tour ronde terminée par une tourelle en poivrière comme on en voit à Constantinople. On a tenu ici à la couleur locale, purement algérienne, et l'on a pris pour type le minaret rectangulaire de l'ancien camp de Mansourah, près de Tlemcen, cette vieille capitale.

L'architecte est M. Wable, Algérien lui-même.

Il a observé strictement, pour l'orne- mentation des faces de cette haute tour, les encadrements carrés en arabesques et les mouvements on- dulés des arcatures, qui caractérisent l'art mauresque et se re- trouvent jusqu'en Espagne. Peu d'ouvertures dans cette orne- mentation purement murale en légers reliefs et en légères dé- coupures. La plate-forme, où le muezzin pourrait appeler les fi- dèles à la prière, est crénelée à dents, et le marabout supérieur se termine par trois boules d'or empalées dans une tige de fer.

Après le minaret, ce que l'architecte a soigné de prédilection, c'est la porte.

Cette porte reproduit celle de la mosquée de Sidi-bou-Médine, à Tlemcen. Toiture inclinée en avant sur un encorbellement den- telé très-saillant; faïences au-dessous; entrée largement évidée en ogive arabe, avec riche encadrement de couleur; tout a été fidèlement observé. On y a joint l'escorte à peu près obligée des deux petites loges à dômes auxquelles on donne le nom de *ma- rabouts*, chacune percée de fenêtres mauresques doubles.

Quant au bâtiment dans son ensemble, il figure une sorte de château massif en carré allongé, avec une grosse tour crénelée à chacun des trois angles qui sont restés libres.

La nudité extérieure des murailles latérales était une des con- ditions de fidélité au goût arabe, qui n'aimait pas le jour du dehors ni l'éclat au grand air, mais qui réservait tous les raffi- nements du luxe, tous les embellissements de la couleur et de la sculpture, pour l'intérieur.

Quand nous visiterons l'intérieur, nous retrouverons alors les entrelacs colorés, les festons découpés, les colonnettes fines, les arceaux ondulés dans lesquels nous aimons à résumer nos idées sur l'Orient.

Un ciel ouvert, le *patio* habituel, avec sa fontaine au milieu et ses galeries de pourtour, a été ménagé au milieu du palais. C'est le long de ces galeries que nous verrons dans leurs vitrines les richesses du sol et du travail algériens.

Et nous remarquerons alors la décoration à teinte bleue des plafonds, les effets de lumière colorée disposés dans les vestibules et dans le marabout du fond, charmant de fraîcheur.

Mais n'anticipons point.

Le pavillon des forêts.

(Architecte : M. Étienne.)

Ce serait anticiper aussi que de décrire déjà par le menu tous les bois qui entrent dans la construction forestière de M. Lucien Étienne.

Son projet a été de faire une œuvre élégante, originale, et il a réussi, rien qu'avec des matériaux extraits de nos forêts françaises. Pas de pierres, pas de briques, pas de ferrures autres que les gonds des portes. Arriver à découper les poutres et les planches, à les assembler, à les assortir, avec leurs teintes naturelles, à peine lustrées d'une couche d'huile, et à dresser ainsi, toitures comprises, vérandas comprises, balustrades comprises, un chalet qui ne fût pas cependant un chalet suisse, ni un chalet norvégien, tel a été son idéal.

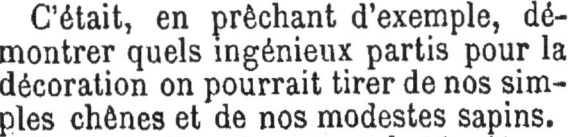

C'était, en prêchant d'exemple, démontrer quels ingénieux partis pour la décoration on pourrait tirer de nos simples chênes et de nos modestes sapins.

Le tout, d'une longueur de 41 mètres, est d'une harmonie remaquable.

On a eu l'idée d'entourer ce pavillon d'une treille à colonnettes tournées et sculptées qui complète son aspect frais et souriant.

Tout à côté, une habitation de gardes, plus rustique encore, plus *paysage*, s'il est permis de parler ainsi, grâce au manque calculé de symétrie, grâce à l'abandon de tout façonnage maniéré ; les arbres y ont été superposés avec leur écorce. Seulement, là, mauvais exemple : une couverture de chaume ! mais le pittoresque ne s'en plaint pas.

Le palais du Champ de Mars.

(Architecte : M. Hardy.)

Le contraste est grand entre les deux palais, celui du Trocadéro et celui du Champ de Mars, et il le fallait.

Il ne faut pas oublier que celui du Champ de Mars est la tente dressée pour le campement des industries de passage, une tente qu'on a voulu rendre luxueuse, et solide ! une tente immense de métal que le vent n'emportera pas, mais, enfin, qui doit avoir ses bannières flottantes, ses pavillons hautement dressés, et beaucoup de choses sacrifiées à la parade. La simplicité du décor n'était plus ici de mise.

Nous arrivons à la couleur vive. Des armoiries voyantes, rouges, bleues, papillotent au-dessus du cordon supérieur de la façade et sur les trois grands arceaux de l'avant. Des faïences peintes, encastrées dans les montants métalliques des pylônes, les empanachent de reliefs multicolores. L'envahissement de la céramique luisante et pimpante se manifeste là dans toute sa franchise. C'est que l'envahissement du fer, d'un autre côté, voulait sans doute ce correctif ; à ses arêtes froides, sèches, arides, à son éclat sombre et dur, il fallait opposer le sourire de la couleur.

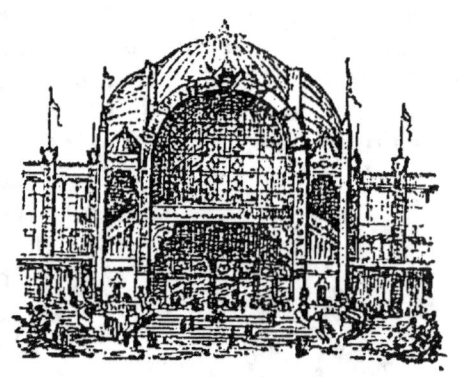

Et cependant, dans ces conditions imposées, M. Hardy est parvenu, ce nous semble, à sauver l'art, qui redoute le grand tapage et qui redoute le pêle-mêle. Ses ornements sont espacés avec esprit, séparés par de grands carrés de verrières. Ses lignes courent droites, simples, viriles, sans confusion, interrompues seulement sur la façade par les trois pavillons, qui sont celui du centre, imposant, ceux des extrémités, élancés et d'une aéré limpide, agréable, que nous avons déjà remarqué en décrivant le premier aspect.

Nous ne l'avions vue que de loin, cette façade qui nous semblait légère ; à mesure qu'on l'approche, on se sent envahi par un sentiment de grandeur.

Le balcon arrondi qui coupe et surplombe la grande arche centrale vous apparaît gigantesque.

Les supports en maçonnerie blanche des pavillons latéraux deviennent des faisceaux de pilastres massifs, et l'on s'aperçoit qu'ils sont surmontés eux-mêmes d'un grand clocheton à jour.

L'intervalle des pavillons se compose d'une série continue de vingt larges verrières à dessins bleuâtres, éclairant le vestibule dans toute sa longueur, et supportées, ainsi que la voûte métallique, par les vingt-deux pylônes colorés. Chacun de ces pylônes est surmonté d'un écusson que soutiennent des génies de grandeur humaine, tous coulés dans le même moule. Le soubassement de l'ensemble paraît s'enfoncer dans l'ombre sous une écrasante marquise qui règne d'un bout à l'autre.

On y arrive par un perron monumental, et ensuite par une terrasse étendue sur 300 mètres au pied du palais, terrasse entrecoupée de distance en distance par des perrons plus restreints, mais fort grands encore.

L'accès dans le vestibule vous est ouvert d'abord par la grande arche centrale qui, pour l'idée et la forme, rappelle la haute courbure de l'entrée d'honneur des Invalides ; mais invalide, ici il ne faut pas l'être encore.

Sur le reste de la façade, l'entrée se fait par vingt triples portes disposées entre une rangée de hautes statues personnifiant les sections étrangères dans l'ordre qu'elles occuperont intérieurement : Inde, Angleterre, Australie, États-Unis, etc. Ce n'est pas le moment d'examiner une à une ces œuvres de sculpture, gardiennes du sanctuaire. Ce sont des sentinelles immobiles qui vous laissent très-bien passer : passons.

Le vestibule d'honneur.

Inondé de lumière, ce grand vestibule frappe tout d'abord par la dimension du vaisseau, par l'ampleur de la voûte, et par la richesse de l'ornementation. Trop d'or, disent les délicats, et nous n'aimons pas non plus les masses d'or, quand elles sont prodiguées en empâtements sur toutes les moulures, sur toutes les guirlandes, sur tous les festons. Mais ici l'or est plus que supportable ; il est d'un grand effet, car il est étendu lisse, uni, sur des surfaces pleines faisant le fond des concavités; on se croirait sous des couvercles de ce métal, et la perspective de ces voûtes rassemblées se maintient dans une teinte douce pleine d'unité.

La hauteur est de 16 mètres. C'est assez haut pour que des constructions ordinaires dansent dedans; et la preuve, c'est qu'i. en *danse* en effet à droite et à gauche, d'assez belle taille, qui paraissent simplement des meubles : le Pavillon Indien et le Pavillon de Sèvres.

Au centre, la voûte se relève, elle forme éventail, et des armoiries se retrouvent là encore pour lui prêter l'éclat de leurs bariolages un peu criards.

Au-dessous du point culminant oscille lentement le globe-pendule de l'horloge Farcot, et derrière elle s'ouvre, entre deux colonnes de marbre, l'entrée monumentale des Beaux-Arts, dont les premières salles sont réservées à la sculpture française.

Aux deux bouts du vestibule, jaillissent les pavillons, plus élevés, nous l'avons dit, que le corps central.

Celui de droite est occupé par une haute tour en bois, construction canadienne

Celui de gauche abrite un colosse : Charlemagne à cheval.

Le piédestal de Charlemagne.

Charlemagne, couronne en tête, chevauchant entre deux hommes d'armes qui tiennent la bride, c'est un groupe que nous avions déjà admiré comme modèle à l'Exposition de 1867, et qu'on expose aujourd'hui comme œuvre métallurgique. Elle était sortie, comme modèle, de l'atelier du regretté sculpteur Rochet. Elle sort maintenant, comme bronze, de la fonderie Thiébault. Elle pèse 25 000 kilogrammes.

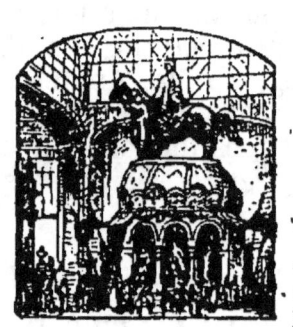

On l'a huchée trop haut, sur un piédestal qui ne laisse bien voir que la tête du cheval (chef-d'œuvre, du reste), piédestal trop monumental, car il est à lui seul déjà un édifice : il représente une chapelle de style roman-carlovingien, nous ne nions pas l'à-propos, percée d'arcades allongées, couverte de peintures sombres bleu, rouge et or, avec les chapiteaux aux biseaux caractéristiques de l'époque, avec un dôme, s'il vous plaît, dôme miroitant, formé d'un croisement de rubans de cuivre de toutes couleurs (il ne faut pas oublier que c'est là, avant tout, une exhibition de métallurgie); le tout ceint d'une couronne impériale plus vaste dans son contour que la statue elle-même, et ornée de cabochons monstres en bois peint.

Le bas est occupé par des faisceaux de métal, par des médaillons et des statues de bronze qui font le plus grand honneur à la fonderie qui les a coulés.

Le pavillon de Sèvres et des Gobelins.

Pavillon? Est-ce bien le nom qu'il faut donner? N'est-ce pas plutôt encore un temple ou un arc de triomphe? Quoi qu'il en soit, c'est un monument, en style grec, pour étaler l'œuvre toute française de nos manufactures nationales, Sèvres, les Gobelins et Beauvais.

Frontons, doubles colonnes cannelées, corniches à têtes de lions, tout est classique, il n'y a point d'invention dans cette architecture, si ce n'est peut-être les trépieds à quatre jambes (qu'on nous pardonne ce solécisme) qui s'élèvent gracieusement au-dessus du faîte.

En réalité, ce sont les vases et les tapis exposés qui font la richesse de ce pavillon. Rien n'était mieux fait pour précéder la section française que cette exposition merveilleuse des manufactures nationales.

Le pavillon indien.

Les sections étrangères sont, de leur côté, précédées par un éblouissement : la vue des richesses indiennes.

Nous ne jetterons pour le moment un coup d'œil que sur l'édifice original qui préside ce resplendissant entourage.

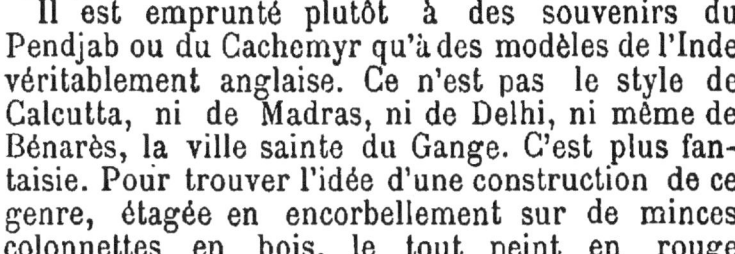

Il est emprunté plutôt à des souvenirs du Pendjab ou du Cachemyr qu'à des modèles de l'Inde véritablement anglaise. Ce n'est pas le style de Calcutta, ni de Madras, ni de Delhi, ni même de Bénarès, la ville sainte du Gange. C'est plus fantaisie. Pour trouver l'idée d'une construction de ce genre, étagée en encorbellement sur de minces colonnettes en bois, le tout peint en rouge sombre, avec des carrés d'arabesques ; avec des fenêtres coquettes, mystérieuses, finement dentelées ; avec des quantités de coupoles, enfin, d'un aspect rouge-chaudron, l'architecte, M. Clarke, a dû remonter très-haut l'Indus, au moins jusqu'aux demeures princières des rajahs quasi-indépendants.

Beaucoup de personnes se figurent que c'est un pavillon élevé aux frais du prince de Galles ; d'autres disent : aux frais du roi (?) de Lahore. Hélas ! le pauvre roi !...

C'est une méprise. Les frais ont été faits par les exposants, quelques-uns français, exposants de châles, exposants de coffrets et d'objets curieux.

L'ensemble se compose de deux kiosques, reliés entre eux par un portique à colonnettes semblables. L'une des salles supérieures, charmante à visiter, avec divans de soie et guéridons légers, avec tapis et vases opulents, appartient à un grand nabab de Cachemyr, dit-on, qui expose des tissus de son pays. Nous ne garantissons rien.

Et maintenant, rue des Nations !

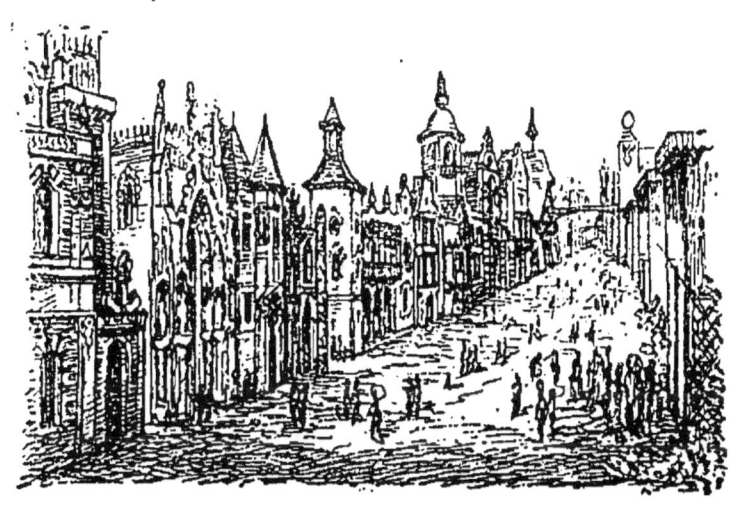

L'ARCHITECTURE DANS LA RUE DES NATIONS

Les façades étrangères.

C'est l'idée la plus originale, la plus neuve de l'Exposition. L'honneur en revient, dit-on, à M. Berger ,directeur des sections étrangères. Il a voulu que toutes les nations exposantes (et il ne manque guère que l'Allemagne, la Turquie, le Brésil et le Mexique) fussent représentées au-devant de leur section, sur le promenoir à ciel ouvert qui les longe et qui a reçu pour ce motif le nom de *rue des Nations*, par un édifice de couleur locale, construit dans le style particulier à chacune d'elles, style d'autrefois principalement.

Rien d'intéressant comme ce défilé architectural, comme cet alignement comparatif des goûts les plus variés, les plus disparates, les plus pittoresques, que nous allons passer en revue.

Nous suivons les façades dans l'ordre où elles se présentent.

D'abord les **façades anglaises**; elles sont au nombre de cinq. Elles forment l'échantillonnement (qu'on nous pardonne ce mot prosaïque) des diverses combinaisons décoratives que nos voisins approprient si bien aux constructions qu'ils ont à faire :

Est-ce une habitation de ville bon aspect et bon marché qu'il vous faut, on a là votre affaire : une maison à pilastres cannelés, trois fenêtres de façade, deux étages, je ne sais combien de pièces, balcon, cuisine, le tout pour quelques milliers de francs et le tout en plaques de 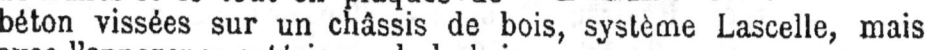 béton vissées sur un châssis de bois, système Lascelle, mais avec l'apparence extérieure de la brique rouge.

Est-ce un castel princier, dans les forêts ombreuses, aux bords de la Tamise, voici ce qui vous convient : un élégant mélange de pierres blanches et de briques, avec des motifs renaissance du temps d'Élisabeth, de petites pyramides minuscules aux angles des balustres, quelques légers pilastres encastrés dans les murs, et dans la brique quelques losanges noirs. Pas de toiture apparente. Le dessus des fenêtres se compose de pignons festonnés en courbes contrariées, à la hollandaise. Tel est le pavillon du prince de Galles; architecte : Redgrave.

Les appartements intérieurs sont une des grandes curiosités à visiter; il faut une permission qu'on accorde facilement sur place; quelque chose de confortable et de somptueux; un vrai bijou représentant « les joyeuses commères de Windsor. » Tapiserie, faïences de Minton, porcelaines de Wegvood, glaces, dorures, ameublement, tout est agencé avec un goût exquis, le boudoir de la princesse de Galles est par derrière formant saillie sur la section anglaise!

Que vous faut-il maintenant? Un grand édifice? une université? un parlement? une église? Voici! Vous avez là une tour gothique, murailles en terre cuite rouge, entremêlées d'assises blanches; colonnettes à chapiteaux fleuris; ogives à nervures multiples, et quelques ornements de faïences émaillées de Doulton répandus çà et là, comme des cabochons sur un coffret moyen âge.

Est-ce un cottage que vous préférez? Vous avez du choix. Passez d'abord devant cette grille seigneuriale en fer forgé, peint en noir et or, qui est très-anglaise par son dessin, par son fini, par ses lourds piliers massifs, surmontés de griffons, et vous vous trouvez juste en face de deux bâtiments à carcasse de bois, à crépi blanc, à haute toiture tous les deux et qui font très-bonne figure, ma foi! le premier surtout dont la charpente jaune est façonnée coquettement en trèfles, en losanges, en arcatures sur petits pilastres évasés, et qui est décoré en avant d'un mignon portique à cintres surbaissés. Le goût britannique pour le *home*, pour le foyer intime, s'y révèle par une simplicité élégante, attrayante.

Le second, qui semble être emprunté au siècle d'Élisabeth, avance en forte saillie surplombant de beaucoup les quatre colonnes de bois tourné qui le supportent. C'est simple, très-frais, très-aéré, et par les nombreux balcons vitrés qui s'en détachent dans tous les sens on doit voir admirablement, tout en causant, tout en filant (si l'on file encore), ce qui se passe aux quatre vents dans la campagne.

Viennent ensuite les **États-Unis**. Oh! ceci, comme façade, c'est plus que modeste, et ce serait même modeste tout à fait, n'étaient les nombreux écussons nationaux répétés à profusion sur toute la ligne avec une sorte de fierté filiale. Pour l'art, cette bâtisse, tout bois verni blanc et tout vitrage, rappelle assez bien le buffet de San Francisco qu'on voit figurer dans le *Tour du monde en 80 jours* de Jules Verne. On a dû vouloir nous donner idée de la manière rapide et fragile dont s'installe une guinguette dans les villes neuves des placers américains. En gens pratiques d'ailleurs, et c'est bien un trait de leurs mœurs intelligentes, les Yankees se sont hâtés d'installer là des cabinets de correspondance et de lecture où les suivront ces inséparables *newspapers* dont ils ne peuvent se passer dans leurs plus lointains campements. Voilà un pays où l'on aime les journaux!

L'ordre appelle maintenant la **Suède** et la **Norvége**. Leur pavillon, formé de deux chalets, reliés par une galerie : vrai monument tout en bois couleur naturelle, assemblé avec une justesse parfaite par des ouvriers du pays, et des séries de fenêtres cintrées, encadrées de sapin rouge à palmettes sculptées. C'est une œuvre d'art nullement tapageuse, qui ne tire pas l'œil de loin, mais qui l'arrête au passage par on ne sait quel charme poétique.

Les **Italiens** ont une façade qui caractérise très-bien leur art plein d'élégance et d'harmonie. C'est l'art du quatorzième siècle, l'art de la grande époque, celui qui leur sert encore d'idéal et qu'ils ne se lassent point de recopier. Les en-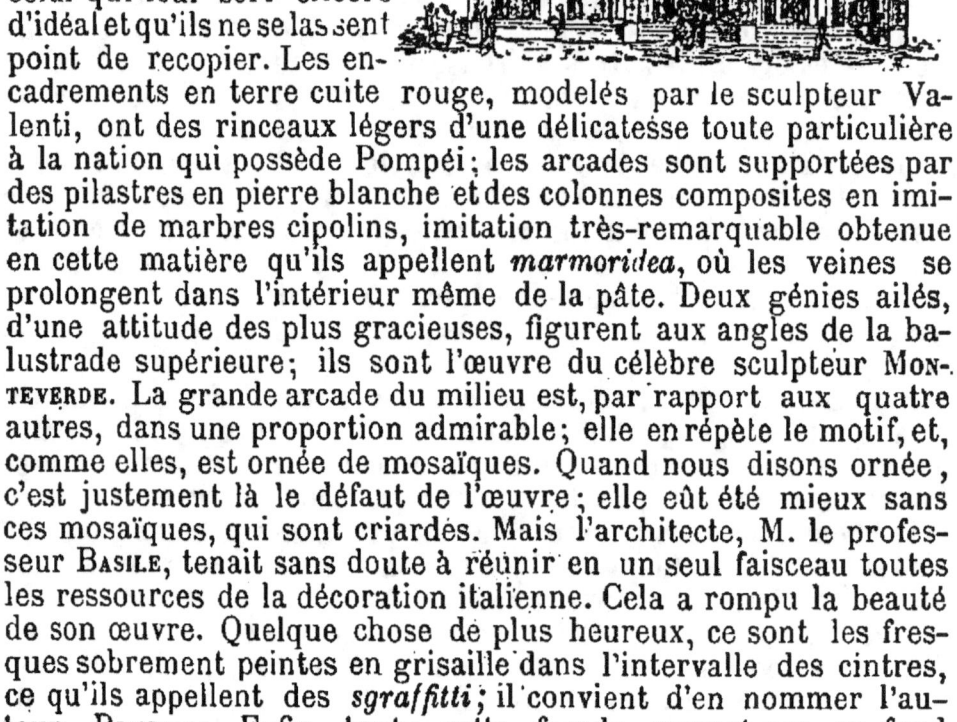cadrements en terre cuite rouge, modelés par le sculpteur Valenti, ont des rinceaux légers d'une délicatesse toute particulière à la nation qui possède Pompéi ; les arcades sont supportées par des pilastres en pierre blanche et des colonnes composites en imitation de marbres cipolins, imitation très-remarquable obtenue en cette matière qu'ils appellent *marmoridea*, où les veines se prolongent dans l'intérieur même de la pâte. Deux génies ailés, d'une attitude des plus gracieuses, figurent aux angles de la balustrade supérieure ; ils sont l'œuvre du célèbre sculpteur Monteverde. La grande arcade du milieu est, par rapport aux quatre autres, dans une proportion admirable ; elle en répète le motif, et, comme elles, est ornée de mosaïques. Quand nous disons ornée, c'est justement là le défaut de l'œuvre ; elle eût été mieux sans ces mosaïques, qui sont criardes. Mais l'architecte, M. le professeur Basile, tenait sans doute à réunir en un seul faisceau toutes les ressources de la décoration italienne. Cela a rompu la beauté de son œuvre. Quelque chose de plus heureux, ce sont les fresques sobrement peintes en grisaille dans l'intervalle des cintres, ce qu'ils appellent des *sgraffitti* ; il convient d'en nommer l'auteur, Brugnoli. Enfin toute cette façade ressort sur un fond de rideaux rouges qui en fait ressortir les lignes. Elle est, dans son ensemble, une des plus remarquables.

Façade des Japonais. C'est plutôt une porte détachée, une porte typique, comme ils en dressent sur le devant de leurs temples ; à grandes poutres largement équarries, qui s'entre-croisent : quatre comme piliers, deux comme traverses ; celles-ci un peu recourbées au bout ; toutes revêtues à leur extrémité d'une garde de bronze vert de gris. La caractéristique du Japon est une grande simplicité ; c'est un pays sujet à tremblements de terre, où les constructions de pierre ou de porcelaine n'auraient point chances de durée, vous diriez des nomades : pagodes, ponts, palais, ils bâtissent tout en bois. Aussi, derrière leur porte, ne voit-on paraître qu'un mur de planches et une toiture avancée pour couvrir la seconde entrée. Sur le mur, à droite et à gauche, une carte peinte. Ceci peint bien surtout le goût des Japonais pour l'instruction. Ils se sont initiés à notre cartographie, et leurs deux cartes : l'une, plan de Tokio, où réside le Mikado ; l'autre, carte du Nippon, leur grande île, sont dressées ou semblent l'être par une main européenne. Quelque chose de très-caractéristique, ce sont aussi les deux fontaines, où l'eau jaillit d'un lotus, qui ornent les côtés de la porte. Les bassins, l'eau froide, jouent un grand rôle dans l'existence de ce peuple qui chaque matin se lave à grandes ablutions.

Sous la toiture aiguë et peu historiée de l'entrée, nous voyons appendu un grand écriteau en bois de santal, dont la bordure est tourmentée de contours bizarres, fouillée de capricieux méandres, et qui porte au beau milieu, en gros caractères européens : JAPON.

Façade chinoise. Et dire que tant de personnes ont du mal à distinguer les deux peuples ! On les confond pêle-mêle dans ces deux mots : « Extrême Orient, race cuivrée », quand tout au contraire les sépare, l'instinct, les tendances, le sentiment, plus encore que la mer. Autant le Japonais est artiste, autant il est prompt au progrès, ardent pour les nouveautés, cosmopolite pour ainsi dire, et simple, autant les Chinois, qui se complaisent dans leur tradition passée, sont restés méticuleux, patients, compliqués dans leurs goûts. Le Céleste-Empire se révèle par une façade d'un aspect, il est vrai, plus sévère qu'on ne s'y serait attendu, d'un noir d'ardoise, tout unie comme muraille ; à peine recouverte, pour toute décoration, de fins linéaments de carreaux esquissés en blanc, mais qui rachète largement, par les enjolivures de la porte, des fenêtres et du toit, cette sobriété surprenante. La porte, rouge, est surchargée des fameux et inévitables petits monstres découpés en bois peint. La toiture aussi en est criblée ; elle a du reste les ondulations voulues, et se recourbe aux deux bouts en forme de croissant ; elle a plus haut sa répétition en plus petit ; *bis repetita placent* aux Chinois ; elle a ses festons colorés et dorés ; c'est bien une œuvre de patiente minutie. Quant aux deux fenêtres, ce sont des carrés d'arabesques fantastiques.

Façade espagnole.—L'Espagne est beaucoup plus vive en nuances. Elle s'est fait représenter, nous ne savons pourquoi, par l'architecture arabe, c'est-à-dire par l'architecture d'un conquérant qui l'a longtemps asservie. C'est sans doute pour donner le goût d'un voyage chez elle. Il faut se figurer le palais de l'Alhambra de Grenade, en miniature, il est vrai, mais rajeuni avec toutes les splendeurs d'une dorure fraîche et d'un coloris bleu, rouge, vert, et savamment reconstitué en arabesques, en dentelures, en stalactites, en imbrications multipliées. Des colonnes sveltes supportent le pavillon du milieu ; il manque à travers ces colonnes les perspectives enchanteresses d'un *patio* ombragé, plein de fontaines jaillissantes et de jeux de lumière ; mais nous avons à peu près le style du dehors ; des faïences émaillées au soubassement, des encadrements de fenêtres fort somptueux ; les fenêtres elles-mêmes de formes très-variées, les unes large ouvertes, les autres étranglées et serrées comme des pensées de défiance ; dans l'ensemble, magnificence et clinquant, mollesse et jactance ; une façade qui serait très-réussie, si elle était espagnole.

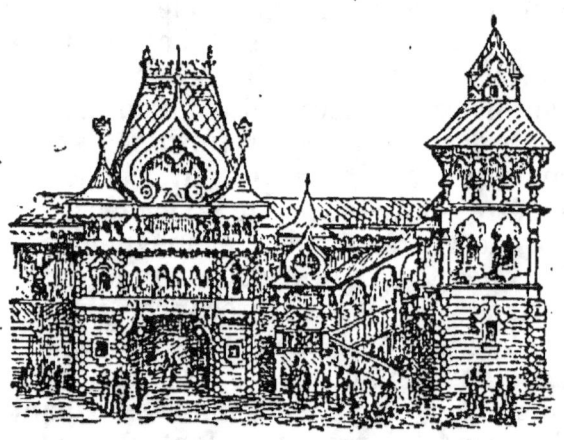

Façade autrichienne. Peu de chose à dire, sinon qu'elle consiste en un portique à colonnes doubles, terminé par deux bâtisses à fenêtres ; le tout très-long (il y a neuf arcades), mais très-banal. Les intervalles des cintres sont remplis par des génies en grisaille, et la balustrade terminale est parsemée de statues. Ce pourrait être tout ce qu'on voudra, aussi bien qu'autrichien. Il nous semble qu'il y avait à Prague, à Vienne, à Buda Pesth des motifs d'architecture plus originaux. Mais on sent là un empire formé de diverses races jalouses, qui a pu être très-gêné pour choisir une façade dans le goût de l'une d'elles.

La **façade russe** peut se reconnaître de loin à sa masse imposante de bois étagé, découpé, festonné en tous sens, à ses hautes toitures aiguës en bardeaux de fer-blanc losangés, à ses encadrements bizarres de fenêtres, à la forme quasi-turque du tympan central. Les deux ailes se composent de galeries à jour aboutissant à de hauts et lourds pavillons dont l'un vous a, on ne sait dans quel but, un aspect de forteresse ; il y règne quelque chose de sombre et d'ombrageux, comme la vie des premiers czars. Un escalier couvert à clocheton, installé au dehors, conduit à la tour de droite. L'ensemble du monument fait grande impression. Les dessins sont venus de Saint-Pétersbourg, mais non les ouvriers ; ce sont des Français qui, dirigés par un architecte russe, ont exécuté de toutes pièces ce curieux travail d'ancienne architecture moscovite. On nous dit, et nous le croyons sans peine, que l'idée en a été inspirée par quelques vieilles maisons du temps de Pie rre le Grand et même par le palais de *Kolomnà*, près Moscou, où ce prince est né. La couleur dont on a revêtu les ornements de bois, les découpures, les toits, a plutôt gâté qu'embelli ce monument; mais l'on a bien fait de l'en revêtir, si elle est historique. C'est dans tous les cas, avec la façade belge, la plus sérieuse, la plus intéressante à étudier.

La Suisse, au contraire, s'est éclipsée derrière une façade massive qui ne rappelle en rien ce qui plaît tant chez elle, le chalet. Au lieu de ces constructions coquettes semées dans ses vallées, elle nous a donné là un édifice qu'on ne voit nulle part, sans grâce et sans caractère. Soubassement gris, grosses fenêtres de serres, maigres balcons en encorbellement sur chaque coté de la porte, grande voûte à jour au-dessus, avec une toiture énorme qui, par contre, est bien suisse, et qui rappelle à merveille Fribourg et Lucerne, avec le petit clocheton obligatoire au sommet. Ce qui fait l'intérêt de cette façade, ce sont uniquement trois choses : son horloge à Jacquemarts placée au centre, ses larges armoiries et ses inscriptions. Sous la voûte en azur étoilé on a tracé la bande du zodiaque, et cette devise en allemand et en français : *Tous pour un, un pour tous.* Il manque la fresque des Trois-Suisses, la figure de Guillaume Tell ; mais l'esprit d'indépendance, l'esprit helvétique, s'est empreint dans la conception de cet édifice.

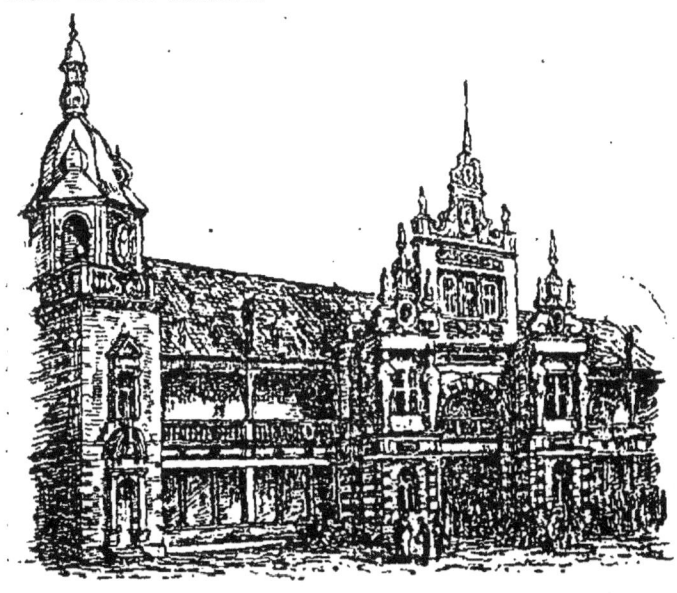

Façade des Belges. Ah! voici le monument par excellence, voici le palais, voici le déploiement intelligent du marbre et de la pierre; d'une pierre admirable que fournissent leurs carrières et qui revêt l'aspect que l'on veut, suivan la taille; grisbleuâtre ou noir foncé, noir mat, noir poli comme le jais. Un architecte de grand talent, M. Janlet, a présidé à cette construction, qui est tout à la fois un chef-d'œuvre de l'art flamand et une exhibition des matériaux belges. On n'a pas ménagé la dépense : 600 000 fr., nous dit-on; mais ce n'est rien à côté de l'effet obtenu. Grande variété d'idées, grandes ressources d'ornementation : telles sont les deux qualités maîtresses qui caractérisent cette façade.

Elle se compose d'un corps principal, escorté sans symétrie, à gauche d'une galerie et d'une sorte de beffroi ; à droite d'une galerie et d'une maison particulière ; tous les styles de la Belgique, ce pays si artiste, s'y marient sans brusque transition. Style du seizième siècle et style moderne, style d'édifice public et style d'habitation. Le premier se reconnaît aux fenêtres à meneaux du corps principal : deux cintres accouplés surmontés d'un œil-de-bœuf ; la Renaissance apparaît par les cariatides (chacune représente une Liberté, Liberté de la presse, Liberté de la parole, etc.), et par l'habitation de droite, à balcon de bois fortement saillant et couvert ; le goût plus fantaisiste du pur flamand apparaît dans les chambranles des fenêtres, dans leurs encadrements, dans les pignons. Enfin, quelque chose de poétique et de charmant, c'est l'aspect des galeries à jour qui relient les diverses parties de l'édifice. Elles sont profondes, couvertes par une toiture qui repose sur une épaisse poutre non déguisée et que supportent des piliers à consoles un peu évasés. La toiture, très-aiguë, porte sur son rebord un hallebardier en bronze fièrement campé, dans le goût de Dürer ; quant aux balustrades de ces deux galeries, elles sont faites de marbres belges de couleurs extrêmement diversifiées ; les soubassements aussi sont formés d'une rangée de colonnes en marbres variés.

Sur le fronton, orné d'une draperie d'or, se dressent les initiales du roi, en or également, dans un médaillon formé d'une couronne, et au-dessus, les armoiries nationales, le lion belge.

Tandis que des inscriptions d'exposants appliquées sur le soubassement vous indiquent que les pierres, les marbres, les briques, les ardoises, sortent de telles et telles carrières, des inscriptions en or, plus haut placées, vous lancent avec un noble orgueil cette devise d'un peuple libre :

> Tous les Belges sont égaux devant la loi.
> Tous les pouvoirs émanent de la nation.

Il n'est pas jusqu'à ce détail d'épigraphie qui ne soit caractéristique.

Façade grecque. Maison athénienne du temps de Périclès ; architecte : M. Bénard ; il faut connaître la Grèce et la Grèce antique comme lui, pour avoir restitué avec un coloris aussi vraisemblable, avec un sentiment aussi pur de cet Orient classique, la maison que nous voyons, où chaque ornement, chaque ligne nous rappelle, en effet, quelque dessin architectural de l'antiquité, de cet art divin perpétué à Pompéi et qui voudrait un chaud soleil. Le fond est blanc, les portes et les fenêtres petites, les lignes droites, l'étage supérieur en partie saillant comme un moucharabieh, mais sur consoles dorées, les pilastres ioniques à peine marqués, le couronnement à palmettes et à têtes de lions, la couleur parsemée en fleurettes, le bleu, le rouge, qui en sont l'élément vital, répandus en cordons sobres, pour contraster avec les grands espaces nus, et devant le seuil un autel sur lequel se dresse Minerve (Athènè), casque en tête et lance à la main.

On nous dit : Périclès. Ce pouvait être aussi bien Aspasie ou Alcibiade ; tant de gens mettent la sagesse en effigie sur leur porte qui l'oublient complétement derrière le mur protecteur de la vie privée ! Va pour Périclès ! C'était au moins un temps où florissait l'art grec, ancêtre de nos arts.

Façade danoise. Danoise? Il faut s'en rapporter au nom. Nous l'aurions prise pour du flamand, gracieuse du reste avec ses colonnes en imitation de marbre. Mais il nous semble qu'on avait en Danemark mieux à copier, et nous avons dans la tête certain dessin de castel à fenêtres quadrillées, sur le rivage de quelque fiord, qui eût été plus pittoresque et plus original.

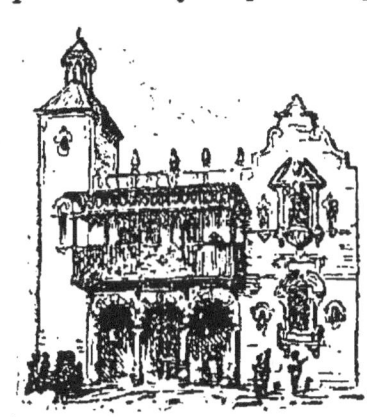

Façade de l'Amérique du Sud et du Centre. Comme tout s'enchaîne ! Elle est voisine de la façade belge, et l'on ne peut nier qu'à certains égards elle n'ait quelque chose de ses inspirations; c'est que l'Amérique méridionale tient ses traditions de l'Espagne et que l'Espagne, depuis le duc d'Albe, doit beaucoup des siennes à l'art flamand. Ce sont pour les encadrements des fenêtres des saillies du même caractère. Là nous n'avons plus, parce qu'elles devenaient inutiles, les hautes toitures, nous avons plutôt les terrasses, mais nous avons encore le goût des encorbellements, des fioritures et des petites pyramides terminales. Quelque chose de charmant, c'est ce balcon vitré en saillie, sur un portique à trois arcades et à colonnes fleuries. Il n'est qu'une voix pour admirer cette construction qui rappelle assez l'origine et les goûts luxueux de la colonisation hispano-américaine.

Façade de quoi maintenant? de la **Perse**? Oui, de **Siam** aussi, de **Tunis** et du **Maroc**, tous quatre fraternellement unis en syndicat et représentés chacun par un pan de l'édifice. Ce qui est à ouvertures pointues et comme tendu de toile perse à ramages fleuris sur fond bleu, eh bien ! cela parle de soi, c'est la Perse. Ce n'est pas tout à fait la magnifique mosquée du Shah à Ispahan. On fait ce qu'on peut. Le morceau plus sombre qui forme une avancée en bois bruni, avec fenêtre dentée, avec toitures cornées, quelque chose de fantastique et de diabolique, comme une porte de magicien, avec une enseigne *à l'éléphant blanc*, ce ne peut être que Siam. Le reste, bariolé de bandeaux alternés blancs et bleus, blancs et rouges, et découpé en fenêtres mauresques, avec moucharabieh et croissant, c'est forcément Tunis, si ce n'est le Maroc; le Maroc, si ce n'est Tunis. Disons en passant que cette façade couvre en même temps une exposition annamite, et une autre encore : celle du Cambodge. Six têtes sous un même bonnet !

Autre association du même genre : voici une quadruple façade, européenne cette fois : au grand-duché du **Luxembourg** se sont joints pour la construire deux Républiques : **le Val d'Andorre** et **Saint-Marin**, et une principauté, **Monaco**. C'est naturellement le Luxembourg qui a le plus gros morceau, toute la partie de gauche; les autres, se partageant ce qui restait, sont représentés, qui par une porte, qui par une fenêtre, qui par une balustrade.

La balustrade d'en haut, c'est le Val d'Andorre; au-dessous, le chambranle de la fenêtre où l'on voit un écusson d'azur à trois tours, c'est le minuscule État de Saint-Marin. Au-dessous encore, le fronton de la porte armorié de losanges argent et gueule nous apprend que la porte, c'est Monaco.

Les représentants des quatre États sont obligés de passer par cette porte. Mais le Val d'Andorre, haut perché là comme dans ses montagnes, ne peut recevoir que très-difficilement, après une ascension des plus rustiques sur une échelle à meunier; image de la simplicité pyrénéenne.

Le Luxembourg, bien calfeutré chez lui, a les appartements de réception; son logis est copié sur un hôtel d'importation espagnole du XVIᵉ siècle qui appartient aujourd'hui au grand-duc. Ses armoiries ornent le balcon. Ce qui donne le plus de cachet à cette mince façade, c'est la tourelle octogone en encorbellement qui avance sur la rue des Nations ses faces coquettes à petites croisées curieuses, ménagées pour tout voir: architecte, M. VAUDOYER.

Façade du Portugal. C'est par un édifice religieux que s'annonce cette valeureuse petite nation. Elle s'est décorée d'un portail de cloître. Comme les motifs d'architecture ne manquent pas dans ce pays qui s'est délivré des Sarrasins, mais qui a conservé trace de leur goût, il aurait pu, tout comme l'Espagne, il ne l'a pas voulu, se décorer d'un édifice mauresque, le château par exemple de la Péna, à Cintra, ne fût-ce que pour montrer qu'on a bâti aussi des *châteaux en Portugal*. Belem, pointe de terre près de Lisbonne, en offrait un autre, chrétien celui-là, dans le style mélangé qui florissait au temps d'Emmanuel et qui a conservé le nom de style *Emmanuélin*. Mais le couvent a été préféré. C'est qu'il est riche d'ornementations, de sculptures capricieuses, de fleurons et de clochetons, de niches à saints et de colonnettes à torsades qui soutiennent des socles arrondis en coquilles. Les Hiéronymites ne se refusaient aucun luxe artistique. C'est aussi à Belem que se trouve cette somptueuse demeure. Le dessin en a été pris sur les lieux mêmes et exécuté en plâtre à l'Exposition par un architecte français, M. Pascal.

Son œuvre ne s'est pas bornée là; il a continué dans l'intérieur même du palais, par une façade transversale, à motifs variés, le long de la section portugaise, ces reproductions si intéressantes d'un genre de gothique peu connu chez nous, très-chargé, très-fleuri, très-entrelacé, et qui donnerait facilement la tentation d'un voyage dans ce pays.

Faisons un détour, elles en valent la peine, et quittons un instant, pour les suivre, *la rue des Nations*.

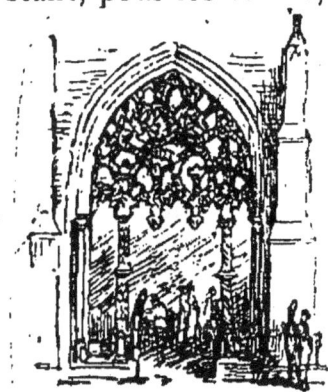

Les **façades intérieures du Portugal** se composent d'arceaux et de fenêtres empruntés aussi à ce même cloître de Belem et couverts d'ornements d'une opulente lourdeur. L'une, empreinte d'une certaine renaissance, présente de fortes avancées rectangulaires ornées de panneaux d'un goût presque italien. Quant aux arceaux, ils semblent faits de nœuds de corde. Plus loin ce sont des ogives agrémentées de massifs entrelacs. Ailleurs des portes carrées qu'on voit encadrées dans une sorte de torsade, simulant une énorme passementerie. Si vous examinez la légéreté relative des colonnettes, façonnées de dessins variés, de zigzags ici, d'écailles plus haut, d'imbrications plus bas, et renflées au milieu par un large anneau, si vous examinez aussi le soubassement compliqué de frises entremêlées, vous resterez surpris de l'accumulation d'idées et de l'exubérante fantaisie des vieux artistes portugais.

Restent les **Pays-Bas**. Dernière façade. Peu tapageuse; bien assise, en briques rouges et en pierres blanches, tranquille comme une Hollandaise à son travail, propre, régulière. On la dit dans le style de l'hôtel de ville de la Haye; c'est possible. Elle s'accompagne d'un beffroi en effet. Elle revêt un aspect monumental par les statues nichées au second étage; mais les esylovures sculptées des pilastres et des corniches, mais les clochetons en obélisques, mais les balustrades coquettes, les pignons contournés et la petite porte intime de l'angle pouvaient appartenir aussi bien à la demeure d'un riche amateur de Rotterdam.

Les Loggias.

Nous avons laissé à notre droite deux constructions curieuses qui méritent bien que nous revenions sur nos pas : ce sont des portiques ou porches à trois arcades et à trois coupoles ; on les appelle *loggias* parce qu'elles rappellent la loge de la Seigneurie à Florence. La paroi à laquelle sont adossées ces arcades abonde en sculptures, en moulures, en faïences (œuvres d'exposants) qui font toute la différence entre les deux *loggias*.

C'est dans la *loggia* du nord que s'étalent les grands panneaux de Deck en carreaux de faïence émaillée. Il en est un qui représente un paysage, six qui représentent des femmes allégoriques dans le style Renaissance. Du paysage, nous ne dirons rien pour ne froisser l'admiration de personne. Nous avons cette faiblesse de ne point comprendre la nature habillée de couleurs fausses, de tons violacés, de bleu intense, de crudités glacées où disparaît l'aérien et l'harmonieux. C'est évidemment un tour de force en céramique que cette grande mosaïque de carreaux rassemblés nous donnant un tableau de plusieurs mètres, qui passe même derrière les moulures sculptées, derrière les bas-reliefs, derrière une Diane couchée, pour se retrouver dans l'espace cintré au-dessus. Mais le tour de force se serait accompli tout aussi bien avec un autre sujet de peinture, supportant mieux la convention.

Telles sont justement les six allégories. Ceci ne choque point, mais charme le regard au contraire. Draperies, attitudes, couleur, dessin, tout est suave, tout est pur. C'est l'œuvre du peintre Ehrmann; elles sont les personnifications de la sculpture, de l'architecture, de la peinture, de la céramique, de l'orfèvrerie. Toutes pleines de poésie. Il n'est pas jusqu'aux encadrements qui ne rappellent les beaux jours du seizième siècle.

La porte des Beaux-Arts a une étrange corniche formée d'un temple grec qui semble naviguant sur un flot de faïence bleue.

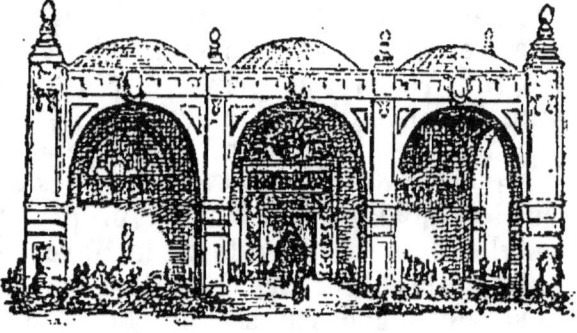

L'autre *loggia*, celle du sud, doit aussi à la céramique son principal éclat. Elle attire l'œil par une large porte, dont le chambranle est formé de terres cuites et de faïences peintes, émaillées ou dorées, sorties des ateliers de M. Lœbnitz. Ici une fraîche guirlande verte comme on en suspend de plus éphémères aux arcs de triomphe ; là des plaques enrubannées d'inscriptions où le ruban en émail d'un blanc pur, aux lettres d'or, s'entrelace avec des feuillages de fantaisie en émail cloisonné par la gravure; là trois tableaux en faïence d'un dessin et d'un travail remarquables, dus au peintre Lazar Meyer.

Au-dessus apparaît un grand relief : Apollon sur son char à quatre chevaux au milieu de sa gloire représentée par des rayons d'or. Mais il ne faut point s'y méprendre : ce relief mouvementé n'a que l'apparence de la terre cuite; il est là, en plâtre peint, pour compléter l'ensemble.

Évidemment il ne faut point juger des effets de la céramique par cette porte, qui en est surchargée, et à dessein. Bien qu'elle soit l'œuvre d'un architecte, M. Sédille, le même qui a construit dans le parc le pavillon du Creusot, elle ne peut guère être considérée dans son ensemble comme un modèle de porte, mais plutôt comme un agencement ingénieux trouvé pour faire valoir le plus de produits possible de l'exposant. Ce n'est qu'en isolant les détails qu'il conviendrait d'examiner ces motifs de décoration.

Dans le cintre droit de la loggia nous voyons une application de mosaïque de la manufacture de lave émaillée de Gillet, représentant les *Confesseurs* d'après Flandrin.

A gauche un autre sujet religieux : des bas-reliefs de moines.

Comme on le voit, la faïence prend toutes les formes et envahit tous les domaines.

Le pavillon de la ville de Paris.

(Architecte, Bouvard.)

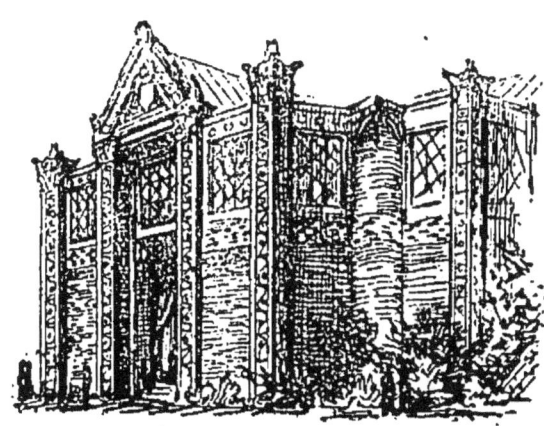

On nous avait prévenus que ce serait « un chef-d'œuvre de serrurerie ». La charpente métallique y joue, en effet, le premier rôle. L'architecte a utilisé concurremment le fer et la fonte d'une façon à la fois imposante et gracieuse. On nous avait dit aussi : par les combinaisons de la brique, de la couleur, de la terre cuite, de la faïence, cette ossature trop froide sera équilibrée et l'on aura enfin trouvé l'architecture du métal. Nous ne savons si on l'a trouvée définitivement, mais c'est dans tous les cas un essai original qui mérite d'être remarqué. Nous devons dire que le public, la masse du moins, ne se montre pas aussi impressionné qu'on s'y serait attendu pendant les travaux, quand se dressait ce majestueux édifice aux lignes simples, aux six grands frontons, encadrés, sans fanfreluches, sans mauvais goût, de larges plaques de terre rouge et de hautes bordures bleues. C'est que, pour ainsi dire, sa majesté a disparu dans les briquetages, dans ces briquetages sur lesquels on comptait pour sauver le fer, et qui auraient besoin d'être sauvés eux-mêmes de leur pâleur; est-ce la faute de la place qu'ils occupent, dans les angles en retrait? est-ce le voisinage des couleurs voyantes? Toujours est-il qu'ils semblent décolorés et vides. Quant aux terres cuites, les unes réelles, les autres imitées en staff peint, le public ne semble pas s'apercevoir de leur mérite décoratif. Nous croyons surtout que c'est défaut d'habitude. Il ne l'apprécie pas plus pour la façade italienne que pour celle-ci.

Le problème posé devant l'architecte, M. Bouvard, était celui-ci : Peut-on avec le fer et la fonte, qui sont devenus les matériaux du siècle, créer un bâtiment d'art, un monument agréable à l'œil, qui ne soit par conséquent ni une gare ni une halle? A éléments nouveaux, il faudrait formes nouvelles. Ces formes, pour lesquelles le classique ne peut plus nous être d'un secours suffisant, les possède-t-on?

Or, nous voyons que M. Bouvard a prouvé qu'on les possédait.

Il a disposé son rectangle ainsi : six entrées magistrales formées par des avant-corps : une à chaque façade, deux sur chaque côté, et celles-ci reliées par un portique. Chacune de ces entrées est conçue à peu près sur le même dessin : un fronton, non saillant, où l'on voit se continuer les bordures et les encadrements des montants. C'est simple, c'est grand de conception. Il a évité ainsi l'effet grêle, chétif des colonnes de fonte ajourées ; on ne les voit plus ; on a une porte colossale bien remplie, qui fait à elle seule toute une façade; et les argiles, les moulures, les faïences dont il s'est servi pour combler les vides du métal nous paraissent n'avoir reçu nulle part, jusqu'à présent, un emploi aussi heureux, aussi motivé, aussi puissant, à cause même de leur franchise et de leur continuité hardie.

On nous dit que ce pavillon, pour le moment destiné à l'exposition de l'édilité parisienne, sera conservé et servira plus tard, sur un autre emplacement, à un gymnase national. Tant mieux! ce serait tout profit pour l'éducation artistique, comme pour l'éducation physique des générations nouvelles.

En résumé, l'architecture nous présente à cette exposition, à côté des conceptions du passé et des autres peuples, beaucoup de nouveautés du plus haut intérêt; elle cherche à faire époque, elle y arrive.

CURIOSITÉS DE LA SCULPTURE

SOMMAIRE : Les statues au Trocadéro. — Au palais du Champ-de-Mars. — Au pavillon de la ville de Paris. — Dans les salles des Beaux-Arts.— La sculpture française. — Les sculptures étrangères.

II. AU TROCADÉRO

Les statues de la Rotonde.

Elles ont été bien disséminées, les œuvres de sculpture! elles ont failli l'être davantage; la commission pensait sans doute ceci de vrai : qu'elles perdent à être rassemblées en longues files, qu'elles gagnent à être chacune à leur place architecturale dans les entre-colonnes, devant les soubassements, dans les jardins, sur les balustrades, etc. Mais comme cet éparpillement eût gêné la comparaison ! Or une exposition n'est point faite pour autre chose : comparer. Il n'y avait pas de raison pour traiter les statues autrement que les tableaux, autrement que les porcelaines, autrement que les dentelles, auxquels les mêmes motifs auraient pu s'appliquer, et qui ne sont jamais à leurs places naturelles quand on les aligne devant les parois d'une salle.

On est donc revenu sur l'idée première, au moins pour les œuvres de la statuaire française; on a fini par les grouper dans des salles qui se suivent. Mais les autres? les œuvres de l'Italie, par exemple? Comment les comparer aux nôtres? Il faut les chercher un peu partout, dans les salles des tableaux italiens, ou dans les travées de la section italienne.

Nous tâcherons de suppléer à ce manque de facilités données à l'amateur en rapprochant ici ce qu'on a séparé au Champ de Mars.

Il serait injuste aussi d'oublier le Trocadéro. Nous y avons rencontré des statues nouvelles qui ne sont pas œuvres passagèrement exposées, qui sont destinées à rester, qui n'en méritent que davantage une visite et une description.

Celles dont nous avons gardé le meilleur souvenir sont les statues, non dorées, qui bordent la terrasse de la salle des Fêtes.

Elles sont au nombre de trente, dans l'ordre suivant, en commençant par l'est :

1. Imprimerie, Félon.
2. Musique, Schrœder.
3. Minéralogie, Saint Jean.
4. Peinture, Barthélemy.
5. Chimie, Chevalier.
6. Métallurgie, Lud. Durand.
7. Pêcherie, Eude.
8. Industrie des métaux, de Vauréal.
9. Physique, H. Sobre.
10. Botanique, Baujault.
11. Génie civil, Perrey.
12. Architecture, Soldi.
13. Photographie, Thabard.
14. Art militaire, De la Vingtrie.
15. Industrie des tissus, Gautherin.
16. Agriculture, Aubé.
17. Médecine, Gauthier.
18. Astronomie, Stasse.
19. Mécanique, Roger.
20. Industrie du meuble, de Marcilly.
21. Géographie, Bourgeois.
22. Éducation, Lenoir.
23. Télégraphie, Lavigne.
24. Sculpture, Dubray.
25. Navigation, Chervet.
26. Orfévrerie, Warnier.
27. Mathématiques, Cambos.
28. Industrie forestière, Chrétien.
29. Ethnographie, Clère.
30. Céramique, Chambard.

Il en est quatre ou cinq surtout qui séduisent ou par leur grâce ou par leur vigueur.

L'Industrie des métaux, forgeronne fièrement campée, marteau sur l'épaule, tablier de cuir porté avec aisance; tête bien posée; elle se rejette un peu en arrière, sûre d'elle-même, libre, énergique, mais pas d'affectation herculéenne. C'est la force sans lourdeur et sans jactance.

L'Agriculture; une moissonneuse; on la dirait inspirée de Jules Breton, elle a cette sérénité, cette attitude simple, calme, dont il revêt ses figures villageoises. Que nous voilà loin des bergères de Louis XV ! Quelle dignité naturelle de maintien, quelle absence de mièvrerie dans ce plantureux corsage au rustique lacet !

La Pêcherie, ce n'est pas positivement du Feyen-Perrin, ce n'est pas la Cancalaise, ce n'est pas la fille de Dieppe aux cotillons retroussés, vivante, réelle; c'est une pêcheuse de convention, d'un côté nue comme une naïade, de l'autre couverte d'une draperie antique. Mais elle est l'industrie de l'eau en ce qu'elle tient une gaffe et porte un filet.

L'Architecture; c'est bien elle ! non pas seulement qu'elle tienne un plan, détail; mais elle se tient elle-même d'une façon monumentale. Comme femme, avec son beau port de tête, sa haute coiffure, sa robe à larges plis étudiés, elle est toute une architecture. Seulement ce n'est pas l'architecture moderne; elle manque de parures, de bijoux, de broderies, j'allais dire de faïences.

L'Astronomie se reconnaît à ce qu'elle regarde le ciel, et la **Géographie** à ce qu'elle regarde la terre;

La Botanique, à sa boîte de fer-blanc portée en sautoir; seulement elle manque de lunettes et n'a pas séché sur son herbier.

· La **Physique**, à ce qu'elle tient une bouteille de Leyde. Elle aurait pu toutefois la tenir avec une figure plus électrisée;

· La **Navigation**, à ce qu'elle rame; mais elle n'a pas fait de progrès; c'est toujours la rame large et sculptée de trirèmes grecques ou du bon Caron. Et la vapeur?

Du reste, rien de difficile comme ces questions d'emblèmes. Est-ce l'allégorie antique, on dit : C'est arriéré. Sont-ce nos instruments modernes, on dit : C'est puéril.

Les statues de la Cascade.

Descendons à la plate-forme du château d'eau. Six statues en bronze doré, sortant de diverses fonderies (Durenne, Denonvilliers, Voruz, etc.).

1. L'*Amérique du Sud*, Millet sc.
2. L'*Amérique du Nord*, Hiolle.
3. L'*Afrique*, Durand.
4. L'*Asie*, Delaplanche.
5. L'*Europe*, Schœneverk.
6. L'*Océanie*, Mathurin Moreau.

A propos des deux *Amériques*, nous ne pouvons nous empêcher de remarquer l'étrange fiction qui consiste à toujours symboliser le Nouveau Monde, déjà un peu vieux, par une Sauvage emplumée, comme au temps de Christophe Colomb, quand tout au contraire, ici même, proteste de la civilisation avancée de ce pays. Une figure de pionnier, une figure de planteur, ne seraient même déjà plus suffisantes comme emblèmes de ce monde d'inventeurs et d'industriels.

Passe pour l'*Afrique*. Nous l'aurions mieux aimée personnifiée par notre Algérie que par la Nigritie; mais enfin c'est une belle négresse, à qui il ne manque que d'être noire.

L'*Océanie* est une Sauvage farouche, aux fortes mamelles, armée d'un casse-tête, vêtue de peaux de bêtes, et escortée d'un kanguroo.

L'*Europe* a rendu hommage à sa mère en civilisation, la Grèce, en la prenant pour type symbolique. Elle est coiffée du casque de Thésée.

Sous les niches de la cascade, deux très-gracieuses statues : l'*Air*, de Thomas, et l'*Eau*, de Cavelier.

Les quatre statues animales du bassin sont très-mouvementées, comme impatientes d'être là.

Le *bœuf*, de Cain, cherche des hauteurs et mugit d'un air tempêtueux.

Le *rhinocéros*, grande difficulté vaincue, n'a pas eu souvent les honneurs du ciseau sculptural et nous ne sommes pas fâchés que M. Jacquemart ait tenté cette nouveauté audacieuse.

Le *cheval*, de M. Rouillard, se cabre à la vue d'une herse

L'*éléphant*, de Frémiet, tourmenté, il y de quoi, s'est laissé prendre au piége.... en face du restaurant espagnol !

La gravure a vulgarisé déjà la grande *Renommée*, de Mercié : belle taille, 6 mètres; malgré cela, trop élevée sur sa toiture, elle échappe à la vue du public.

II. AU CHAMP DE MARS

Les statues des Nations.

Devant la façade du Palais de l'Exposition.

1. L'*Inde*, Cugnot.
2. L'*Angleterre*, Allard.
3. L'*Australie*, Roubeaux.
4. Les *États-Unis*, Caillé.
5. La *Norvége*, Lequesne.
6. La *Suède*, Allasseur.
7. L'*Italie*, Marcelin.
8. Le *Japon*, Aizelin.
9. La *Chine*, Captier.
10. L'*Espagne*, Doublemard.
11. L'*Autriche*, Deloye.
12. La *Hongrie*, Lafrance.
13. La *Russie*, Lepère.
14. La *Suisse*, Gruyère.
15. La *Belgique*, Leroux.
16. La *Grèce*, Delorme.
17. Le *Danemark*, Marqueste.
18. La *Perse*, Chatrousse.
19. L'*Égypte*, Ottin.
20. Le *Portugal*, Sanson.
21. L'*Amérique mér.*, Bourgeois.
22. Les *Pays-Bas*, Tournois.

Nous recommandons aux visiteurs qui n'ont pas le temps de les passer toutes en revue :

L'*Inde*, couverte de bijoux et conforme au type légendaire de la bayadère d'autrefois.

Le *Japon*, délicieux costume, ce costume national que les Japonaises auraient grand tort de quitter.

La *Chine* aussi est charmante; les yeux obliques, mais finement relevés; la main posée sur la hanche et le corps drapé dans la robe de soie caractéristique.

L'*Autriche* est, ce que sont les Viennoises, dit-on, gracieuse, mais elle est aussi comme la marraine de Chérubin, bien « imposante ». Elle marche dignement, dans l'abondance figurée par un cornet de fruits, et tient une branche d'olivier.

La *Russie*, avec couronne en tête, épée au côté, globe aux pieds, regarde dans une attitude calme sa voisine, la Hongrie.

Naturellement les puissances maritimes, l'*Angleterre*, le *Portugal*, tiennent des tridents, des rames ;.... la *Belgique* tient une dentelle, les *États-Unis* leur drapeau étoilé et leur constitution, la *Norvége* un filet; l'*Espagne* porte la toison d'or, la *Suède* des fourrures, la *Perse* une mitre à aigrette et des bracelets de perles.

Mais on devinerait moins facilement, malgré son chapeau de panama et son ananas, l'*Amérique du Sud*, bergère en chemise, belle fille d'ailleurs.

La *Grèce* portes ses pénates d'autrefois, ou plutôt son Jupiter classique. L'*Italie* aussi vit sur l'antiquité; la louve romaine est là, mais une antiquité rajeunie par le signe de Constantin : la croix.

L'*Égypte* également a le style et le caractère de son glorieux passé, c'est l'Égypte des pharaons.

Seulement, nous ne pouvons nous attarder ainsi; avant d'entrer dans les bâtiments des beaux-arts, nous avons encore à voir sur leur flanc, côté français : l'*Apothéose* d'Ingres et le monument de Lamoricière.

L'Apothéose d'Ingres.

C'est la reproduction d'un monument élevé par Montauban, ville natale du grand peintre; l'œuvre est de M. Étex, et à son tour elle est elle-même la reproduction en bas-relief d'une des toiles les plus célèbres d'Ingres, son *Apothéose d'Homère*. Ceci fait le fond du sujet; sur le devant de ce tableau, et pour ainsi dire escorté par les personnages de tous les temps qui s'y groupent, on voit Ingres assis. C'est froid, et cependant l'hommage rendu ne manque pas d'une certaine grandeur.

Le monument de Lamoricière.

Ceci un chef-d'œuvre. Il faut aller presque jusqu'à l'angle de la Loggia du nord. Là, dans un enfoncement orné de rideaux, apparaît un mausolée tout en marbre blanc, sauf quatre colonnes noires, qui supporte au-dessus de la statue du général, étendu sous un linceul, une sorte de dais, toujours en marbre blanc; l'ensemble est d'un deuil sévère, grandiose, qui impressionne vivement. C'est l'architecte Boitte qui l'a conçu. Quatre statues allégoriques, bien connues, car elles sont du sculpteur Dubois, la *Charité*, la *Foi*, le *Courage*, la *Science*, sont distribuées sur chaque angle. La place future de ce monument est dans la cathédrale de Nantes.

Les statues du pavillon de Paris.

On trouvera encore des œuvres remarquables de sculpture sous les portiques de la ville de Paris, entre autres l'*Education maternelle* de Delaplanche, qu'on croirait, pour l'ampleur grande et simple, inspirée de Michel-Ange; la *statue de Berryer*, par Chapu, et les statues exécutées pour le monument du grand orateur au Palais de justice : l'*Éloquence*, la *Fidélité*; l'œuvre si connue et si pure du regretté sculpteur Perraud, l'*Enfance de Bacchus*. Citons encore le patriotique *Gloria Victis* de Mercié, le buste sévère et plein de vie d'*Achille de Harlay*, par Chatrousse.

III. DANS LA SALLE DES BEAUX-ARTS

Sculpture française.

Les trois premières salles des Beaux-arts, en entrant par le vestibule d'honneur, sont remplies des œuvres de nos statuaires français depuis 1867. Même autour de l'entrée, on en a groupé plusieurs : le *Lamartine* en bronze, de FALGUIÈRE, le *Brennus*, de TALUET, en marbre blanc; l'*Invocation à Minerve*, de MILLET, en marbre gris blanc; la *Pythonisse*, de BOURGEOIS, en marbre veiné; le *Danseur antique* ou *Faune*, de BLANCHARD, qu'on a vu figurer au Salon de 1876; et des animaux féroces de CAIN.

On a eu la bonne idée de tendre de vieilles tapisseries, qui les réchauffent un peu, les salles consacrées aux marbres.

Dans la **Grande salle**, en face de la porte, apparaît, c'était de convenance, la statue du maréchal de Mac-Mahon, avec le buste de M. Teisserenc de Bort à sa droite, et celui de M. Krantz à sa gauche.

Un sujet émouvant, c'est le petit mourant de FALGUIÈRE; un sujet gracieux, bien que nous n'aimions pas les rôles mondains et profanes donnés à l'enfance, c'est la petite fille nue, assise sur un escabeau grec, de CHABRIÉ; nous ne cachons pas nos préférences pour la *Vénus* de CAPTIER. On remarque aussi beaucoup la *Jeanne d'Arc*, accroupie et inspirée du ciel, de CHAPU; seulement, quelle inspiration? Nous avons entendu certain visiteur questionné par une dame répondre avec une naïve assurance : « C'est la femme adultère ».

Seconde salle à droite : Encore *Ingres !* cette fois à mi-corps; on le croirait à la fenêtre dans une niche carrée; c'est une imitation des stèles antiques par un érudit, GUILLAUME; seulement le buste a revêtu pour la circonstance son habit brodé de membre de l'Institut; au bas de cette figure d'Ingres on lit sa fameuse sentence : « Le dessin est la probité de l'art ».

Nous sommes aussi ému par le buste superbe de *Frédérick Lemaître*, quelque chose de puissant, d'inspiré, de mouvementé; l'action dramatique s'y montre avec un feu étonnant; suivent les bustes, également en terre cuite, du *Général de Wimpffen* et de *Champfleury*.

Plus loin encore : l'*Histrion*, de LORMIER (1877).

Deux statues gracieuses, la Joueuse de pipeaux, de MARCILLY, et la Jeune fille à la source, de BAUJAULT, qui se coiffe en se mirant dans une onde pure qu'il faut supposer à ses pieds.

Une fantaisie archéologique, métallique, coloriée et cloisonnée c'est l'*Égyptienne harpiste* faite collectivement par MM. CORDIER pour la sculpture, PONIS pour la ciselure, LEGOST pour l'émail. Mais cette musicienne à la robe rayée, à la harpe splendide, à la face d'argent, n'a pas une mine suffisamment intelligente, ni assez franchement momie.

La fatale veine bleuâtre qui se glisse, inattendue, dans les plus beaux marbres, a défiguré sous le ciseau de M. SANSON la *Mater dolorosa*. Il a appelé son sujet *Pietà*, mais c'est *pitié* qu'une œuvre aussi sérieuse soit ainsi tachée de couleur d'encre.

M. CHATROUSSE a eu plus de bonheur dans le choix de son marbre ; les veines s'y répandent comme à dessein sur les chairs, où il en fallait. Son sujet, les *Crimes de la guerre*, forme du reste un très-beau groupe : un enfant tué, la tête renversée aux pieds d'un vieillard prisonnier, sur les genoux de qui une jeune femme désespérée a jeté ses bras éperdus. Une corde enlace des pieds à la tête le vieillard dont la douleur est pleine d'énergie, et le mouvement, la draperie de la jeune femme, sont admirables.

Au milieu, la *Velléda* de M. MARQUESTE, assise sur un roc, triste, abattue ; lyre et faucille pendantes.

Troisième salle (à gauche). C'est là au fond que nous verrons la véritable *Femme adultère*, se débattant dans la honte et cherchant miséricorde. Elle est du sculpteur CAMBOS.

Mais avant, qu'on nous permette de saluer une ancienne connaissance, qu'il y a plaisir à retrouver, après l'avoir rencontrée dans les frais jardins du Luxembourg, la *Jeune curieuse*, de M. BLANCHARD (1871) ; elle introduit les doigts dans la bouche d'un masque de fontaine, qui figure la Fable ; elle en veut tirer la vérité.

Un autre genre d'intérêt, plus puissant encore, nous appelle vers le buste de *George Sand*, de M. MILLET.

Puis peut-on passer sans regarder cette triste chose : le dernier souvenir qu'on nous donne du sculpteur PERRAUD ! C'était son œuvre de l'an dernier, intitulée les *Adieux !*

C'est la salle aux douleurs : la tête d'*André Chénier* sur un billot, cette tête si noble, si pure, si douce, nous apparaît ressaisie par une muse, par une femme qui ne peut être que la Gloire : conception émouvante de L. NOEL (1872).

Justement une inspiration mélancolique d'André Chénier est tout auprès, la *Fiancée naufragée* ; SCHŒNEVERK a fait par cette image de jeune femme étendue sur la rive un pendant sculptural à la *Virginie*, de J. Bertrand. Autre note désespérée : Ève qui se désole, notre mère Ève qui est aux regrets, quoiqu'elle n'ait qu'à remercier le sculpteur DELAPLANCHE de l'avoir faite si belle.

Une coquetterie pour racheter ces tristesses, plusieurs coquetteries même : l'une conçue par Mme Léon BERTAUX, le *Bonheur inquiet*, ainsi appelons-nous cette mignonne ondine qui se retourne troublée par une libellule dont elle est piquée sur l'épaule ; l'autre par M. Gandoz, quelque chose de charmant quand le soleil l'éclaire, une jeune femme portant sur le dos charge d'Amours.

Il serait injuste d'oublier *Roméo et Juliette*, bien que nous n'ayons pu encore depuis 1875 nous habituer à ce groupe étrange des deux personnages étendus ; le *Narcisse* de Hiolle et la *Bacchante* de R. Marcellin trônant sur une panthère.

La sculpture anglaise.

C'est dans le couloir qui vient ensuite que se trouve réunie en majeure partie la statuaire des Anglais. Ils en ont aussi dans leur première salle de tableaux. Et enfin sur la rue des Nations, au-devant de leur entrée, nous apercevons un énorme *cheval* en bronze, tenu à la façon de nos chevaux de Marly, mais plus cabré, plus rétif encore, signé Boehm.

Boehm est aussi l'auteur de *Thomas Carlyle*, statue de bronze, assise, méditative comme il convenait à l'image du grand publiciste. Quant à la statue en argent, très-regardée naturellement, de *Marie-Antoinette*, elle est de Gower. La pose est celle qu'on lui prête quand elle passe en jugement : la fierté, mais un peu exagérée ici ; on en peut permettre beaucoup à l'infortune ; encore faudrait-il que ce fût véritablement une fierté aristocratique, tandis qu'on lui a donné plutôt les airs de hauteur d'une tragédienne que la dignité simple et native d'une grande dame.

Nous ne pouvons tout énumérer, mais on remarquera certainement le groupe en bronze sculpté par le peintre Leighton : *Athlète luttant avec le Python*, qui appartient à l'Académie royale des beaux-arts.

La sculpture italienne.

Il faut nous transporter en deux endroits différents :

1º Dans les salles de peinture, qui viennent immédiatement après celles des Anglais.

Nous voilà en Italie ; on s'en aperçoit à l'harmonie des attitudes, à la pureté des contours, à un fini trop doux parfois. Il y a de tout : grandes œuvres et mièvreries, mais les unes comme les autres, revêtues, à ne pas s'y tromper, de l'empreinte italienne.

D'abord, en entrant dans la salle de droite, juste en face de nous, le *pape Pie IX* assis ; on le dit d'une grande ressemblance.

Toute différente est la première figure qui se montre dans la salle de gauche : plâtre bronzé par Borghi, c'est *Cromwell*, assis également, mais dur et farouche.

Heureusement, pour tempérer cette impression de fanatisme, est étendue derrière lui Cléopâtre, la *Cleopatra* de Papini. Nous n'en sommes pas grand admirateur. Elle manque de morbidesse, comme dit l'École; cette femme n'a pas souffert; elle vise à la mollesse asiatique, mais sa mollesse n'est pas réelle, pas vivante; elle est roidie par la bijouterie, par la recherche méticuleuse de l'ornementation.

Si Cromwell se retournait, pourrait-il, si sérieux qu'il soit, ne pas sourire à la jolie chercheuse de... puces de SINA, ou ne rien dire de galant à la *Bérénice* qui étend les bras comme pour bénir tout le monde?

Une troisième salle de sculpture est dans un pavillon latéral attenant à celles-là. On y verra deux œuvres importantes de MONTEVERDE, un catafalque et une femme assise; une curiosité en outre : deux gamins qui se battent; c'est une étude de physionomies, très-expressive; sans compter deux bustes d'Africains, à face noire, à costume de marbre rayé; goût très-répandu aujourd'hui.

Enfin le couloir qui suit contient la statue de *Canaris*, et plusieurs œuvres où la préoccupation du succès de Véla en 1867, qui avait représenté un Napoléon mourant, a fait asseoir dans des fauteuils à oreillers bien des personnages qui expirent.

2° Pour la suite des statues italiennes, il faut aller les chercher dans le passage transversal du Palais qui sépare la section italienne de la section suédoise, et jusque dans la galerie des machines.

C'est un passage littéralement garni d'œuvres de sculptures, grandes ou petites, qui ont presque toutes le don d'attirer, d'intéresser ou de séduire la foule, depuis la *Baigneuse* de TABACCHI allongeant les bras pour piquer une tête, ou l'enfant gracieux de PAGANI qu'amuse un perroquet (l'enfant est en marbre, le perroquet en argent), depuis la caricature des deux petits marchands de journaux anglais se ruant l'un sur l'autre pour vendre un numéro et criant : *I'm first*, *sir* (c'est moi qui suis le premier, monsieur), depuis le groupe peu artistique du chat et du chien autour d'une chaise, jusqu'aux œuvres sérieuses : le Moine armurier de BORTONE; le *Savonarole* méditant sur un pliant, ou le Guerrier grec blessé de DINI, habillé à la façon dont David habillait les siens, uniquement d'un beau casque, mais un peu efféminé, malgré la rudesse apparente de ce costume primitif.

CURIOSITÉS DE LA PEINTURE

I. VISITE AUX SALLES DES BEAUX-ARTS

SALLES ETRANGÈRES.

Les salles des Beaux-Arts forment, comme nous l'avons dit, dans l'axe central du palais, entre les deux promenoirs à ciel ouvert, un chapelet de constructions cubiques qu'on prendrait à l'extérieur pour un établissement de bains.

Ce chapelet est coupé en deux, au milieu, par le pavillon de Paris et les loggias. Nous appelons *salles du Nord* le premier tronçon quand on entre par le vestibule d'honneur; *salles du Sud*, l'autre série.

Si nous voulions suivre l'ordre (??) où l'on a placé les nations, elles viendraient ainsi, comme on peut le voir par nos deux plans :

Salles du Nord.	Salles du Sud.
(Immédiatement après la sculpture française) :	France (l'autre moitié).
	Autriche-Hongrie.
L'Angleterre, (tableaux et statues).	Espagne, Russie.
Puis l'Italie (idem).	Belgique.
La Suède et la Norvége, les États-Unis.	Grèce, Portugal.
	Suisse, Danemark.
La peinture française (une moitié seulement).	Pays-Bas.
	Allemagne.

Mais nous ne suivrons cet ordre que pour les nations étrangères, réservant une visite spéciale à la France, dont nous saurons bien rejoindre les deux morceaux épars.

Peinture anglaise.

Deux choses frappent dans l'Angleterre, dès qu'on entre chez elle : c'est d'abord le soin attentif qu'on a, pour le public, de marquer au bas du tableau le sujet et le nom de l'auteur. Il faut en savoir gré aux Anglais, qui pratiquent depuis longtemps cette manière libérale et intelligente de comprendre une exposition ; c'est de plus un grand soin des tableaux, soin délicat qui va jusqu'à les protéger assez souvent par un vitrage, ceci aux dépens du coup d'œil; ce vitrage donne aux peintures qui en sont affublées un luisant gênant et un faux air d'aquarelles.

Du reste, quand on parle de l'Angleterre, c'est toujours par l'aquarelle qu'on devrait commencer; là nos voisins sont comme chez eux, ils sont dans leur élément; ils passent dans ce genre pour des maîtres incomparables; bien que les aquarelles italiennes de Gandi, de Rotta.... et les aquarelles françaises de Regnault, de Vibert, de Leloir.... ne se trouvent point mal de la comparaison. Mais au delà de la Manche, tout le monde fait de la peinture à l'eau, c'est l'art de la famille, c'est l'art des dames, et ce n'est point un art dédaigné par les bons coloristes. Marks avec sa *Princesse aux pélicans* a fait une œuvre sérieuse; Lewis a recommencé les sujets orientaux qui lui ont valu une réputation; Green a donné deux œuvres très-réussies, un *Cirque* et un *Derby day*. Aussi voyons-nous une salle entière consacrée à l'aquarelle; même le cadre s'élargit parfois jusqu'aux proportions d'une grande toile : l'*Amour parmi les ruines*, de Jones, le *Danger au désert*, de Haag.

Venons-en à la peinture à l'huile.

Alma Tadema, quoique Hollandais, figure dans l'exposition anglaise. Il faut dire que ses tableaux appartiennent tous à des Anglais. Mais son art n'a rien de commun avec le leur. On est étonné de le trouver là au milieu de ces toiles vitrées qui jouent l'aquarelle. Il y est représenté par ces chefs-d'œuvre d'érudition historique et d'exécution raffinée que nous avons tant de fois admirés dans nos Salons annuels, la *Galerie de peinture*, la *Galerie de sculpture*, la *Fête des vendanges* etc., et par d'autres encore, tels que la *Danse pyrrhique*, la *Bacchante évanouie*, qui ne nous étaient point connus.

Alma Tadema a des rivaux parmi les Anglais, tels que Poynter; disons rivaux, et non pas imitateurs; car s'ils s'inspirent comme lui de données archaïques, ils ne les traitent pas avec le même pinceau ni la même couleur. Cependant ce ne sont pas des œuvres sans valeur, loin de là. La *Catapulte* (dans la grande salle) est intéressante, non pas seulement comme étude de balistique ancienne reconstituée, mais tout aussi bien comme peinture; la foule admire surtout beaucoup la manière dont est rendue la grosse pointe de fer rougie au feu que le terrible engin de guerre va lancer sur l'ennemi. Sur un poteau, une inscription S. P. Q. R. nous apprend que nous sommes dans le camp romain, et une autre tracée à la flamme : DELENDA EST CARTHAGO, nous révèle quel est cet ennemi auquel on envoie ce boulet rouge primitif.

L'autre tableau signé Poynter (dans la même salle), petite toile pour la dimension, immense pour la quantité des êtres humains qui s'y meuvent, nous transporte au temps biblique des pharaons : c'est Israël en Égypte, Israël forcé de travailler, Israël traînant

PLAN DES BEAUX-ARTS, SECTION DU NORD
Salles de sculpture française

Cheval de Boehm

Couloir des statues anglaises

Aquarelles anglaises	Butler	Davis		Leslie	Dessins
		ANGLE TERRE			d'architecture
		Sant	Calderon		
	Poynter	Frith		Marks	anglais
		ANGLE TERRE		Millais	
		Landseer		Gilbert	
	Herkomer	L. Fildes	Watson	Elmore	Monum.
		ANGLE TERRE		Alma Tadema	d'Ingres
			Leighton	Crowe	

Statuaire italienne	Sindici	Morade		Tiardi	de Nittis
	Aquarelles		Mancini	Guiliano	
		ITA LIE		Induno	Michetti
		Pagliano	Pasini		
		Didioni		Jacovacci	

Couloir des statues italiennes

Jacobsen			Brown	Aquarelles
SUÈDE	Æderstrom	Dane	Shirlow	
Normann	SUÈDE	ÉTATS-UNIS	Wedder	améric.
	Askewold	Wandt		
Gude	Imdstreem	Eaton		

Gravures françaises	Doré Jacquet	C. Duran	Dubois	Bouguereau	
	Hébert	Carol. Duran	Bouguereau	Bouguereau	Aquarelles de
		FRA NCE		Breton	Vibert
	Vollon	Guillaumet	Bouguereau		Moreau etc.
	Cot	Delaunay	Bouguereau	Leroux	
	Desgoffe	Signo	Isabey		

Maignan   Hillemacher

Gravures françaises	Lefebvre	Lefebvre	Henner	Dubufe	Aquarelles de
	E. Lévy	FRA NCE		Ph. Rousseau	Leloir
	Lematte		Luminais	Luminais	
	Cot			L. Glaize	Regnault, etc.
	Delacroix		Boulanger		
	Leloir	Mathey Ronot	Fichel		Monument de
	Cabanel	Cabanel	Moreau	Moreau	Lamoricière

	Bonnat	Bonnat	Bonnat	
	Meissonier	FRANCE	N° Jacquemart	
			Falguière	
	L. Glaize Goupil	Rixens Worms Bonnat		

LOGGIA DU NORD

les colossales sculptures de ses dominateurs, parmi lesquelles un immense lion de granit rouge.

Sauf cette toile fortement ensoleillée, et encore d'un soleil que le peintre a voulu rendre ardent, mais qui semble frais comme un soleil matinal de la Tamise, la plupart des œuvres anglaises sont pâlottes, ternes ou diaphanes. Elles se ressentent du goût de cette nation pour l'aquarelle. Leurs couleurs sont limpides, quoi qu'ils fassent : voyez le *Départ*, de HOLL (salle d'Alma Tadema); il a visé à la chaleur de tons, mais c'est une fausse chaleur, et nous avons là encore, qu'on nous pardonne le mot, une aquarelle à l'huile. A plus forte raison *Merlin et Viviane*, de BURNE JONES. Il est vrai que cet enchanteur Merlin et cette fée Viviane ne sont pas de notre monde en chair et en os et qu'on peut aisément les admettre aériens.

Ceux qui redoutent la transparence tombent dans l'excès contraire : ils sont sombres, bitumineux.

Un autre défaut dont l'art anglais parvient mieux à s'affranchir, mais n'est pas encore guéri tout à fait, c'est le minutieux, l'arbre feuille par feuille, l'herbe brin par brin; même dans ce tableau de POYNTER, le soin du menu détail pour chaque personnage noie le jour en l'éparpillant; le regard s'étend, s'égare sur la plupart des toiles sans être sollicité par une pensée maîtresse.

Les paysages de MILLAIS sont dans ce cas, d'une façon moins heureuse encore; la nature y semble épinglée, il a fallu un trait pour chaque tige, pour chaque gerbe. Ah ! nous sommes loin de Corot ! Ceci, par le soin même, devient un fouillis.

Comme curiosité dans ce genre, nous citerons la *Gare de chemin de fer*, de FRITH, et son *Derby day*, deux fourmillements qui n'ont même pas le mérite, qu'on trouve dans les tableaux de l'Italien de Nittis, de reproduire avec vérité et finesse les physionomies locales. Celles de M. Frith sont insignifiantes et ne sont point de notre époque; si elles étaient quelque chose, nous dirions qu'elles sont démodées; on en trouvait de pareilles peut-être aux premiers temps du règne actuel, mais l'on n'en fait plus comme cela.

Le grand maître anglais, CALDERON, n'est pas exempt de cette banalité. Ses types, malgré le costume, ne sont d'aucun siècle ni d'aucune nation. Ici, dans des intervalles de créneaux, qu'aperçoit-on ? Des figures de femmes et d'enfants appartenant au moyen âge plus qu'il ne faut par leurs somptueux accoutrements; mais par leur visage ? en aucune façon; on ne sait d'ailleurs auquel regarder : c'est intitulé *Victoire!* Un autre sujet est mieux traité : ce sont de grandes dames Pompadour, qui se préparent à entrer dans un bal; elles s'attifent, elles refont leur coiffure; un friseur est là pour les ajuster; deux domestiques en livrée, pour leur ouvrir la portière; le moment est émouvant, si

l'on veut, et surtout le titre est bien donné : *La dernière touche.*
Ce n'est point désagréable à l'œil, tant s'en faut ; cependant c'est
encore de la peinture aqueuse, et c'est aussi de la peinture mièvre,
où le trait, où la vigueur, manquent absolument. Il faut bien en
parler, puisque c'est d'un maître. Mais si ce n'était pas de Calderon !...

Nous retrouvons du délayé, de l'éparpillé même, chez un autre
peintre charmant d'ailleurs, LESLIE. Sa *Visite à la pension* a
cependant quelque chose de plus : le sentiment. Une grande dame
est venue voir les jeunes pensionnaires, elle en est entourée, sa
présence est un événement ; l'une d'elles regarde curieusement la
bague qu'elle porte au doigt ; le sujet pouvait être traité vulgaire-
ment, il ne l'est pas ; il y a du goût, de l'esprit, de l'observation ;
rien de théâtral. Ajoutez que la couleur est légère, il n'y a pas de
surcharge ; simplicité de moyens. On dirait une page de Currer
Bell.

Nommons maintenant les peintres anglais qui font exception à
la règle :

HERKOMER, avec ses *Invalides de Chelsea* en uniforme rouge,
forte étude, merveilleuses expressions. Effet saisissant.

BRITON RIVIÈRE. Son *Daniel dans la fosse aux lions* est sacrifié
comme homme, mais les lions, et surtout leurs regards de convoitise carnassière, leurs prunelles verdâtres dardées sur le prophète,
leurs attitudes toutes différentes, mais pleines d'unité, sont brillamment rendus.

WATSON. *Retour de joyeuse compagnie.* Petit tableau de genre,
plein de gaieté et d'esprit de bon aloi.

LANDSEER, le célèbre sir Edwin Landseer, mort en 1873, si uni-
versellement connu comme peintre d'animaux depuis le *Combat
de chiens* qu'il exposa en 1819, revit dans cette galerie par plusieurs de ses dernières œuvres d'une variété qui ne lasse point
l'œil : ours blancs, singes, cavale blanche, poulains, chiens,
cygnes ; et au milieu de cette arche de Noé, lui-même, leur créa-
teur, s'est représenté en train de croquer (avec le crayon) quelqu'un de la bande ; il est flanqué à droite et à gauche de chiens qui
inspectent gravement son travail et qu'il a spirituellement bapti-
sés : *les Connaisseurs.*

LUKE FILDES. Les *Pauvres de Londres attendant l'ouverture de
l'asile de nuit* ; c'est sombre, c'est pris sur le vif, c'est poignant.

DAVIS. *Juments et poulains.*

John GILBERT. Plusieurs tableaux d'histoire d'une certaine chaleur, et le plus remarquable de tous : *Le cardinal de Wolsey à
l'abbaye de Leicester*, où il arrive persécuté, mais acclamé, acclamé,
mais épuisé et à la veille d'échapper par la mort à la prison où on
le menait.

Le public s'intéresse enfin non sans raison à la *Plainte d'Ariane* (quoiqu'un peu verdâtre), de Richmond; — au *Jeu des épées* d'Orchardson (figure de cotillon sous l'ancien régime); — au tableau de Mason intitulé : *Dans les maremmes* (nelle maremne) et plein d'une chaleur vraiment italienne; — au *Portrait du capitaine Burton* par Leighton, c'est une tête vigoureuse; — au *Retour d'Inkerman* par Mme Butler; — au *Garde royal de la Tour de Londres* par Millais, l'auteur des deux paysages malencontreux, mais son garde royal, personnage honoré d'une grande toile avec un costume rouge du temps jadis, un air de gravité composée, produit un remarquable effet; — à la ballade allemande de *Lenore* (les morts vont vite) traduite par le pinceau d'Elmore, *traduttore, traditore*, disent les Italiens; — à la *Première poste*, de Sant, nom bizarre donné au portrait de trois grandes jeunes filles en blanc accompagnées d'un chat blanc lui-même; tout blanc, pour faire pendant sans doute à l'*Adversité* qui est toute en noir, ce qui ne l'empêche pas d'être agréable; — au jury de Cope, *en train de choisir un tableau*, choix qui ne doit pas être facile, si les tableaux qu'on lui soumet sont les œuvres si nombreuses et si variées que nous voyons figurer dans cette exposition d'Angleterre.

II. Peinture italienne.

Moins importante que celle des Anglais, mais très-intéressante encore est l'exposition des tableaux italiens. Peu de grands maîtres et aucune grande inspiration; mais de la verve, du soleil, du goût, du brio. Elle occupe quatre salles. Celle de gauche pourrait être appelée la salle **de Nittis**.

De Nittis, ce peintre d'esprit charmant que la foule, malgré toutes les critiques, s'obstine à rechercher à nos Salons annuels et qu'elle admire pour ses fines observations, a exposé là une dizaine de ses tableaux, tous empreints de ce qu'on appelle la *modernité :* des vues de places publiques, de quais, de ponts, à Londres, à Paris, avec le mouvement que nous leur connaissons, avec la physionomie habituelle des passants, leur air affairé ou mondain; le type vous dit où l'on est sans le secours du livret; type anglais très-prononcé pour les jeunes *ladies*, blondes, sveltes, des bords de la Tamise; très-parisien pour les élégantes qui traversent le Pont-Royal; il n'a même pas oublié la différence des pieds, et nos Parisiennes peuvent être satisfaites des bottines mignonnes qu'il a notées chez elles d'après nature. Il en est parmi ses toiles de fort originales : le *Dessous d'un pont*, par exemple, pont métallique à épaisses colonnes remplies de fumée; ou bien les *Fumeurs* accoudés sur le parapet de la Tamise par un temps de brouillard.

L'autre salle est celle de **Pasini**, bien connu aussi chez nous pour ses études orientales : ses dix toiles, son *Marché en Turquie*, ses *Prisonniers turcs*, sa *Promenade au harem*, sa *Revue de cavaliers*, sa *Chasse au faucon*, sa *Garde à cheval* (œuvre nouvelle), forment toute une galerie d'autant plus intéressante à contempler que la Turquie, hélas! n'est guère représentée autrement à notre Exposition.

La troisième salle est caractérisée par la rivalité de **Didioni** et **Pagliano** qui ont traité le même sujet : le *Divorce de Napoléon et de Joséphine*.

Rivalité, non, elle n'existe pas pour le public. Le *Divorce* de Didioni, plus petite toile, fait plus grande impression; la douleur de Joséphine, la sécheresse de Napoléon vu de dos, s'en allant dans une autre pièce, absorbé par la « raison d'État » (car c'est bien là le titre de l'œuvre : *Ragione di Stato*), et les accessoires, la décoration du palais, les étoffes, le mobilier, tout est rendu finement.

Pagliano qui a d'autres mérites, car il nous montre tout à côté une délicieuse scène, la *Revue de l'héritage* (des héritiers qui inventorient la défroque du défunt), une jeune femme qui essaye la robe à fleurs de l'aïeule, un neveu qui furète dans les livres etc.), Pagliano n'a produit pour son *Divorce* qu'une conception faible, un Napoléon jeune premier, qui n'est point reconnaissable, et qui roucoule auprès de Joséphine, pour faire passer son ingratitude, une note sentimentale et juvénile sans vraisemblance.

La dernière salle à droite, remplie comme les deux précédentes de statues dont nous avons parlé, ne contient de notable, en fait de tableaux, que le portrait de M. *Gambetta*, par M. Spiridon, et encore notable plutôt par le sujet.

Mais il serait injuste que l'attention fût accaparée uniquement par ceux que nous venons de nommer. Il est dans les autres salles encore bien des œuvres qu'on verra avec intérêt ou avec plaisir :

Le *Petit saltimbanque* de Mancini, déjà remarqué à l'un de nos derniers Salons, et un autre tableau de lui, navrant, intitulé *du Pain*;

Le *Retour du baptême* de Jacovacci, visite de Monseigneur à l'accouchée;

Avant le tournoi de Marchetti;

Un mariage d'Etat de Juliani, présentation en grande cérémonie d'un fiancé enfant à sa princière future;

Les *Régates sur le grand canal*, au temps de Véronèse, par Deleani;

Deux jolies scènes de Castiglione : l'une en Angleterre, le *Castel de Haddon envahi par les soldats de Cromwell*; l'autre en Italie, où l'on croirait voir des Anglais transplantés, *en visite chez un oncle cardinal*;

Et quelque chose de suave, d'exquis pour la lumière pour la profondeur du ciel, pour la simple poésie de l'idée : tout simplement un *Petit pêcheur* sur l'avant d'un bateau dans un grand lac, par Tiardi.

Faisons la part des choses curieuses. Voulez-vous une grande bizarrerie, des couleurs étranges, des ombres violacées comme une tache d'encre, promenées sur un corps rose inanimé, pendant que d'autres enfants jouent gaiement dans les branches d'un pommier (??) au son de tambours de basque et sous un soleil luisant : regardez l'œuvre de MICHETTI ; c'est dans la salle de Nittis.

Voulez-vous quelque chose de scintillant, des dorures qui petillent au soleil, un frémissement de grelots, un entraînement de chars, de *corricoli*, de cavalcades lancées sur vous à toute bride : arrêtez-vous devant un tableau typique en ce genre intitulé *Da Montevergine;* c'est un retour de pèlerins éblouissants de couleur et d'entrain, saisis dans leurs splendeurs par un pinceau minutieux ; mais c'est tout le mérite de l'œuvre, signée SINDICI.

Nous ne parlons pas d'un tableau de commande froid, compassé comme tous ces tableaux-là, mais qui attire le public par ses défauts mêmes, parce que les personnages y sont des portraits. Il est d'INDUNO et représente une *Pose de première pierre par le roi Victor Emmanuel.* Pour l'art nous préférons l'*Amateur d'antiquités.*

En résumé, c'est une exposition de beaucoup supérieure à celle de 1867.

III. Peintures de la Suède de la Norvége.

Trois pays, la Suède et la Norvége d'une part, les États-Unis de l'autre, occupent deux salles parallèles.

Peu productifs en chefs-d'œuvre les uns et les autres.

Dans la salle scandinave on remarquera pourtant :

ŒDERSTROM : Des *Soldats suédois transportant le corps de leur roi Charles XII tué devant Frederickshall;* ils cheminent tristement dans les neiges. C'est une œuvre qui ne date que de cette année ; elle est simple et grande ;

Puis ARBO, un sujet fantastique de la mythologie norvégienne ;

FORSBERG, une *Troupe de cirque;* on montre au directeur le talent de dislocation d'un homme qui voudrait s'engager.

HAGBORG, une *Femme de pêcheur,* que nous avons vue déjà à l'un de nos Salons, droite, sur une jetée.

AXEL BORG, le *Paradis terrestre,* Adam et Ève jouant avec des panthères ;

Et de bons paysages de Wahlberg, d'Indstrem, de Normann.

IV. Peinture des États-Unis.

Dans l'Exposition américaine, on remarque moins encore (ce peuple n'est pas encore arrivé au sentiment de l'art).

Eaton : portraits de femme et moissonneurs qui se reposent.

Brown : rangée de petits rieurs saisis sur le vif, figures bien épanouies et d'un éclat bien vivant ; c'est intitulé : *The passing show*, c'est-à-dire qu'ils se montrent un passant (qu'on ne voit pas).

Ward : le *Sabotier*, d'un fini minutieux qui arrive à tromper l'œil.

Weir : un intérieur breton.

Et encore la plupart des tableaux exposés ont-ils été peints sur le continent européen, aux divers centres artistiques : Rome, Dusseldorf, Munich ou Paris.

Ainsi c'est un tableau parisien, trop même ! que celui d'Hamilton, le plus original de cette salle, qui nous représente une dame étendue sur un fauteuil jaune, la tête en arrière, endormie ou fortement égayée par un article du *Petit Journal pour rire* qu'elle vient de laisser choir à ses pieds et qu'on voudrait bien lire après elle ; on le pourrait presque.

Maintenant passons provisoirement les salles qui suivent ; c'est la France. Nous y reviendrons.

Dans l'autre série des bâtiments, celle du Sud, après avoir traversé encore plusieurs salles françaises, nous arriverons à l'Autriche-Hongrie.

V. Peintures de l'Autriche et de la Hongrie.

Hongrie et Autriche tiennent à être séparées en tout, ce semble cruauté que de les réunir dans une même critiqué ; mais le style de leurs œuvres le veut ainsi. Quoique la première salle soit exclusivement hongroise, les trois autres autrichiennes, elles ont trop de points communs pour les distinguer. C'est là, naturellement, que nous retrouverons ces peintres qui ont toujours produit chez nous grande sensation par le caractère à la fois sombre et éclatant de leur pinceau : **Matejko, Munkacsy,** et le regretté **Cermak,** que la mort nous a ravi presque à la veille de cette Exposition, où il brille encore par son *Monténégrin blessé* et par son *Retour au pays dévasté :* des larmes sur une tombe !

Nous y verrons aussi un maître autrichien, nouveau pour nous, célébrité là-bas, et digne de l'être, **Makart.**

Munkacsy (Hongrois) nous réapparaît par son *Intérieur d'atelier*, intérieur de famille, si remarqué au Salon de 1876. Il expose aussi une œuvre nouvelle et de plus grandes proportions : *Milton aveugle dictant le « Paradis perdu » à ses filles.* Elles sont trois, l'une écrivant, l'autre filant, l'autre, la plus jolie, regardant et écoutant, toutes trois revêtues de ces teintes à la fois grises et chaudes, obscures et vives, dont Munkacsy a le secret ; la tête du poëte est superbe.

Matejko (Autrichien) nous revient avec sa *Bénédiction d'une cloche à Cracovie* devant la cour de Sigismond rassemblée en grande cérémonie, avec ces vêtements somptueux, ces brocarts, ces tissus reluisants d'or, dont sa palette sait si bien retrouver les nuances chatoyantes. Et en outre, son *Union de Lublin*, ce serment solennel devant un crucifix présenté à bras tendu (seul défaut de cette grande toile).

Mais le plus grand et en même temps le plus magnifique tableau historique de toute l'Exposition étrangère est celui de Makart. Il représente l'*Entrée de Charles-Quint à Anvers*. C'était la coutume dans cette ville et dans ce temps-là, paraît-il, de joindre au cortége des monarques cet essaim de belles femmes nues qu'on voit autour du prince et devant son cheval, porter, sans pudeur comme sans frisson, sous les yeux d'un public chaudement habillé des plus riches étoffes de Flandre, les insignes de la souveraineté. Ces bayadères du Nord, en costume aussi léger, les plus vêtues n'ayant pour se couvrir qu'un voile de gaze légère ou leur hennin, étonnent au premier abord. — Rien d'étonnant ! avons-nous entendu dire, ce doit être des Mauresques amenées d'Espagne par Charles-Quint. — Mauvaise explication. Nullement mauresques, ces jeunes femmes, l'histoire les veut Flamandes, très-Flamandes ; quoique, à vrai dire, on ne soit pas dénué de raison en leur trouvant plutôt des expressions viennoises, car le peintre a dû prendre ses modèles près de lui, dans ce monde élégant et gracieux de Vienne, et les indiscrets disent même que ce sont portraits de hautes dames. Elles font du tort aux autres personnages. Cependant Charles-Quint domine tout cet ensemble bigarré, mouvementé, plein d'entrain ; il le domine par sa grâce juvénile, par sa majesté calme et par un je ne sais quoi de rêveur qui intéresse à lui.

Makart, à côté de ce tableau capital, a exposé deux délicieux portraits d'autrefois, deux chefs-d'œuvre.

Du reste, ce genre de portrait en costume du dix-septième siècle, à collerettes brodées, à chapeaux cavaliers, genre Velasquez ou genre Van Dyck, abonde dans la salle autrichienne. On sent là un engouement justifié par des œuvres excellentes, l'une de Canon notamment (*Portrait de M*ᵐᵉ *la comtesse Schœnbronn*).

Pour en revenir aux toiles historiques (car l'Autriche est devenue presque la seule nation qui cultive encore le grand art, le genre épique, et qui ne fléchisse pas devant le goût du jour entraîné, captivé par le *genre*), il est encore trois ou quatre tableaux qu'on ne peut laisser inaperçus :

Le Baptême du roi Étienne de Hongrie par Gyulo Benezur (dans la salle hongroise).

Le général *Loudon* à cheval par Lallemand (dans la salle de Makart).

Un enlèvement par Norbert Schnodl (salle latérale) : des femmes sur

LOGGIA DU SUD

Robert Fleury.
Regnauld
Dupain

FRANCE

Laurens

Robert Fleury.
Regnauld
Daubigny
Laurens

Harpignies

FRANCE

Protais

Becker
Caraud
Jobbé Duval

Sylvestre
B. Constant | Roll

Feyen Perrin

Lambert
Mazerolle

archit.

Couloir autrichien (architecture).

Probst
Schonn
Cermak
Blaas

HONGRIE
Munckaczy

Gyulo Benezur

Matejko

Makart
AUTRICHE

L'allemand

Schrodl
Passini
Matejko

Gabl. Canon

Cermak

ESPAGNE

RUSSIE

Belg.

Stevens

Wauters

Hermans

Wauters

BELGIQUE

Cluysenaar
C. Verlat

Robbe
Willems

Col

V. d. Bosch
BELG.

Devriendt
V. Beers

Bossuet

Verlat

statuaire

Bource

Suisse

GRECE   PORTUGAL

SUISSE

Stallaert
Verhas

BELG.

DANEMARCK

Couloir danois, peinture.

chromo
holland

PAYS

Haanen
-BAS

Mesdag Israels

Haanen
Israels

archit.
holl.

FRANCE

décors

Knaus

Brandt

Max
Hildebrand
Richter

Menzel   Achenbach

Gebhard

ALLEMAGNE

Kaulbach
Piloty
Defregger
Werner
Gussow

Bokelmann

Achenbach Piltz

FRANCE

peinture

decorat.

Grand vestibule du sud, ou de l'Ecole.

4.

prises, choisies pour un harem et se défendant contre leurs agresseurs pendant que l'enfant de l'une d'elles roule de son berceau renversé.

Dans les dimensions plus modestes, nous devons mentionner *une Scène d'auberge* de GABL, une autre, de BLAAS, *la Tireuse de cartes* de PROBST.

Plusieurs aquarelles parfaites, entre autres *une Procession sur le bord du canal dans l'ancienne Venise*, et *un Pont vénitien*, par LUDWIG PASSINI.

On ne peut pas être tout; pour le paysage, l'Autriche est inférieure.

VI. Peinture espagnole.

Si FORTUNY, que les arts pleurent toujours, n'était pas là avec trente de ses tableaux, ce serait une exposition peu considérable que celle de la patrie de Velasquez, de Ribera et de Goya. Encore Fortuny n'est-il Espagnol que de naissance ; sa vie artistique s'est écoulée à Rome surtout. Comme il ne faisait point d'envois à nos Salons et n'apparaissait guère chez nous que par les étalages de Goupil, la foule est avide de le connaître ; elle veut voir sa *Répétition de la Comédie*, sa *Posada*, son *Reître*, ses *Charmeurs*, sa *Fontaine arabe*, toutes ses œuvres d'humour et de fantaisie.

Après lui, c'est ZAMACOÏS, un autre mort, et d'esprit très-fin aussi, qui fait le succès de cette galerie avec ses pittoresques scènes de fous et de moines.

Parmi les vivants, c'est MADRAZZO, avec ses portraits d'une grâce parfaite; c'est PLASENCIA, avec sa *Mort de Lucrèce*, qui sont les soutiens du vieux renom espagnol.

VII. Peinture russe.

SIEMIRADSKI : Grand tableau des *Torches vivantes de Néron*.

JACOBI : Un petit lever de l'*impératrice Anne*. — Une curieuse *Noce dans un palais de glace*.

MAKOWSKI : Une Procession au Caire et une Martyre bulgare.

GERSON : *Copernic* expliquant son système au pape Alexandre VI.

JOURAVLIEF : *Le Repas de funérailles*.

MAXIMOF. Le Partage des biens dans une famille de paysans russes.

PÉROF. Le Pêcheur à la ligne.

De nombreuses toiles évoquant le règne d'Ivan le Terrible.

Quatre paysages des plus remarquables d'AIVAZOWSKI.

VIII. Peinture belge.

Ah ! ici nous rentrons dans l'art supérieur, dans l'art traditionnel, l'art stimulé par les fortes études, par les goûts natifs et par le souvenir des maîtres passés. Nous nous sentons en Belgique à la vue de ces **Joseph Stevens**, de ces **Wauters**, de ces **Cluysenaar**, de ces **Verlat** qui remplissent la première salle, à droite, de ces **Willems**, de ces **Alfred Stevens**, de ces **Stallaert**, qui peuplent les autres salles. Nous retrouvons là aussi, en entrant, un peintre qui a fait sensation en 1875, par son tableau de *la Maison dorée après une nuit d'orgie*, Hermans.

J. Stevens nous a donné une délicieuse exposition de la race canine : *Chien et Chat*, le chien au miroir, les chiens du saltimbanque comiquement habillés; tout présenté avec infiniment d'esprit.

A. Stevens et Willems continuent, comme en 1867, leur rivalité pour les tableaux de costumes, qu'on pourrait traiter de *gravures de modes* anciennes ou modernes, peintes à l'huile, mais avec quelle grâce dans les attitudes! quel coloris soigné pour les étoffes! Stevens s'attache aux toilettes du jour, elles ne sont pas à dédaigner, elles ont pris depuis quelques années leur valeur artistique. Willems s'est consacré aux mondains et aux mondaines du dix-septième siècle.

Wauters s'élève, lui, aux grandes conceptions historiques. Nous connaissions, par nos Salons de Paris, sa *Folie du peintre Vander Goes*, que l'on cherche à calmer, comme Saül, par la musique, et que l'on voit entouré de clergeons qui chantent et de joueurs de mandoline. Mais nous ne connaissions pas son *Imploration de Marie de Bourgogne*. Cette princesse vêtue de noir, les mains jointes, supplie avec une ardeur expressive pour obtenir la grâce de deux seigneurs, Hugonet et Imbercourt; mais, ce qui nous séduit le plus dans l'œuvre de M. Wauters, est son *Portrait d'enfant*, habillé de noir, qui tient un cerceau d'une main et caresse son chien de l'autre.

La pénitence d'un empereur devant un pape, sujet traité il y a quelques années chez nous par Albert Maignan, a tenté aussi Cluysenaar, mais ici les personnages ne sont plus les mêmes: ceux que nous voyons figurer sur cette immense toile sont Henri VI, empereur d'Allemagne, humilié comme le plus humble des pèlerins, et le pape Grégoire VII. L'amende honorable se fait à Canossa. Le malheureux empereur excommunié est pieds nus, agenouillé. Aux côtés du pontife, debout, sévère, se tiennent deux princesses, l'une Mathilde de Toscane, qui regardent la scène curieusement et ajoutent à la rage secrète du repentant. Ces grands peintres d'histoire théâtrale aiment à prouver qu'ils manient avec non moins de bonheur un pinceau délicat sur des toiles plus intimes. Wauters a exposé un *Enfant au berceau;* Cluysenaar expose aussi le sien, paresseusement installé dans un fauteuil, un crayon à la main.

Au fond de la même grande salle apparaît une œuvre originale qui dénote un faire nouveau, un climat différent du nôtre. Elle nous transporte à Jérusalem, seulement il s'agit de la Jérusalem moderne, explorée par des Européens en paletot; ce sont eux qui forment le groupe principal, l'un est en train de *pourtraire* une indigène du pays. Ce contraste est signé Ch. VERLAT.

Verlat! le peintre d'animaux, le même qui, tout à côté, a magnifiquement représenté, sur une large toile, une lutte de buffles et de lions. Il est entraîné aujourd'hui vers l'Orient humain ; il a une *Madone* tout orientale.

Il a aussi, et c'est ce qu'il faut regarder surtout, si l'on veut juger de ce talent qui ne suit pas les routes battues et qui se révèle à nous si individuel, si neuf, si porté aux découvertes hardies, il a aussi dans une salle voisine une vigoureuse peinture de scène biblique, jour nouveau, conception bien inédite, c'est intitulé : *Nous voulons Barrabas*. Les figures, direz-vous, sont de terre cuite, leurs saillies ont d'étranges luisants, le ton est dur ; oui, mais quelle puissance dans le rendu, quelle force dans l'expression! Et puis, nous ne sommes plus en 1878, ni à Paris, ni à Bruxelles; il faut bien se reporter au pays et au temps où se passait cette scène féroce : une populace excitée par les pharisiens à la haine contre Jésus, c'est-à-dire contre la Pensée et le Verbe, lui préférant un voleur. Cette peinture, exécutée à Jérusalem, est d'un effet saisissant.

Dans la salle où nous sommes maintenant nous avons à remarquer encore :

Le Laboureur d'HENNEBIG.

La *Didon* de STALLAERT et une autre grande toile du même, un Gladiateur, dans un cirque romain, endoctriné par un prêtre.

Cette jolie petite scène enfantine de VERHAS, intitulée l'*Inondation*, que nous avions notée au Salon de 1876; une petite fille simplette et gracieuse qui veut arroser un pot de fleurs placé sur un escabeau, et qui l'arrose outre mesure; l'eau coule partout en minces filets.

De remarquables marines de CLAYS, avec de grands ciels rêveurs, aux tristesses grises, aux sourires pâles.

Les pêcheurs de H. BOURCE.

Différentes vues de villes espagnoles ou romaines, un peu trop nettes, un peu trop crues, signées BOSSUET.

L'Amateur d'oiseaux de David COL.

Les salles précédentes sont occupées, l'une, principalement, par les sujets historiques de DEVRIENDT bien connu à nos expositions annuelles.

L'autre, celle des Willems, par divers sujets de genre; citons : le Chien flairant un confrère mort de ROBBE, et le *Chat s'amuse* de VAN DEN BOSCH, déjà aperçu à notre Salon de 1875.

PORTAELS, le maître belge, a un peu faibli, ce nous semble.

En Belgique, il faudrait presque tout citer. Il n'est point d'œuvre exposée qui n'ait son mérite; sinon toujours éclatant, au moins tranquille, régulier, foncièrement artistique. Nous avons été injuste, par exemple, pour VAN DER BEERS en ne parlant point de son portrait d'enfant jouant avec un oiseau, injuste pour MADOU, un maître qu'on regarde toujours avec intérêt, pour LAGYE, VERHAERT, MOLS, BRACKELEER, injuste pour bien d'autres; le petit cadre de ce volume nous y force, et nous quittons avec regret les salles belges pour passer aux suivantes :

VIII-IX. Peinture de la Grèce et du Portugal.

On a mis Grèce et Portugal dans la même salle. On le pouvait : quoique différents par leur passé et par leur fonds d'idées, ces deux États se rassemblent à bon droit. Aussi peu productifs, aussi peu inspirés.

On ne dirait plus que la Grèce a possédé Apelles. Elle nous offre là plus de sculpture que de peinture; mais sa sculpture, nous l'avons observé aussi, n'est plus celle de Phidias.

Sont à voir pourtant :
En Grèce les études locales de LYTRAS, types et scènes du pays, et la scène d'intérieur de GYSIS.
En Portugal : Les Laveuses de LUPI.

X. Peinture suisse.

Il ne faut pas chercher en Suisse, quoique ce soit le pays de Guillaume Tell, les grandes inspirations historiques, mais seulement quelques œuvres faciles et fraîches, sujets de genre ou paysages. Comment n'être pas artiste au bord du lac des Quatre Cantons? C'est que pour être artiste il faut un centre, une école, un idéal, un milieu de pensées.

M. Paul ROBERT avec ses grandes qualités, avec son style sérieux, ne peut pas faire école à lui tout seul. Nous saluons avec plaisir son œuvre qui tranche sur les autres et que déjà l'on avait remarquée à l'un de nos derniers Salons : les *Zéphyrs du soir*, ronde vaporeuse, élégante, de sylphes tournoyant dans l'air au-dessus des eaux paisibles d'une prairie en fleur : ronde bercée des notes musicales les plus agrestes, à l'heure crépusculaire où vient le rêve, où les tiédeurs du jour troublent encore la pensée et engendrent l'illusion. Mais il est isolé, ce tableau poétique.

Un certain enchantement de la vue est bien causé par les carnations mythologiques si fraîches, si roses, si pures de M. ZUBER-BUHLER; sa *Naissance de Vénus* ensoleillée dans un rayon matinal sur les flots attendris d'un mer en fête; c'est bien quelque chose pour flatter l'œil.

Le grand tableau de Conrad Grob : la *Journée de Sempach*, où les Suisses remportèrent, le 9 juillet 1386, sur l'archiduc Léopold d'Autriche, la victoire célèbre qui assura leur affranchissement, fait impression par son caractère et son mouvement.

Mais ce sont autant de styles différents ; pas d'unité de couleur, pas de lien, pas de direction appréciable pour l'art suisse ; comme art national, il n'existe pas. Les peintres que nous voyons là ont fait des études éparses en Allemagne, en France, et adopté d'autres patries artistiques que la leur. On ne peut mentionner que des efforts individuels et disparates :

Simon Durand : des Gendarmes arrêtant une troupe de bohémiens, montreurs d'ours, et voleurs probablement.
Emile Bourcart : *Marché de Traetto.*
Vautier : le *Dîner de circonstance.*
Bosshardt : la *Politique au couvent.*
Ravel : *Il pleut.*
Stuckelberg : la *Bonne aventure.*
Bocion : les *Laveuses à San-Remo* et son *Départ pour la pêche.*
Burnand : la *Fournée au village*, composition très-remarquable.
Et parmi les paysages, la plus grande variété aussi : la Vue d'un glacier bleuâtre de Luppé, la *Campagne de Rome* d'Emile David et son *Bosphore*, l'*Orage sur les Hautes-Alpes et les bœufs* de Koller, et naturellement plusieurs œuvres de Castan et de Aug. Berthoud.

Hélas ! Calame n'est plus là.

XI. Peinture danoise.

Nous nous arrêterons moins longtemps encore au Danemark :

Un grand tableau de Carl Block qui aurait gagné à être petit.

Quelques *Scènes d'intérieur*, intéressantes comme ethnographie, pour les études de mœurs locales qu'on en peut tirer. Elles ont ce mérite d'être naïvement saisies et de reproduire très-fidèlement sans doute les costumes et les types. On regardera dans ces conditions avec une légitime curiosité les peintures signées Exner et Bache.

De mauvais *Paysages*, visant tous à traduire de pâles effets de soleil soit sur la neige, soit sur la verdure, enrayés, tamisés par des feuillages d'arbres légers comme un duvet d'eider. Quand nous disons mauvais, il faut faire exception peut-être pour trois ou quatre, ceux de Wicksi, d'Aagaard, de Rolle.

XII. Peinture des Pays-Bas.

Il fut autrefois une école hollandaise. Existe-t-elle encore ? Nous cherchons.

Et d'abord nous cherchons les maîtres qui auraient pu établir un courant. Ce n'est point Alma-Tadéma, qui d'ailleurs a déserté, et dont nous avons trouvé cette année l'exposition en Angleterre ;

où il s'est marié, croyons-nous. Ce pourraient être **J. Israëls,
Bisschop.** Mais non. Si les œuvres hollandaises ont ce caractère
commun d'être assez terreuses et dépourvues de soleil, on ne
peut les rattacher pour le reste à aucune tradition passée, à aucun
système actuel. Nous avons noté en courant :

Israels, qui s'attache à peindre les misères des maladifs, des malheureux, la vie des artisans, nous donne ses *Pauvres du village* qui viennent
chercher l'aumône auprès d'un bateau de pêcheurs revenus sur la plage,
et deux autres tableaux : une *Soupe d'ouvriers*, un *Enterrement.*

Bisschop : un Portrait de dame en costume frison.

Haanen, un intérieur d'ouvrières vénitiennes : *les Enfileuses de perles
de Murano* (remarqué et médaillé au Salon de 1876); de plus une figure
de senora espagnole.

Mesdag, des Marines, de grande valeur.

Klinkenberg, la *Porte de Sn. ck;* curieux de parti pris, de reflet et
d'aspect.

Sadée, le *Retour du marche.*

Mlle Henriette Ronner, des Chats.

XIII. Peinture allemande.

On rendra cette justice au public français qu'il n'apporte, sur
le terrain des arts, aucune partialité rancunière à l'égard de l'Allemagne, aucun chauvinisme, et qu'il est le premier à reconnaître
les aptitudes pittoresques dont la race germanique est douée. Il
a fait un accueil des plus favorables à l'exposition des tableaux al-
lemands.

Sans doute, nous ne sommes plus au temps de rénovation, où
les grandes écoles de Munich et de Dusseldorf personnifiaient
dans Cornélius et dans Overbeck leurs tendances rivales, fortement accentuées, et fécondes, puisqu'elles produisaient les
Kaulbach et les Schnorr. Ces œuvres de haute inspiration ont un
peu disparu. Le grand Kaulbach est mort en 1874, sans être
remplacé que nous sachions, et les peintres d'aujourd'hui, fatigués
des divines conceptions allégoriques ou mystiques, se laissent
tout doucement entraîner par le courant général vers la peinture
de genre, plus humaine et plus abordable, plus prosaïque. Cependant, dans cet ordre modeste, ils excellent encore. C'est qu'ils
savent constamment rajeunir l'art à toutes les sources vives; ils
ne se confinent pas sur leur sol, ils ne s'immobilisent pas dans
leur passé, si riche pourtant des souvenirs d'Albert Durer, de
Cranach, d'Holbein; ils puisent au dehors, tantôt dans la pensée
italienne qu'ils continuent d'aller chercher à Rome même, tantôt
dans la pensée française, moins dédaignée par eux qu'ils ne disent,
et du tout ils rapportent un riche butin qu'ils refondent ensuite
dans leurs écoles, marquent de leur empreinte, assombrissent à
leur guise et idéalisent à leur façon.

La tonalité sombre qui a été dans leurs prédilections de tous temps frappe moins quand on passe de la Hollande chez eux.

Il faut dire aussi que leur salle est bien disposée; un fond très-sombre lui-même et très-sévère, en boiseries noires et en velours grenat; beaucoup d'espace et de jour: un certain caractère de grandeur qui prévient en faveur de l'ensemble.

A droite, nous trouvons de suite un de leurs maîtres, KNAUS, de l'école de Dusseldorf, déjà exposant chez nous en 1867, et toujours très-goûté.

KNAUS est là par une série de huit ou dix tableaux de plusieurs dates, 1869, 1871, 1873, etc., et deux tout nouveaux : le *Marchand d'habits*, un bon vieux fripier qui, la pipe à la bouche, cause en riant avec un jeune garçon, son fils probablement, deux têtes très-vivantes et très-expressives; et le *J'ai fait une bonne affaire*, petit marchand de peaux de lapin, qui compte les sous gagnés. Toutes les œuvres de Knaus, les récentes comme les anciennes, ont la même facture, le même don de parfaite bonhomie et de gaîté pittoresque que n'altèrent point trop la science de la couleur, ni la recherche de l'effet. C'est estompé; c'est tracé dans la pénombre, et cependant plein de relief, sa *Fête d'enfants* attablés en plein air, la scène d'intérieur campagnard où l'on voit, toujours fumants et rangés autour du vieux poële de faïence verte, des villageois écouter la lecture d'un contrat et démêler leurs intérêts avec un homme d'affaires, tout cela est rendu avec une finesse d'observation et un charme inouïs. Au milieu de cet ensemble riant, une note sentimentale, l'*Enterrement en hiver*.

Les deux **Achenbach**, **Gussow**, **Bokelmann**, **Hoff**, **Werner**, **Defregger**, **Piltz** se disputent ensuite l'attention. Nous voudrions en dire autant de **Piloty**, mais il est représenté insuffisamment et nous l'avons connu plus important à d'autres expositions.

Celui des deux ACHENBACH qui fait la plus grande impression n'est pas Oswald, peintre souriant pourtant, peintre des villas italiennes et des chaudes perspectives de Rome qui plaisent tant aux Anglais; non, c'est l'auteur plus nerveux de Wissingen, cette jetée battue par la tempête.

GUSSOW était apparu à l'un de nos Salons par des œuvres très-remarquables; nous nous souvenons entre autres d'un deuil intitulé « *Bonheur perdu.* » Cette année, la note est plus gaie : il s'agit d'une vieille bonne femme de ménage qui lessive soigneusement dans l'atelier du peintre une Vénus de Milo; il s'agit aussi d'un vieil amateur qui regarde à la loupe des œuvres d'art.

DEFREGGER nous représente deux jeunes filles coiffées des curieux chapeaux qu'on porte encore dans le Wurtemberg, c'est une exécution robuste et franche.

WERNER : une scène de militaires et de nourrices qui, pour la peinture, n'est pas hors ligne, mais qui pour la gaîté communicative ne laisse rien à désirer. Nous ne savons quel propos s'est échangé avec ces bonnes d'enfants, toujours est-il que l'hilarité est générale sur les visages de soldats, alignés et épanouis tous rient, comme dans la gendarmerie, quand un gendarme rit.

C'est une des curiosités de cette exposition.

BOKÉLMANN : une foule de gogos, hommes et femmes, faisant queue pour un dividende à la porte d'une banque populaire (*Volksbank*).

F. A. KAULBACH, homonyme de l'illustre maître que les arts ont perdu, a exposé une petite toile gracieuse, composée à Munich : une Femme du temps passé, en satin blanc et jouant de la mandoline.

PILTZ, une scène de gymnastique au village, un Maître d'école qui après avoir aligné ses élèves sur un pré, leur fait faire des mouvements de bras. Ceci est de très-bonne peinture de genre, un peu « sommaire », comme on dit, mais proportionnée, sobre, ce qu'il fallait, ni trop ni trop peu.

HOFF nous ramène à la grande peinture quoique dans un cadre encore restreint; son **Baptême après la mort du père** est poignant comme un drame. Ce baptême n'est pas une réjouissance pour la famille en deuil, il ravive les douleurs, il rappelle l'absent qui manque à la fête; et la profonde tristesse qui se lit sur les visages, ce contraste avec l'émotion ordinairement gaie de ces cérémonies, cette lutte de sentiments intérieurs, rendus sans affectation, sans efforts de pinceau, laissent de cette toile un long souvenir que ne donnent pas toujours les plus grandes.

Joseph BRANDT maintient cette note élevée par un sujet d'un genre tout différent : des Cavaliers *cosaques de l'Ukraine* au XVII° siècle, entrant en campagne et déployant leur bannière de Saint-Michel.

GEBHARDT a exposé deux œuvres religieuses : un *Crucifiement* d'inspiration archaïque et une *Cène* où l'on ne peut pas dire que les types bibliques soient idéalisés.

MENZEL une vue intérieure de *Forge* en plein travail au moment de la coulée et du laminage, lorsque sortent des fourneaux les blocs de métal incandescents qui grillent la figure des hommes et que plus loin les marteaux tirent de ces blocs des gerbes d'étincelles; ici des ouvriers s'imbibent d'eau pour résister à la chaleur, là, assis à l'écart, ils prennent tranquillement leur repas dans cette fournaise. C'était un sujet d'une immense difficulté et une grande hardiesse de l'entreprendre. La peinture se lance par là dans le grand mouvement industriel et s'associe aux efforts laborieux de notre époque. Nous aimons cela.

HILDEBRAND : un sujet triste maintenant, un père et une mère au chevet d'un petit malade. Le père revient de son travail et regarde inquiet.

Tout à côté une pensée du même genre, plus grandement traitée et plus obscurément aussi, par un peintre qui nous était inconnu; c'est signé Gab. MAX. Nous cherchons sa pensée. Dans un caveau, ou une prison une jeune fille est étendue mourante ou morte sur un drap ou sur un suaire; près d'elle, navré, songeur, un docteur ou son père, drapé dans un manteau noir, avec une figure de Christ ou de poëte, lui tient la main ; on peut donner à ce sujet mystique l'interprétation qu'on voudra. Est-ce le Sauveur réellement qui vient consoler et recueillir cette âme à son départ ? est-ce le père qui, faisant son calvaire par sa douleur, est revêtu pour la circonstance d'une expression du Christ ? L'une et l'autre pensée pourrait être allemande. Le livret tranche la question, c'est une Martyre.

Et nous n'avons pas tout nommé de ce que le public voudra voir ! Une visite à cette salle lui prendra du temps, nous l'en prévenons. Il était bon de finir par elle nos excursions à travers les peintures étrangères.

A la France maintenant !

2. *LES SALLES FRANÇAISES*

La France occupe pour ses tableaux neuf salles, six contre la loggia du nord, trois contre celle du sud. Il faut donc revenir sur nos pas et recommencer notre marche par le nord.

Tous nos grands noms n'y sont pas, hélas ! parmi ceux mêmes qu'on retrouvera encore cette fois, il en est qui ne vivent plus que par leur œuvre, H. Regnault, Daubigny père... Les autres, qui manquent à l'appel laissent ici un vide absolu qui serre le cœur au public, Hamon, Brion, Millet, Diaz, Zamacoïs, Chintreuil, Th. Rousseau, Fromentin, Corot... Que de pertes depuis 1867 ! On les cherche encore des yeux car on ne peut pas s'habituer à ne plus les revoir à nos expositions. D'autres enfin sont absents, pourquoi ? est-ce défaut d'espace ? est-ce protestation ? est-ce découragement ?

I.

Dans la salle des Bouguereau, c'est bien le moins qu'on salue d'abord Bouguereau lui-même. A tout seigneur, tout honneur. On a beau discuter ses tableaux, les trouver trop finis, trop soignés, trop propres, disons le mot, ils ont toujours fait, ils feront toujours plaisir à la foule ; et pour qui travaille-t-on en ce siècle ? Nous aurons la franchise de le dire, nous en sommes de cette foule qui ne prend le mot d'ordre d'aucune école et qui accepte le beau dans toutes ses manifestations contradictoires sachant qu'il peut être aussi bien avec le doux Racine qu'avec le mâle Corneille et dans les suavités de Bouguereau comme dans les énergies de Bonnat.

Nous avons là environ douze tableaux de Bouguereau ; qui s'en plaindrait ? on regrettera même un absent : *le Faune attiré dans l'eau par des nymphes.*

Tout au plus aurait-il pu faire un choix entre ses trois *vierges*, dont deux au moins, *la Pietà*, de 1876, *la Vierge consolatrice*, de 1877, également voilées de noir et de tristesse, font double emploi ; mais il a voulu laisser ce choix au public et les lui présenter toutes les trois alignées.

Le portrait de feu M. *Boucicaut*, propriétaire du *Bon Marché*, à qui appartenait l'une d'entre elles.

La femme gracieuse et peu voilée, qui tient un enfant sur ses épaules et lui sourit, avec ce titre : *La Jeunesse et l'Amour* (souvenir du Salon de 1877).

La Sainte enlevée au ciel par des anges, tableau tout nouveau, mais qui nous rappelle une œuvre de ce genre plus ancienne.

La Charité, œuvre également de cette année, tels sont, dans cette collection des Bouguereau, les œuvres qui intéressent et captivent le plus. Pour nous sa Sainte, à elle seule, par la pureté de l'expression, par la beauté des mouvements et des draperies, suffirait à nous retenir dans cette salle.

Il faut cependant passer à d'autres qui charmeront à leur tour, et de cent manières toutes différentes.

Jules BRETON nous attend avec sa sévère Glaneuse, noblesse dans la paysannerie, majesté du travail ; et avec son admirable figure de paysan breton, recueilli, pieux, croyant, majesté de la conviction.

Gustave DORÉ avec son *Néophyte* (cette rangée de moines qui fit sensation au Salon de 1868). Mais la France n'est point restée juste pour la peinture de Gustave Doré, et il est devenu de mode chez nous d'affecter pour son coloris un dédain qu'on prend pour la marque du connaisseur. Ce pourrait être le contraire, et les Anglais sur ce point nous font la leçon.

Encore dans cette salle :

DUBOIS : Le délicieux portrait de ses enfants.

La *Vestale* de LEROUX et ses *Danaïdes*.

L'admirable *troupeau* de SÉGÉ dans un paysage crépusculaire, simple le lignes et d'idées charmant cependant.

Un des campements arabes de GUILLAUMET.

II

La salle d'à côté, que nous avons baptisée du nom de « Carolus Duran », contient une autre œuvre de Gustave DORÉ, qui a été aussi très-remarquée, très-recherchée de la foule, très-discutée parmi les critiques pour son effet de lumière théâtrale, *les Martyrs*.

Et un campement arabe de GUILLAUMET.

Rendons hommage aussi, en passant, à l'une de nos meilleurs

souvenirs du Salon de 1875, la *Rêverie*, dame en velours rouge, de Jacquet.

Hommage aussi à un ancien maître, Hébert, que la *Mal' aria,* du Luxembourg, a rendu populaire, et qui, depuis lors, a mis, avec un talent navrant, de la mal' aria partout ; pauvres petites Romaines, chétives, maladives, poitrinaires, dont le souffle va s'envoler. On est touché, mais on cherche les contrastes pour l'équilibre, et alors on a :

Vollon : sa vigoureuse *femme du Pollet* débraillée, mais d'une sève qui réchauffe la vue.

Son *chaudron*, célèbre entre tous.

Sa panoplie gisante à terre, son bric-brac admirable de coffrets et d'émaux sur une table (je ne sais plus quel est le nom exact du livret). En 1868, c'était intitulé *Curiosités*.

Il est temps d'en venir à Carolus Duran, à son beau portrait d'amazone sur une plage (Mlle Croisette) ; à son portrait d'*Émile de Girardin*, si originalement présenté derrière une table.

Il y a là une jolie et fraîche composition : *Sous bois*, une naïade? coquette, dans tous les cas, plus qu'on ne l'était aux temps mythologiques.

Cot a exposé là aussi son meilleur portrait, le Portrait de madame D., d'une attitude, d'une pureté de couleur, d'une élégance exquises. Plus loin, on trouvera, dans la salle V, une autre œuvre de lui, mais qui ne saurait être comparée, le Portrait de madame la maréchale de Mac-Mahon.

Plusieurs tableaux de Delaunay, son *David* notamment, occupent aussi cette salle.

III

Le couloir qui suit contient l'œuvre de trois anciens maîtres qui inspirent le respect : Isabey, Desgoffe, Signol. Isabey inspire quelque chose de plus : un étonnement qui ne se lasse pas pour sa manière si mouvementée, pour la vie qui règne dans son fouillis de couleurs, pour ces drames de l'histoire à milliers de personnages confus et miroitants, aperçus en quelque sorte à travers le nébuleux du passé et à travers les éclairs de l'imagination.

En face de ces anciens, on a placé un jeune, mais un jeune déjà célèbre, Albert Maignan, dont toutes les expositions, depuis six ans, ont été des succès. Son *Départ de Guillaume le Conquérant* les a commencés ; sa Scène des *Albigeois*, son *Frédéric Barberousse aux pieds du Pape;* son *Attentat d'Anagni*, toutes ces pages d'histoire sérieusement étudiées, lui ont fait rapidement une grande place dans le monde des arts.

IV

A gauche, nous entrons dans la salle des Dubufe et des Moreau.
Là nous apparaissent d'abord trois grandes toiles.

La Descente des *fugitifs* athéniens, suspendus à des cordes le
long d'un rempart, par Léon GLAIZE.

Le *Saint Sébastien* de BOULANGER, effrayante apparition du
martyr guéri de ses blessures et qui vient les montrer tout à
coup à l'empereur Maximien Hercule, un peu renversé dans sa
belle pourpre rouge. (Tableau acquis par l'État au Salon de 1877).

Et le *Saint Étienne* de LEHOUX, non moins effrayante composition où l'on voit le Saint, lapidé par la populace, se traîner agenouillé, expirant, et un ange emporter au ciel les pierres qui
l'ont frappé, pièces de conviction irrécusables, car elles ont reçu
du choc quelque chose de lumineux et de miraculeusement électrique.

Ce regard donné aux œuvres qui frappent, nous goûterons un
plaisir plus intime devant les compositions délicates d'HENNER,
d'une mélancolie si douce, si expressive, portraits conçus par un
poëte; — devant les *Gaulois* presque classiques aujourd'hui de
LUMINAIS; — devant l'étrange mythologie mystique de Gustave
MOREAU : sa *Mort du Sphinx*; son *Hercule*, marchant noble, fier,
comme doit l'être un dieu, au combat terrible que va lui livrer
l'hydre de Lerne aux têtes multipliées; puis ses légendes bibliques
symbolisées avec la même pensée interprétative, son Hérode
hiératique devant qui s'avance la danseuse *Salomé*, couverte de
pierreries comme une bayadère hindoue, dans un temple énigma-
tique lui-même, aux clartés ou plutôt aux vapeurs mystérieuses;
toutes ces mises en scène qui tourmentent la pensée et l'égarent
dans des auréoles, des incarnations ou des rêves, nous les avons
là aussi incompréhensibles que jamais; non, Gustave Moreau nous
trompe, le Sphinx n'est pas mort.

La *Noce bressanne* de PERRET.

L'*Hôtel des ventes* de FICHEL et son *Ramponneau*.

De charmants paysages de SÉGÉ et d'HANOTEAU.

Des fromages, des huîtres, des prunes de Philippe ROUSSEAU, ce
peintre brillant de natures mortes, *Philippe Rousseau*, dont le portrait
du reste est là, tout à côté, bien vivant, lui, et spirituellement peint par
Edouard DUBUFE.

Ce qui nous fait souvenir que fort injustement nous n'avons
encore rien dit du célèbre portraitiste. Or on ne passe pas à côté
des portraits de DUBUFE sans s'y arrêter, surtout quand les personnages dont il éternise les traits s'appellent *Émile Augier*
(drapé comme un philosophe de l'antiquité), *Gounod* ou *Dumas fils*.

V

Salle de Cabanel et ajoutons : de Lefebvre, car LEFEBVRE y est représenté par cinq tableaux (n°s 541 à 545), entre autres deux nudités qui attireront toujours l'œil, quoi qu'en disent les critiques, tellement elles sont, l'une imposante, (et dans son droit) la *Vérité*, l'autre agréable, la *Jeune fille couchée*.

Mais si l'on ne jugeait pas sur le nombre des toiles, nous dirions : c'est la salle de MACHART, car elle est ici la suave *Phœbé* que les Gobelins, en la reproduisant en tapisserie, ont peut-être rendue plus suave encore ; elle est là planant vaporeusement dans la nuit éclairée par elle-même et lançant avec le croissant dont elle s'est fait un arc, le trait argenté qui retombera sur Endymion.

Là aussi nous apercevons :

Les *Pharisiens* de RONOT.
L'*Oreste* de LEMATTE.
Le grand sujet mythologique très-enchevêtré d'Eug. Delacroix, deuxième du nom.
Le portrait de *M. Rubé* par Mathey. M. Rubé le célèbre décorateur de théâtre, semble marcher sur le ciel ; c'est une immense toile étendue dans sa cour et déjà à moitié peinte de fonds azurés.

Et si nous passons aux plus petites dimensions :

La jolie satire d'Emile LEVY, intitulée *Meta sudans*. La scène se passe à Rome, devant ces thermes où les jeunes beaux, les patriciens vaniteux et les lutteurs de cirque allaient ensemble faire leurs ablutions, sous l'œil des courtisans.
Le *Départ pour le baptême* de LELOIR, scène plus morale, scène de famille au moyen âge.

Après quoi nous pouvons plus facilement nous laisser accaparer par les nombreuses productions de CABANEL, ses portraits de duchesses aux lèvres un peu décolorées que son pinceau semble n'avoir pas osé toucher, tellement il est délicat et transparent par moments, et ses créations capitales, *Francesca di Rimini* et *Thamar*, cette princesse israélite, traduite en fantaisie orientale et si discutée au Salon de 1875. Thamar, fille de David, outragée par son frère Ammon, s'est sauvée échevelée, après avoir déchiré sa robe, dit la Bible ; en jupe violette brochée d'or, suivant Cabanel ; elle s'est refugiée chez son autre frère Absalon dit la Bible ; dans un harem, semblerait-il d'après Cabanel, car ce luxe de divans et de coussins dénote un intérieur de sultane. Ne serait-ce point Jérusalem transportée à Bagdad ?

VI

Nous voici dans une grande salle. Elle donne sur la *loggia* du nord.

En face de la porte apparaît *M. Thiers* par BONNAT.

A droite de *M. Thiers*: *Mme Pasca* par BONNAT.

A gauche; un autre portrait, robe bleue, par BONNAT.

Aux deux angles, des Napolitains de BONNAT, entre autres son charmant *Scherzo* (folâtrerie), sourire d'une mère à son enfant.

D'un côté: le Barbier nègre de BONNAT.

De l'autre: les Trois enfants dont BONNAT a fait en les habillant à la turque, un délicieux portrait.

Un portrait nouveau: celui de *Don Carlos* fait face à ces anciennes œuvres de BONNAT.

On aura encore deux œuvres de BONNAT, et notamment son *Christ*, dans l'Exposition de la ville de Paris.

Nous dirons de ces tableaux nombreux d'un même artiste, ce que nous avons dit à propos de M. Bouguereau, quoique le genre en soit si différent : leur nombre n'effraie personne et ne lasse point le regard. Il y a plaisir à revoir groupées ensemble ces œuvres qui ont fait, une à une, l'attrait de chaque Salon annuel. C'est une récapitulation qui donne du prix à ces galeries de l'art moderne, faites en effet pour une revue générale. Il est naturel que la France se pare des meilleures créations, dans chaque genre, de ses divers maîtres et de ses diverses écoles.

Aussi est-ce également une joie de trouver réuni presque tout le MEISSONIER des dix dernières années, et c'est dommage qu'on ne puisse remonter au delà.

D'autant plus que, le portrait d'*Alexandre Dumas fils* excepté, il est peu de ces délicieuses miniatures si spirituelles, si variées, si admirablement finies qui aient figuré aux divers Salons et, pour le public, beaucoup auront presque l'intérêt de la nouveauté.

Vis-à-vis de Meissonier sont les *Lutteurs* de FALGUIÈRE, et les deux portraits les plus célèbres de Mlle Nélie JACQUEMART: *M. Duruy*, qui a fondé sa réputation, et *M. Dufaure*.

Vis-à-vis de Bonnat: le *César* de RIXENS, emporté à travers le forum par les licteurs et plusieurs figures ressuscitées du Directoire par l'habile évocateur GOUPIL.

Cette salle est la dernière de la série du nord.

VII.

Après avoir passé devant le pavillon de la ville de Paris et franchi la loggia du Sud, on se trouve dans une salle disposée comme la précédente, dans toute la largeur du bâtiment.

En face de l'entrée se trouvent les LAURENS et le plus sympathique de tous, *Marceau* étendu mort devant les officiers au-

trichiens qui viennent saluer et même pleurer en lui l'héroïsme
et la beauté juvénile si tôt moissonnés par la guerre.

Nous avons aussi, à droite, celui qui a décidé en 1873 de la célébrité de Laurens, son *Borgia* en méditation devant le cadavre
d'Isabelle de Portugal étendue livide dans un cercueil.

Laurens a vis-à-vis de lui les deux grandes toiles de Tony
Robert Fleury : la Prise de *Corinthe* et la scène de la *Salpêtrière*
où l'on voit les folles, jusqu'alors tenues enchaînées, délivrées de
ce traitement inhumain par les ordres du docteur Pinel en 1795.

A droite et à gauche de la salle — émouvante apparition — la
foule salue l'exposition posthume du jeune peintre si regretté,
Henri Regnault. Le musée du Luxembourg a envoyé là ses deux
œuvres si connues : le portrait du général *Prim* sur un magnifique cheval andalou, et *l'Exécuteur de Tanger.*

Cette salle contient encore un autre souvenir posthume qui ravive les regrets du public : un Daubigny : le paysage de *la Neige*
aux corbeaux.

Enfin une toile magistrale de Dupain très-remarquée à l'un
de nos derniers Salons : *Le Samaritain.*

VIII.

Prenons à gauche : Protais avec sa *Garde du drapeau*, nous
attend, pour faire vibrer en nous les instincts patriotiques.

Lambert pour nous amuser avec ses *Chats* mutins.

Roll pour nous entraîner avec son *Inondation* aux grandes
émotions du drame.

Feyen Perrin pour nous donner avec son *Défilé de jeunes
pêcheuses* des goûts de bains de mer, et des goûts de littérature
avec son portrait d'*Alphonse Daudet.*

Eugène Feyen pour nous faire aimer les multitudes, les fêtes
maritimes, les régates, les plages chargées de curieux ou peuplées
de jolies Cancalaises aux jambes nues.

Lecomte de Nouy pour nous faire rêver sur l'antiquité et sur
les ruines de Palmyre, avec son *Messager* massacré par un Sar-
danapale ou par un Pharaon quelconque.

Renard pour nous attendrir avec son admirable portrait de
Grand'mère.

Mazerolle enfin qui est comme le bon génie de cette salle,
pour nous bercer d'un conte de Perrault avec sa *Filleule des fées,*
cette composition si gracieusement conçue pour une tapisserie des
Gobelins. — Un autre tableau de lui, de proportions plus
modestes et traité sans tapage, mais d'une charmante harmonie :
les Agapes.

Dans une salle latérale : Gérome avec *l'Éminence grise,* une
Rue au Caire, etc.

IX.

Troisième et dernière salle de cette seconde série.

On y a mis en regard deux colosses, deux toiles de géants, qui tiennent toute la hauteur, sans cimaise ; les *Pendus* de Becker et l'*Entrée de Mahomet* II de Benjamin Constant.

Ceux qui n'ont pas vu le Salon de 1875 se demandent en voyant les sept pendus : De quoi s'agit-il ? et qu'est-ce que cet alignement de corps accrochés à une potence? Ils ne savent pas que c'est le coup de pistolet de BECKER, et que ces pendus, attaqués par un vautour acharné, sont les enfants de Saül; leur mère, Respha énergique et superbe, qui occupe à elle seule de son mouvement toute l'immensité du tableau, vient courageusement défendre leurs restes. Ce n'est pas grand seulement par les proportions, c'est grand par l'idée et par la vigueur.

D'un caractère tout opposé, grand aussi cependant, est le tableau qui fait face à celui-là; sous une porte de Constantinople jonchée de cadavres, passe Mahomet II à cheval, entouré de ses vizirs, et suivi de son étendard. — Le cheval d'un gris perle étonnant, le jour miroitant sur le cortége turc, la pénombre étendue sur les chrétiens massacrés, et ce contraste de couleurs, de vie, de mort, de tons blafards et de tons lumineux, font l'intarissable commentaire des spectateurs, et l'auteur, Benjamin Constant, ne s'en plaint pas.

L'attention se porte ensuite sur un jeune peintre, Sylvestre, qui a fait sensation en 1876 avec sa *Locuste enseignant à Néron l'art d'empoisonner*. Cette horrible femme familièrement assise aux côtés de l'empereur, même accoudée sur ses genoux, et cet esclave sur qui se fait l'expérience, et qu'on voit se tordre, se crisper dans la souffrance, le tout au milieu d'un froid décor de marbres variés, glaceraient l'enthousiasme du public pour ce qu'on a appelé « les beaux temps de Rome ».

Il faut dire que cette salle n'est point précisément gaie, c'est la salle aux douleurs, aux supplices. Le *David* de Ferrier qui tient la tête du géant philistin et la montre, palpitante, saignante, avec un triomphe féroce, n'est pas fait non plus pour faire pâmer d'aise le public.

Heureusement M. Jobbé Duval ne nous laisse pas finir sur cette impression. Sa longue *Bacchanale* qui couronne notre porte de sortie nous permet de clore la série française, à la fois par un mot d'admiration pour son grand et noble talent, mais encore — ce que nous n'avons pu obtenir auprès de ses compagnons de salle, — par une sensation d'épanouissement et de soulagement, La comédie finale après la tragédie. Le sourire de la vie après les angoisses de la douleur. Nous sortons vivement impressionnés par l'immense variété de sentiments que peut exprimer, de tant

5.

de façons et presque toutes excellentes, notre école française. Sujets dramatiques, sujets d'*humour*, poésie du paysage, poésie des vieilles légendes, gaietés souriantes, mélancolies poignantes, il n'est pas de conceptions humaines auxquels nos peintres modernes soient étrangers, et cette rapide revue nous permet de constater que dans ce domaine de l'art, où les horizons grandissent chaque jour, ils n'ont pas cessé de grandir eux-mêmes depuis dix ans.

Les tableaux du pavillon de Paris.

Ce n'est pas absolument merveilleux ; beaucoup de peintures d'apparat ou de commande, froides comme une cérémonie, et privées d'âme ; tableaux d'églises, tableaux de monuments publics, tableaux achetés pour l'encouragement des arts, tableaux *choisis* dans les Salons annuels. Nous avons là le goût de l'édilité parisienne aux différents âges, car il s'y trouve des œuvres de vieille date, précieuses peut-être pour les représentations historiques des figures et des costumes du temps, bonnes au surplus pour une galerie de Versailles.

Cependant c'est là que nous reverrons le *Christ* de Bonnat, ce Christ si discuté au Salon de 1876, si admirable pour le relief, pour le trompe-l'œil, pour la reproduction des chairs et des veines gonflées du modèle, mais dénué de poésie, comme le modèle sans doute qui a posé devant le peintre ; son expression est tellement matérielle, loin d'être mystique, et tellement commune qu'on a pu trouver des rieurs, en disant : « ce n'est pas le Christ, c'est quelqu'un des deux larrons en croix ».

Nous avions vu aussi au Salon de 1874 les *Pèlerins* de J. P. Laurens *à la porte d'un couvent ;* l'un d'eux au froc vert avait fait sensation. Ce n'est pas non plus un inconnu que le tableau de Rixens représentant sous de fortes et épaisses draperies saint Pierre reniant son maître, quand le coq chante.

CURIOSITÉS INDUSTRIELLES

DE

L'ÉTRANGER

Nous avons dit dans quel ordre sont rangées les sections étrangères du Palais, derrière leurs façades respectives, et l'on peut s'en rendre compte aussi par notre plan de la page 21. Nous suivrons cet ordre en commençant par le nord, comme pour toutes nos visites, donc par l'Inde.

I. Inde anglaise

Voilà qui est fastueux, superbe, riche, plein de grâce et curieux au dernier point : l'exposition indienne.

Mais il faut dire qu'un prince s'en est mêlé, et quel prince ! le fils de la reine d'Angleterre, impératrice des Indes ; le prince de Galles.

Il présente à nos regards émerveillés les cadeaux splendides qu'il a reçus des rajahs pendant son voyage chez eux, les collections d'objets rares et précieux qu'il a rapportées en Europe et qu'on croirait tirées d'un palais magique des *Mille et une nuits*, étoffes brodées d'or, lamées d'argent, brocarts d'une éclatante magnificence, mousselines aériennes tissées avec les deux riches métaux, joyaux éblouissants, perles, diamants, saphirs, émeraudes, prodigués partout. Cela ressemble à un conte du vieil Hindoustan, à un conte de brahmanes ; on croirait voir soupirer la bayadère des bords du Gange sous ces plis scintillants, sous ces colliers à reflets irisés. La belle Sîtâ peut-être les a portés. Et la sellerie épique que nous voyons là, chamarrée de bijoux et d'entrelacs dorés, elle a dû appartenir au coursier fantastique du vaillant Ramâ. Elle n'est point de ce monde, mais d'un monde de fées. Ce sont tissus enchantés, ce sont armures de princes légendaires, ce sont trésors d'Ali-Baba, ce sont sculptures des plus riches pagodes, ce sont brûle-parfums, coupes, ivoires, casques, boucliers, poignards damasquinés, tapis veloutés, cornes montées en argent, cachemires ravissants, figures d'animaux étranges, qui feraient rêver une magicienne. Il est telles de ces œuvres opulentes qui sont en même temps des chefs-d'œuvre artistiques de toute beauté :

Des aiguières ou *pots à vin* de métal noir incrusté d'argent, ou d'argent ciselé en arabesques.

Des *houka* ou narghilehs d'une richesse et d'un agencement de couleurs d'émail, de pierreries éblouissantes ; il fait certainement meilleur regarder ces pipes et ces bijoux que s'en servir pour fumer.

Un **palanquin en ivoire gravé**, coquettement garni au dedans pour quelque princesse qu'on aimerait voir nonchalamment tapie dans ces coussins de soie et mollement bercée par quatre porteurs bengalis.

Des harnais de cheval ou d'éléphant.

Un *houdah* d'éléphant, triple dôme en écailles d'argent retombant sur des colonnettes en métal doré, et tapissé de broderies où l'or et l'argent s'entrelacent à foison ; c'est une vraie niche d'idoles, une sorte de pagode portative qu'on hisse dans les grandes cérémonies, pour les rajahs, sur le dos du majestueux animal.

Des **boucliers** remplis de perles et agrémentés d'émeraudes, des armes enrichies des mêmes ornements, dagues, poignards, sabres recourbés, yatagans, dans la même grande vitrine à glace où reposent les joyaux du prince et la luxueuse **couronne à aigrette** qu'on lui a offerte.

L'inventaire serait interminable à faire. Il comprendrait aussi des choses plus curieuses que belles dans leur somptuosité ;

Un **trône**, par exemple, dont les pieds et les bras, tout en argent repoussé, sont formés d'éléphants dressés debout sur leurs pattes de derrière, éléphants savants par conséquent, surmontés de lions chimériques. On a bien fait de cacher l'autre face de ce meuble ambitieux, car le contraste eût été trop grand et la misère humaine est là représentée par un simple et pauvre châssis de bois formant le dossier.

Un **gong** supporté par deux grandes défenses d'éléphant.

Une pléiade de divinités grimaçantes, nonchalantes ou dansantes, que nous saluons avec respect.

Et encore cette liste de merveilles que nous ne parvenons pas à clore elle est prolongée par des expositions particulières de négociants, tels que la maison **Holland et fils**, qui étalent, pour compléter nos idées fantastiques sur l'Hindoustan, maints produits surprenants des industries locales, encore des armures, encore des étoffes légères lamées d'or et d'argent ; encore des pièces d'orfévrerie, enfin une céramique naïve, une poterie primitive qui a bien son intérêt et qui parfois quitte ses formes étranges, ses couleurs bizarres, pour approcher des dessins et des ramages bleus de la Perse.

Comme pour présider à cet amoncellement de richesses, se dresse non-seulement la statue équestre du prince, mais le superbe **kiosque** dont nous avons déjà défini l'architecture ; kiosque charmant d'élégance et de légèreté que l'on croirait construit en laque rouge de la Chine et qu'ont imaginé fort heureusement pour le décor, des exposants, la plupart Français ou Anglais, grands importateurs de cachemires de l'Inde, les fils Oulmann, MM. Frainais et Gramagnac, etc. Ils ont installé dans les entre-colonnes une resplendissante exposition de châles, plusieurs brodés d'or. C'est donc splendeurs sur splendeurs.

Rien d'étonnant qu'on ait donné à ces kiosques à ces trésors, à ces vitrines princières, j'allais dire magiques, une place d'honneur, c'est-à-dire le grand vestibule d'entrée. Mais ils font tort au reste de l'Exposition, et c'est ensuite l'œil plein de ce spectacle fabuleux qu'on entre dans les galeries plus prosaïques de l'industrie européenne. Cependant notre art ou l'art anglais qu'on aborde ensuite se relèvent bientôt, quand le regard est reposé, et dans les galeries du mobilier, de la céramique, du bronze, de l'orfévrerie, on se remet à trouver que les lignes simples et savantes de nos créations occidentales ont bien et dépassent souvent la valeur et le charme de tous ces raffinements de l'Orient.

II. Angleterre

A ceux qui pourraient croire que l'esprit de centralisation et de régularité méthodiques des races latines n'a pas son bon côté, l'exposition de l'Angleterre est là pour répondre. Dans l'exposition française et dans la plupart des sections étrangères, on a adopté des divisions bien tranchées ; on a rangé les objets selon qu'ils appartenaient aux arts libéraux, au mobilier, au vêtement, aux matières premières et à la métallurgie. Toutes ces diverses classes ont été séparées les unes des autres, ce qui en rend la visite plus facile, ce qui épargne au visiteur d'aller et de revenir sur ses pas, ce qui économise du temps et évite de la fatigue. L'Angleterre s'y est pris autrement : elle n'a établi aucune division dans le vaste espace qui lui est concédé ; en agissant ainsi, elle a sans doute gagné un peu de place, mais au prix d'une certaine confusion, pour le regard. On est très-embarrassé pour trouver un point de repère qui permette de se guider au milieu de ces vitrines, enchevêtrées les unes dans les autres, comme les ruelles et les ponts de Venise. Aussi avons-nous pensé que le secours d'un plan serait utile. Toutefois le désordre n'est qu'apparent, et pour l'arrangement, la même classification a été suivie que dans les autres sections.

PLAN DE LA SECTION ANGLAISE

Pavillon du Canada

Grand vestibule du nord
Pavillon indien. Collection du prince de Galles.

MACHINES — VÊTEMENT. — MOBILIER — ARTS LIB.

RUE DES NATIONS.

Machine à maillocher.

Distillerie. Aliments. Articles de ménage. Pompes.

Machine à cirer les souliers. Machines pour filatures. Machines-outils.

Hydraulique Presse Papyrographe

Locomotives routières.

Appareils de levage.

Peaux Couleurs Chimie. Épingles. Fils métalliq. Chaudronnerie. Métaux

Armes. Caoutchouc. Chapeaux. Confections. Dentelles. Draps. Soies. Lainages. Tapis. Lingerie.

Monuments de fil de coton.

Hélicon

Mobilier en cuivre.

Cabinets-Meubles.

Meubles. Boiseries

Chromo-lith. Gravure. Photograph.

Journaux illustrés.

CRISTALLERIE.
Green. Powell. Osler.
Cristal d'art de Thom. Webb
— —

CÉRAMIQUE.
Doulton.
Copeland.
Howell. Worcester.
Daniel.
Wedgwood. Minton. Minton.
Westhead.

ORFÉVRERIE.
Bijouterie. Elkington.
Articles de voyage.

PARFUMERIE.

Optique. Musique.

Maison anglaise.

Pavillon de la princesse et du prince de Galles.

Tour.

Cottage anglais.

AUSTRALIE.
Victoria
Queensland.
Adélaïde.
Nouv. Galles du Sud.

CANADA.

Machine à écrire.

Section des États-Unis.

Beaucoup de choses curieuses et intéressantes dans cette exposition la plus importante après celle de la France. Dans le matériel scolaire divers objets d'invention assez ingénieuse : bancs d'écoles pouvant se retourner dans divers sens, susceptibles de devenir tour à tour pupitres à écrire et tables à manger ; pupitres se prêtant successivement à la lecture et à l'écriture ; miniatures d'édifices, de cabanes et d'animaux en carton-pâte pour modèles de dessin. La papeterie est un article très-important du commerce anglais. Il faut voir ces pyramides monstrueuses de cire à cacheter, ces étalages si artistiquement arrangés de plumes de fer de toute forme et de toute dimension, cette exhibition de papier à lettre recherché du monde élégant, car c'est Londres qui donne le ton pour le papier à lettres, comme Paris pour les modes. Disons en passant aux Anglais qu'ils n'ont pas toujours un goût excellent, et qu'il n'y a rien de moins logique et de moins gracieux que ces longues bandes étroites aujourd'hui en faveur chez eux. Nous préférons encore le papier sur lequel on écrivait du temps de Mme de Sévigné : tout en haut, là où nous mettons le mot *Madame*, on voyait une belle dame en costume de cour ; au bas de la page, là où nous mettons *votre très-humble et très-obéissant serviteur* [formule qui va se perdant avec l'ancienne politesse française] se trouvait un cavalier qui saluait avec respect. Disons aussi à nos voisins d'outre-Manche qui semblent revendiquer les plumes métalliques comme leur monopole, qu'elles existaient bien avant eux : les patriarches de Constantinople écrivaient avec des roseaux d'argent, Voltaire se faisait envoyer à Cirey des plumes d'or. Mais ce qui fait le mérite des manufactures de Birmingham c'est d'avoir mis à la portée de tous et d'avoir rendu populaire le métal à écrire.

Avant de quitter la section des arts libéraux, remplie de gravures, de chromolithographies et de journaux illustrés, un rapide coup d'œil sur des jeux de cartes originaux, des photographies sur verre pour lanterne magique, de très-beaux papiers peints imitant le cuir gaufré.

Trois sortes de produits classés au mot *mobilier* méritent surtout d'attirer l'attention, parce qu'ils ont une importance capitale dans l'exposition anglaise : l'orfévrerie, la cristallerie, la céramique. En parcourant ces vitrines, on sent qu'elles appartiennent à une nation qui a une aristocratie riche et puissante, qui aime à la fois le luxe et le confortable, car l'un n'est pas sacrifié à l'autre, comme en Italie, par exemple.

La cristallerie anglaise.

Regardez la cristallerie de James Green, qui tenait la tête en 1867, et surtout la *cristallerie de Thomas Webb*, qui occupe cette fois un carré éblouissant ; vous y découvrirez, même pour des objets usuels, pour des carafes ou des gobelets, un remarquable effort de l'art, art dans le contour, art dans la gravure; même une recherche savante de toutes les traditions qui ont existé: style grec, style byzantin, style gothique, c'est une série d'un raffinement exquis; faites-vous montrer des flacons ornés d'entrelacs d'un dessin celtique pur, vous les comparerez à des flacons à ventre plat, gravés dans le goût de la Renaissance ou dans le goût de Pompéien, en rinceaux légers; ce qui n'empêche pas le moderne de tenir place avec toutes ses fantaisies ingénieuses et ses créations nouvelles. A côté d'un vase à forme égyptienne, couvert artificiellement de ces couleurs noirâtres et décomposées que donne le temps au verre vingt fois séculaire, à côté d'imitations du verre de Murano, ou du verre de Bohême, vous aurez — caprices du moment — des jardins suspendus en cristal, ou bien des étagères en cristal, ou encore des appliques transparentes, fixées même contre des glaces qui répéteront au loin les scintillements des bougies.... En voyant ces objets si précieux et si fragiles à la fois, on regrette que le cristal ne puisse pas se tremper comme le verre, afin de devenir incassable. On peut bien le tremper, mais seulement pour lui donner les reflets irisés de la nacre; aussi ne sommes-nous pas étonnés de voir ces vases, ces assiettes aux nuances chatoyantes et mobiles.

Car l'Angleterre fait de tout; elle n'a point de spécialité nationale; elle a l'inspiration de tous les temps et de tous les peuples; elle vous fera le cristal de l'avenir comme le cristal du passé, **du** Vénitien comme de l'Autrichien. Rien de plus varié : elle cisèle, elle colorie, elle souffle, elle gaufre, elle plie le verre en torsades, elle en fait de craquelés, de vernissés, de dépolis, et dans les prix doux comme dans les prix princiers; il y en a pour toutes les tables et tous les salons : l'ensemble très-bien manufacturé, et tous les goûts satisfaits, même le mauvais.

C'est une fantaisie, par exemple, que nous ne citerons pas pour modèle, qu'un **fauteuil en cristal.** Nous ne pensons pas que le fabricant Osler ait voulu faire la leçon aux rois en leur rappelant sur quels trônes fragiles ils sont parfois assis.

Un objet tout à fait remarquable, c'est la copie exacte de tous points du fameux **vase de Portland**, aussi appelé *Barberini*, que possède le musée de Londres. Ce vase est le plus beau spécimen qui nous reste de l'industrie du verre chez les anciens, qui le connaissaient aussi bien que nous et qui s'en servaient aux mêmes usages; même ce palais du Champ de Mars tout en fer et en verre dont nous sommes si fiers !... il avait son précurseur dans le théâtre de Scaurin, à Rome, dont le second étage était en verre; quant à ce vase de Portland, c'est une œuvre d'art de merveilleuse beauté. Il se compose d'un bloc, qui était du verre bleu d'un côté, de l'émail de l'autre : le burin du graveur avait entamé l'émail et gravé les figures comme on les grave sur pierres dures, c'est-à-dire en camée. Le verre bleu était seul resté comme fond et le sujet s'y dessinait en relief. L'artiste anglais a imité de tout point l'artiste romain; comme lui il a gravé en camée, et nous a permis de voir au Champ de Mars le fac-simile de cette épave de l'art antique. Plusieurs autres morceaux exécutés dans le même genre méritent aussi l'attention.

La céramique anglaise.

L'engouement pour la faïence, qui menace de devenir une fureur et qui se traduit au Champ de Mars de mille façons différentes, est plus accentué encore en Angleterre où les produits de luxe trouveront un plus grand débouché. Elles doivent bien faire dans les manoirs seigneuriaux et dans les cottages, ces constructions en faïence qui tiennent tout un panneau de l'appartement, qui tapissent les murs, qui remplacent le parquet, qui chargent le dressoir. Il en est d'autres, candélabres parfois gigantesques qui servent à éclairer le vestibule; d'autres colonnettes ou balustrades, comme celles de Doulton, à garnir les escaliers et les terrasses; d'autres, comme le groupe des léopards de Browet Westhead ou les négresses de Minton, qui servent à peupler d'une façon animée les solitudes d'une galerie; d'autres enfin, bas-reliefs ou plaques peintes, font tableau inaltérable, à encadrer dans un meuble ou dans une cheminée. Plusieurs même visent à la représentation de grandes scènes historiques ou de sujets empruntés à Walter-Scott. Le pavillon de la princesse de Galles (derrière la façade du prince) est tapissée de carreaux et de panneaux décoratifs. Minton, Doulton, Worcester, Wedgwood, les quatre grands ateliers céramistes, se sont dressé chacun dans la section anglaise un cabinet d'amateurs bien fait pour l'étalage de leurs œuvres d'art.

Ce qui caractérise **Doulton**, c'est la tonalité gris-bleuâtre de ses faïences; **Worcester**, c'est l'inspiration japonaise et une spécialité de terre, d'aspect vieil ivoire, qu'on y appelle en effet *ivory-porcelain; **Minton**, c'est l'éclat; **Wedgwood** (nom de l'homme célèbre, mort en 1795, qui mit, au siècle dernier, la porcelaine anglaise en faveur, la dota de la *cream-colour* et donna à ses manufactures le nom artistique d'*Etruria*), Wedgwood est resté fidèle à la porcelaine; hélas! elle pâlit bien un peu, à côté de la faïence, cette porcelaine tendre; ils pâlissent, ces vases classiques à fond azuré revêtus de figures de l'Olympe en biscuit blanc, mais quand nous disons « *hélas!* » c'est par pitié pour la vieillesse, ce n'est point par regret.

L'orfévrerie anglaise.

Deux hommes d'armes, tout d'argent habillés, gardent l'entrée dans des niches, d'où ils ne s'élanceront pas, rassurez-vous. Leur richesse et plus encore leur manque de gaîté, vous avertit que nous sommes dans l'orfévrerie anglaise; l'exposition d'**Elkington,** ainsi gardée est remplie de reproductions archaïques et moyen âge qu'ils symbolisent parfaitement; boucliers, qui auraient convenu au poëte Horace; coupes au roi Agamemnon; vases et jardinière à Cléopâtre, car ils sont en style égyptien, et maintes copies galvanisées des objets d'art du musée South-Kensington, sans compter les pièces repoussées en argent et acier damasquiné, le service du prince de Galles en style *old english*, les émaux cloisonnés, etc.

Nous répétons de l'orfévrerie ce que nous avons dit de la cristallerie, ce que nous aurions pu dire aussi de Minton : les Anglais font de tout; ils recherchent la tradition savamment, et sans lien avec elle, vous composent du moderne à côté.

Les meubles anglais.

Il faut mettre à part le meuble. Le meuble a pris en Angletere, cette année surtout, un caractère national ; jusqu'alors ils avaient eu la main lourde dans leurs dessins ; ils s'étaient embarrassés dans les charmants sentiers de la Renaissance qui n'était point faite pour eux; voulant rivaliser avec nos Fourdinois et nos Lemoine, ils faisaient épais et massif; c'était de pesants bahuts aussi chargés de couleurs que de chimères; ils n'avaient ni sobriété ni simplicité dans la fantaisie.

Cette fois ils semblent avoir trouvé leur voie: ils l'ont trouvée dans leur propre moyen âge, léger comme lignes, svelte comme une jeune Anglaise; ils sont remontés au saxon, au normand, à cette architecture de boiserie déliée, de cases multipliées, de nervures fines, croisées à angles droits. L'œil français, peu habitué à ce genre de gothique, ne comprenant que le gothique ogival, le gothique à dentelures et à festons, a du mal à se faire à ce genre vieille Bretagne : il ne dédaigne pourtant pas cet aspect mi-féodal, mi-religieux, sous prétexte qu'il rappelle certaines armoiries de sacristie ou d'oratoire; il convient admirablement au caractère retiré des demeures aristocratiques de nos voisins, un peu antiquaires, un peu châtelains, aimant l'ancien vitrail losange et le confort dans l'historique; ils se plairont dans le cabinet à jour sombre, à bordures noires, à silhouettes sévères, que leur a dressé et meublé James **Shoolbred** : au millieu de ces crédences à bibelots, de ces panneaux chargés de peintures, milady elle-même lira volontiers une page de Shakespeare.

Déjà en 1867, — c'était une exception alors, — nous avions noté avec éloge une velléité gothique qu'on voyait poindre par un dressoir de MM. Holland et fils. C'est ce goût qui s'est généralisé aujourd'hui. Des dressoirs, des bibliothèques, des crédences de ce genre, agrémentés de motifs nouveaux, de glaces, de faïences, apparaissent partout, dans les installations de Marsh, de Walker, d'Ebbut, de James Lamb, avec une variété infinie; c'est plus qu'une exhumation heureuse, il y a là une inspiration créatrice, un véritable cachet britannique.

A côté de ces meubles, de ces cabinets, vous voyez une des curiosités de l'exhibition anglaise : c'est une sculpture sur bois blanc baptisée **la fontaine d'Hélicon**, conçue en forme de pyramide, haute d'un mètre et formée de l'assemblage d'une foule de pièces ouvragées, dans le genre des sculptures suisses, mais avec plus de prétention mythologique, par un paysan écossais, Peter Cairns, « qui a mis sept ans pour faire ce travail seul et sans modèle. » Beaucoup de personnages, beaucoup de détails. En somme, énormément de patience; mais la patience n'a jamais été de l'art, sans quoi les Chinois seraient les plus grands artistes du monde.

Le long de notre route nous voyons successivement : des lits en cuivre, à colonnes, une vitrine de serrurerie artistique et de coffres forts, une belle grille de fer forgé, des armes de Birmingham et de Manchester, le fusil anglais est très-estimé par les chasseurs; une vitrine de poupées : heureusement elles sont loin d'être des poupées françaises, sans quoi la conscience de se voir si mal fagotées les pousserait à un acte désespéré. Regardez le palais élevé par Rimmel à la parfumerie; c'est un autel qu'il devrait lui élever dans sa reconnaissance, et la patrie de l'émailleuse Rachel est un pays de Cocagne pour les fabricants d'eau de Jouvence. Ne passez pas sans jeter un coup d'œil sur le bazar du voyage, sur les vitrines consacrées aux malles; ce peuple, qui remplacerait au besoin le juif-errant, a innové en ce genre; sa dernière création consiste à recouvrir les malles d'un treillage en bois ce qui les fait assez ressembler à ces grandes balles dans lesquelles les blanchisseuses mettent le linge, transition pour nous conduire à la rangée du vêtement.

Enfoncez-vous dans ces montagnes d'étoffes qui surgissent de toutes parts, ne vous attardez pas trop aux soieries, vous aurez mieux ailleurs; mais donnez une attention suffisante à ces cotonnades qui sont l'axe de la politique anglaise et un des thermomètres de la paix du monde. C'est pour l'écoulement de ce produit que la plupart des guerres européennes ont été entreprises depuis un siècle, et sans les soixante millions de broches qui tournent sur les métiers anglais, la politique du cabinet de Saint-James serait toute différente.

Aussi les exposants ont-ils consacré à leur fil de Manchester des monuments qui dénotent un véritable culte, même un attendrissement du cœur; les uns ont la forme de tabernacles, les autres de chapelles commémoratives; les piliers, les dômes sont en bobines de toutes couleurs; il est aussi une vitrine gothique, en bois étranger, aux riches sculptures qu'on nous dit valoir plus de mille livres sterling (25 000 fr., construite par Clarck pour son fil d'Écosse.

On ne refusera pas non plus aux **dentelles** l'attention qui leur est légitimement due. Cet art, importé en Écosse par Marie Stuart, en Angleterre par les réfugiés protestants, a produit dans ces deux pays des merveilles de grâce et de finesse. Si dans les comtés de Wichs et de Dorset l'industrie dentellière a complétement disparu, elle fleurit toujours dans le comté de Buckingham et dans les comtés voisins : la guipure de Honitou est toujours la plus à la mode à la cour de la reine Victoria.

Il y a, dans ces vitrines du vêtement, une collection de plaids écossais et des robes pour juges et pour professeurs, sur lesquelles, robes rouge, jaune, verte, bleue, il n'y a plus qu'à mettre une perruque.

Enfin parcourez la série métallurgique, et les matières premières : là des peignes curieusement travaillés, là une haute **muraille d'alun de potasse** qui fait penser à la statue de cette pauvre Mme Lot, la plus curieuse mais la plus excusable des femmes; là des pyramides de savon, des trophées d'épingles aussi fines que les cheveux qu'ils doivent fixer, et bien d'autres choses. Un mot encore : remarquez sur combien de vitrines figure la mention : *fournisseur de S. M.* On se rappelle involontairement le mot de ce cordonnier devant lequel on énumérait les richesses du roi de France : « Dieu du ciel! s'écria-t-il, combien porte-t-il de paires de chaussures? »

Les machines anglaises.

Dans leurs machines, les Anglais devaient exposer forcément, et l'ont fait avec prodigalité, leurs appareils de filature et de tissage, appareils qui chez nous portent presque tous des noms féminins, dévideuses, cardeuses, peigneuses, etc., mais qui intéressent les hommes principalement et parmi eux ceux du métier ; ceux qui étudient les progrès de la locomotion à vapeur remarqueront une superbe machine Fairlie à trains articulés et pivotants, ce qui permet, malgré la grande longueur de la locomotive, longueur nécessaire pour augmenter la force de traction sur les rampes, d'avoir en même temps la souplesse voulue pour serpenter facilement sur les courbes. C'est une machine adoptée déjà sur un grand nombre de chemins de fer américains et européens, ceux surtout qui traversent des montagnes.

Quant aux simples amateurs de curiosités, ils trouveront leur compte devant la machine à maillocher dont les mouvements ondulés ont quelque chose de surprenant — et le papyrographe de Zuccato qui permet d'imprimer jusqu'à 300 exemplaires, si l'on veut, une feuille de papier manuscrite à l'aide d'une simple presse à copier. Enfin la machine à cirer les souliers, aussi ingénieuse que peu commode.

COLONIES ANGLAISES.

Canada.

Notre ancienne colonie, dans laquelle notre langue subsiste encore, puisque par une tolérance bien rare à rencontrer, les débats du Parlement se font sans distinction en anglais et en français, est celle de toutes les colonies anglaises qui offre l'exposition la plus considérable. Les marbres au Saint-Laurent sont d'une belle nuance; abondance de métaux, dont on a transporté d'importants spécimens, on y a joint même un météorite d'une assez forte taille et qu'il n'eût pas fait bon recevoir sur la tête. Beaucoup d'objets en peau, ce qui n'est pas étonnant de la part d'un pays si giboyeux. Les vitrines sont dominées par un renne empaillé.

Naturellement, vu le climat, beaucoup de poêles chauffent les habitations de ces froides contrées; la partie inférieure de certains poêles est formée par des vitres en mica, qui permettent de voir la flamme du foyer, ce qui est toujours gai et ce qui, peut-être, économise du luminaire. Dans beaucoup d'endroits ces minces lamelles de mica, qui imitent le verre à s'y méprendre, remplacent les vitres; pour les poêles, elles ont un mérite de plus, elles sont inaltérables au feu; vous n'aurez pas tout vu encore, quand vous aurez vu le **tire-bouchon monstre**, destiné sans doute à déboucher la bouteille de champagne également monstre qui figure dans l'exposition agricole; puis les confitures de marmelade qui ont traversé l'Atlantique afin de vous fournir l'occasion de goûter aux vraies pommes du Canada. Un des grands succès du Canada a été pour ses chaises à bascule, et nous dirions même en général pour les chaises car il en est grand besoin à cette exposition.

Cap de Bonne-Espérance.

Des fourrures, des peaux de panthères, des têtes de bélier, des cornes gigantesques, des algues marines d'une taille imposante, divers spécimens de la flore indigène, du bois, de l'ivoire, et enfin les bouteilles de vin du Cap, si renommé sans doute, parce qu'il est donné à peu de gens de pouvoir le goûter, complètent l'exposition de cette colonie. Il ne faut pas oublier quelques portraits d'indigènes, qui ont voulu se faire représenter à cette exhibition, ce dont nous leur savons bon gré.

Australie. 1º Victoria.

Fourrures encore, toujours fourrures, peaux, animaux empaillés; les deux qui ont une attitude si curieuse, et qu'on prendrait pour une caricature de la Vénus de Médicis, sont des kangurous. Voir les indigènes, grandeur nature, avec leur longue chevelure laineuse. Dans les nombreuses bouteilles qui figurent sur les vitrines, il y a des vins très-renommés.... à Victoria, entre autres, le Saint-Hubert et le Château-Thalbick, le Saint-Émilion et le Château-Laffitte de l'endroit.. Il serait intéressant de les déguster en compagnie de ces boîtes de biscuits qui ont eu le temps de sécher pendant la route. Tout à côté, regardez l'essence d'eucalyptus, on prétend que c'est un antidote souverain contre le phylloxera; on sait que l'eucalyptus est originaire de ces pays, où on le trouve en grandes quantités. Si le fait était vrai, l'inventeur de cette essence gagnerait des sommes d'argent si fabuleuses qu'elles lui permettraient d'élever une pyramide comme celle qui est sous nos yeux et qui figure la quantité d'or produite par la colonie de Victoria. Ce bloc est assez beau, mais au besoin on se contenterait de ces gâteaux d'or, qui ont la forme et la grosseur d'un gâteau de savon. Malheureusement, il n'est point d'amphitryons qui en servent à leurs convives. Du moins, au XVIIᵉ siècle, le contrôleur général Bullion faisait apporter au dessert des assiettes pleines de pièces d'or, et il disait à ses nobles invités : « prenez sans scrupule, c'est l'argent du roi ! » Et ceux-ci ne se faisaient pas prier. Mais on ne voit plus de semblables choses, et les bonnes traditions s'en vont.

2. Nouvelle Galles.

Portraits des bœufs qui croissent dans le pays. A tout seigneur tout honneur! du tabac, des peaux, une belle photographie de Sidney, des vins dont l'un d'eux s'appelle ermitage, et puis c'est tout.

3. Queensland.

Du rhum, des minéraux, des tableaux représentant les divers pâturages, enfin des tables statistiques donnant le relevé de toutes les productions minérales, végétales et animales. Ce dénombrement si méticuleux de toutes les bêtes à cornes est particulièrement significatif: on ne dit pas si le chiffre est garanti par le gouvernement.

4. Australie du Sud.

Beaux fruits ; ils doivent ressembler à ceux que Josué rapporta de la terre promise ; peaux et fourrures d'angora à donner envie d'aller dans ce pays. Dans cette salle, grande curiosité à ne pas négliger : l'orfévrerie indigène. Ce sont des objets en filigrane d'argent montés sur des œufs d'autruche qui imitent le bronze vert à s'y méprendre. Cette couleur est la couleur vraie des œufs qu'on peut voir à l'état nature dans une vitrine voisine. Ils se prêtent admirablement à ce travail d'orfévrerie et fournissent des objets qui ont un cachet qu'on ne retrouve nulle part ailleurs.

III. ÉTATS—UNIS.

Les États-Unis ont fait une exposition relativement peu considérable ; ils n'ont guère exposé que des produits et des machines dont ils ont supposé l'écoulement facile chez nous : pianos, conserves ou machines à coudre.

L'Américain a porté son goût pour les machines jusque dans l'art **chirurgical** ; c'est ainsi que nous voyons un lit à opération, puis un lit pour malade qui permet de placer les divers membres dans toutes les positions voulues. Mais là où triomphe l'ingéniosité, c'est dans les divers fauteuils destinés aux patients. L'un est pour les oculistes, il permet de mettre et de coucher le malade dans toutes positions, en assurant à sa tête une immobilité complète ; un autre est destiné aux cabinets des dentistes, il assure un appui aux pieds et à la tête de l'opéré. Un dernier, le plus compliqué de tous, le fauteuil chirurgical par excellence, peut prendre cinquante-neuf positions différentes, selon la nature de l'opération. Les Américains sont des dentistes très-renommés ; ils ont beaucoup étudié cette partie, dans laquelle ils ont innové ; à côté de mâchoires et d'instruments de toutes sortes, il en faut remarquer une qui est de leur invention et qui commence à s'introduire chez nous : c'est un tour qu'on fait marcher avec le pied et dont la pointe va enlever la carie des dents et faire une cavité qui permette l'introduction du métal ; un tube en caoutchouc mobile permet de manœuvrer à l'aise la pointe d'acier et de la diriger où l'on veut : un de ces jours ils inventeront une machine qui plombera et arrachera les dents toute seule.

Si vous entendez retentir les ondes sonores d'un **piano**, ne vous dérangez pas ; les Américains sont très-renommés pour la fabrication de ces instruments, les excellents bois qu'ils ont en abondance et qu'ils peuvent faire sécher à l'aise leur donnent une grande supériorité ; mais les deux principaux fabricants de New-York, Stenway et Shirving, qui sont en Amérique ce qu'Érard et Pleyel sont en France, n'ont pas exposé cette année : ils ont trouvé que leur réputation n'était plus à faire.

Ce qu'il faut voir, par exemple, c'est la vitrine de l'**orfévrerie** dans laquelle se trouve plus d'un objet digne d'attention : il faut remarquer les dessins exécutés sur des vases d'argent, et qui sont produits par l'incrustation de métaux étrangers à l'aide du laminoir; il faut voir aussi des sculptures exécutées au marteau et qui sont en même temps une œuvre d'art et de patience.

Ne manquez pas surtout de faire une visite au **pavillon des montres** qui est en face de cette vitrine; il y a là une industrie d'un nouveau genre et pleine de menaces pour la production européenne. Les montres qui se trouvent dans ce pavillon sont faites avec une machine qui en découpe tous les ressorts, qui en prépare toutes les pièces; les montres qui sortent de cette fabrique étant faites sur le même modèle, dès qu'une pièce est usée ou cassée il suffit d'en demander une du même numéro, et la réparation se fait instantanément et sans beaucoup de frais. Les Américains prétendent que ces montres sont très-supérieures à celles qu'on fabrique à la main, qu'ils en produisent trois mille par semaine, que ce nombre ne tardera pas à s'augmenter, qu'ils ont déjà des clients même en Suisse et dans le voisinage de la Chaudefonds, qu'avant peu enfin le marché européen leur appartiendra en entier. Il y a là beaucoup d'exagération; et il est à regretter que les Américains n'aient pas cru devoir apporter leur machine pour la faire travailler sous nos yeux.

Les photographies de l'exposition américaine seront remarquées; il ne faut pas oublier le curieux tableau dans lequel sont réunis les divers papiers-monnaie circulant en Amérique; il faut regarder aussi leurs toiles cirées et leurs produits pharmaceutiques. Dans l'espace réservé aux produits et à la métallurgie, voir un kiosque en bois découpé et d'une légèreté telle qu'on croirait qu'il est en paille; voici deux belles mitrailleuses (cette année l'exposition des engins de guerre est très-peu importante, trois ou quatre nations seulement en ont envoyé); ne pas passer sans regarder deux trophées bien caractéristiques, ce sont des trophées de haches, de pelles, de pioches, en un mot de tous les instruments nécessaires à ces rudes pionniers qui s'en vont défricher les solitudes du nouveau monde. Pour parcourir les immenses espaces de ce continent, ils ont une voiture qu'il faut remarquer dans l'ensemble de celles exposées. C'est un simple siége de fer mis sur un brancard que supportent deux roues très-élevées; deux barres de fer permettent d'appuyer les pieds pour garder l'équilibre; cette petite voiture, appelée trotteuse, file presque aussi rapide qu'un chemin de fer.

A l'entrée de la galerie des machines, on en trouve une qui est toute nouvelle, et qui est une des grandes curiosités de cette année : c'est **la machine à écrire**. Elle se compose d'un clavier dans le genre d'un clavier d'orgue ; sur chaque touche se trouvent une lettre de l'alphabet ou un signe de ponctuation. On lève la touche et la lettre vient s'imprimer sur une feuille de papier qui se déroule par le mouvement même de la machine, comme les feuilles de journaux dans les machines à imprimer. Pour la forme et pour la grandeur, cette machine ressemble assez à la machine à assembler les caractères typographiques, machine que nous retrouverons dans la section française ; mais au lieu de sortir les caractères de leur case et de les réunir pour former une colonne de journal, elle les imprime directement sur le papier, grâce à un ruban chargé d'encre sur lequel elle va frapper. Cette machine va plus vite que la plume, à ce que prétendent les Américains qui l'emploient déjà dans la plupart des bureaux du gouvernement.

En face de cette machine si curieuse et peut-être si féconde en résultats, se trouve une grande machine destinée à faire les dessins et les impressions sur soie. C'est le métier à la Jacquart, dans lequel la machine remplacera la main de l'homme ; elle fera ce que fait l'ouvrier qui manœuvre un métier du même genre, dans la galerie du travail, et qui tisse sous les yeux du public des portraits et des sacrés-cœurs. Autre machine que nous avons vue tout à l'heure en réduction dans les appareils des dentistes. C'est un tour bâti sur le même système, et monté sur un tube en caoutchouc mobile ; seulement au lieu d'obéir à la simple pression du pied, il est mis en mouvement par la vapeur ; au lieu de creuser une cavité dans l'ivoire d'une dent, il va percer les plaques les plus épaisses de bois et de fer. Un ouvrier, ce gros tube de caoutchouc enroulé autour du corps, s'avance et accomplit cette œuvre qu'on jugeait impossible tout d'abord.

Qu'y a-t-il à remarquer dans la galerie des produits alimentaires, sinon les viandes conservées, dont nous avons apprécié la bonne qualité pendant le siége, et auxquelles la cuisson permet d'opérer les plus longs voyages sans recourir au sel ?

Et dans le parc ? une locomotive qui se distingue des autres en ce que le siége du mécanicien est plus élevé ; cette locomotive est destinée à brûler le poussier de charbon à l'état naturel, tandis que les locomotives ordinaires ne peuvent le brûler qu'aggloméré ; ensuite des modèles de tramways circulant à New-York ; enfin un Pulmann-car de 70 pieds de long, qui, grâce à l'articulation des roues, pourra franchir les courbes et se prêter à toutes les vitesses. Un petit modèle de ce wagon figure dans le palais.

IV. SUÈDE ET NORVÉGE.

Saluez le pays des allumettes ! L'allumette est la reine de cette exposition septentrionale, elle se dresse en pyramides, elle s'étale en trophées, en étoiles, en dessins variés qui font l'éloge de la patience et du goût des exposants. Toutefois ne craignez rien pour la sécurité du palais en les voyant si nombreuses, exposées à l'air libre : leur extrémité est trempée dans la peinture et non dans une solution chimique, aussi est-ce vainement que vous vous efforceriez de les enflammer par le frottement. Ne souriez pas de les voir figurer à l'Exposition, elles y ont droit, parce qu'elles représentent un état de civilisation scientifique fort avancé. Entre l'époque où nos ancêtres les Aryens imaginèrent de tourner deux morceaux de bois l'un sur l'autre pour obtenir du feu, et celle où le soufre ajouté au phosphore peut donner la flamme à volonté, des milliers d'années se sont écoulées, des milliers de découvertes chimiques et industrielles ont dû être faites pour rendre possible ce résultat. Mais les allumettes ne sont pas le seul produit de ces pays adonnés surtout à la chasse, à la pêche, à l'extraction des mines, à la métallurgie.

Il y a d'abord une fabrique de **Céramique** très-importante, celle de **Rôrstrand**, dont on parcourt l'exposition avec intérêt : vases à formes originales, vases en forme de poisson, vases dont un corps de femme fait l'anse, vases destinés à divers usages ; mais les pièces principales de cette fabrique, ce sont les vastes poêles destinés à chauffer et à orner les maisons septentrionales. On en voit plusieurs du dessin le plus heureux, un entre autres en majolique avec bas-reliefs.

La verrerie prend parfois des allures d'artillerie. Vous voyez ces tas de boulets noirs rangés comme pour une batterie de siége. Ce sont des bouteilles.

L'orfévrerie a aussi sa part d'originalité, soit dans la forme, soit dans la nature des objets qu'elle fabrique. Elle fait grand usage du filigrane d'argent. Regardez cette coupe en vermeil recouverte d'une dentelle d'argent, on dirait la coupe du roi de Thulé par un matin de neige.

L'industrie spéciale est celle des **Fourrures** ; ainsi regardez ce trophée en forme de pyramide le long duquel s'échelonnent les fourrures de diverses couleurs et de divers animaux, tandis qu'à la base leur gueule menaçante écarte les importuns et les voleurs.

Une autre production est celle de la **Pâte de bois**, dont des larges feuilles s'étalent aux yeux du visiteur. Cette pâte de bois a une grande utilité, on la recouvre de papier peint ou de cuir et on l'applique contre les murs en guise de tapisserie ; elle a pour résultat d'absorber l'humidité et de l'empêcher de se répandre dans l'appartement, puis elle sert à faire du papier ; à l'Exposition de 1867, on voyait fonctionner dans le kiosque norvégien une machine qui fabriquait la pâte. Il n'est pas étonnant que ce bois produise une substance si utile, il est si beau, si blanc, si bien veiné ; toutes ces vitrines, on les regarderait rien que par plaisir avec leur forme originale, avec les lignes rouges et bleues qui les décorent, en faisant ressortir encore davantage l'éclatante blancheur du sapin. C'est ce même système de décoration qui donne beaucoup de cachet aux poteries norvégiennes, très-différentes des céramiques suédoises : un peu de terre jaune, quelques lignes de couleur tracées au pinceau, et voilà un vase original.

N'oubliez pas de regarder la vitrine qui renferme les bijoux des paysannes norvégiennes, ainsi que les étoffes brodées dont elles faisaient jadis usage. Cette partie ethnographique de l'Exposition est instructive, et il est dommage qu'on ne la retrouve pas partout. Ne pas oublier non plus le catalogue publié par chacun de ces deux pays et qui renferme une étude complète et approfondie.

Si vous voulez avoir la conscience tranquille, et ne pas vous en aller sans la conviction que vous avez tout vu, jetez en passant un coup d'œil sur ces objets en bois sculpté supérieurs à ceux qui sont fabriqués en Suisse, à ces bouteilles pleines d'une huile de foie de morue presque appétissante par sa limpidité, à ces grosses boules de verre noir qui servent à soutenir sur l'eau les filets qu'on voit suspendus au mur ; enfin, à la parfumerie, qu'on retrouve invariablement chez toutes les nations : dans le pays des Malgaches, cette parfumerie se borne à un morceau de beurre rance, mais elle n'en existe pas moins. Si la parfumerie de la Suède n'est point arriérée, en revanche les parfumeurs de ce pays le sont singulièrement. Savez-vous ce qu'on lit sur l'eau de toilette qui semble être la plus répandue ? *Eau de toilette pour détruire les parasites, les taches de rousseur*, etc. Fi donc ! monsieur le parfumeur, est-ce qu'on dit de ces choses-là ? On le laisse entendre, et cela suffit ; on appelle sa composition : *Vinaigre des jolies femmes*, et toutes comprennent à demi-mot. Mais quelle est celle qui viendra demander de l'eau pour détruire les parasites. Gardez-vous d'offrir votre produit à une Parisienne, elle vous répondrait, en parodiant le mot de Mlle de Montpensier : « Une femme est toujours parfaite pour un parfumeur ! »

V. ITALIE.

Aimez-vous les contrastes et les coups de théâtre ? En voici un des plus frappants, des plus imprévus. Entre la Suède et la Chine, entre l'extrême nord et l'extrême sud, voici l'Italie, le pays tempéré par excellence. Vous n'avez pas besoin d'un long examen pour vous apercevoir que vous êtes dans la région sereine de l'art ; dès le premier moment, vous voyez le ciel de Naples ou de Rome succéder aux splendeurs étouffantes de l'Orient, aux brumes glacées du septentrion. Le visiteur le plus flegmatique sent son indifférence se fondre devant ce spectacle qui le frappe par sa nouveauté ; rien pour le besoin vulgaire de la vie, rien pour cette prosaïque nécessité vers laquelle nous sommes trop souvent obligés de revenir; tout pour le plaisir des yeux, sous un ciel qui semble faire de la vie une fête continuelle : lustres, statues, mosaïques, majoliques, meubles en bois sculpté, étoffes chatoyantes, éblouissantes verreries, voilà ce qu'on aperçoit dans l'exposition italienne, et on cède involontairement à cette impression de bien-être et de mollesse qui s'empara des barbares germains lorsqu'ils passèrent les Alpes pour la première fois.

Trois grands exposants forment le front de l'Italie sur le passage transversal tout rempli d'art : la Société de MURANO, SALVIATI (verrerie également) et le marquis de GINORI (céramique).

Courons d'abord aux **Glaces de Venise** : elles ont une réputation qui date de loin; au seizième siècle, lorsque les premiers objets sortis de cette fabrique furent introduits en Angleterre, ils y excitèrent une telle admiration, que les rudes seigneurs anglo-saxons échangeaient leur vaisselle d'argent contre ces vases aussi fragiles que gracieux. Entrez dans le compartiment des manufactures de Murano, elles méritent une visite toute spéciale. Non-seulement vous y verrez une précieuse collection de verres émaillés en style veneto-byzantin, vases couleur paille, vases couleur saphir, urnes, lampes, bassins, calices et reliquaires; de toutes les pièces de ce genre, la pièce la plus curieuse est la *tasse de Saint-Marc* copié exacte de la tasse qui existe dans le trésor de Saint-Marc, en verre noir transparent émaillé or et argent, et de couleurs diverses. La forme est sphérique, un peu aplatie avec un rebord à l'extrémité supérieure, qui porte intérieurement une inscription en langue copte en argent, et à l'extérieur un décor en or et couleurs composé de petits anneaux, fleurs et feuilles nouées ensemble; sur le pourtour, sept médaillons sont encadrés de filets d'or, entre lesquels viennent se placer quatorze autres médaillons plus petits, ornés de fleurs et de rinceaux : cette tasse est montée en argent; elle est de la fin du quatorzième siècle, et on prétend qu'elle a servi de modèle aux maîtres émailleurs de Limoges. Vous y verrez des verres soufflés non émaillés, verres ornés de filets, de spirales, de torsades de toutes couleurs qui servent particulièrement à caractériser le verre de Venise. Vous y verrez une collection de pièces curieuses et variées choisies parmi les meilleurs types Murano, qui se trouvent dans la collection du British Muséum et du musée municipal de Murano. Mais la plus grande curiosité de cette exposition, celle qui doit attirer l'attention des amateurs, c'est celle des vases murrhins. Tout le monde sait quelle valeur considérable avaient ces vases dans le monde romain; Néron donna en échange d'un seul un tapis de la plus grande beauté et du prix le plus élevé. C'était un des objets qui attestait le plus souvent la richesse et la prodigalité de son possesseur, car ces deux mots sont synonymes. On les appelait vases murrhins, parce qu'on y buvait ordinairement un vin mélangé de myrrhe : les anciens, qui passaient pour très-raffinés, avaient de singulières préférences, ce qui montre bien que des goûts et des couleurs il ne faut pas disputer. Quant à la matière dont ces vases étaient faits, les savants discutent encore là-dessus et discuteront probablement longtemps encore. Quelques uns croient que c'était du verre, et la fabrique de Murano a imité fort heureusement les pièces qui existent dans les musées de Naples, du Vatican et du British Muséum, pièces qui ont été retrouvées dans les fouilles de Pompeï; les principales pièces sont de grandes coupes murrhines du musée du Vatican, petites amphores transparentes à deux anses du British Muséum, vases cantharos à deux anses, formant une seule pièce sans attache avec le corps du vase, une coupe couleur topaze et émeraude, montée en argent et venant du Trésor de Saint-Marc. A ces objets curieux, il en faut joindre un qui ne l'est pas moins; c'est un gobelet en argent percé à jour par des perles couleur saphir, qui partent sans attache d'une doublure intérieure du même verre; ouvrage très-original par son procédé de fabrication.

De cette verrerie, qui a un caractère si spécial, qui ne ressemble ni à la cristallerie de Paris, ni à celle de Londres, qui paraît avoir emmagasiné un rayon de soleil au passage, mais aussi qui manque des grandes qualités propres aux produits de Baccarat, passez à l'exposition des **mosaïques**; là également des surprises vous attendent. Dans une même salle vous rencontrez les trois sortes de mosaïques dont l'art fait usage : la mosaïque vénitienne, la mosaïque florentine, la mosaïque romaine. La mosaïque vénitienne se compose de petits cubes de verres de diverses couleurs, qu'on met à côté les uns des autres, et à l'aide desquels on arrive à composer des tableaux qui de loin peuvent faire assez bien illusion, quoique l'œil aperçoive toujours le carrelage parmi ces petits cubes ajoutés les uns à côté des autres. Ces petits cubes sont en verre; on y passe une couche de couleur, qu'on recouvre d'une couche de verre, ce qui la rend inaltérable. La mosaïque florentine procède tout autrement; elle découpe des morceaux de marbre de différentes couleurs, elle les ajoute les uns à côté des autres, et parvient ainsi à former des groupes de fleurs ou d'objets inanimés, mais elle ne peut aborder la figure humaine. La mosaïque romaine fait usage de petits cubes, à l'instar de la mosaïque vénitienne; mais ces petits cubes au lieu d'être de petits carrés de la même dimension, se divisent en fragments excessivement ténus, et reproduisent toutes les nuances, toutes les teintes les plus délicates; aussi peut-on obtenir avec elles des effets inconnus aux deux autres mosaïques; dans les mains d'un artiste habile, ces petits cubes peuvent arriver à rendre dans la perfection les demi-teintes, les dégradations de tons, dont ne s'occupait pas la mosaïque byzantine. Les mosaïstes romains ont accompli des merveilles dans ce genre; l'église Saint-Pierre possède la reproduction des principaux chefs-d'œuvre de la peinture italienne, faite avec une telle perfection, qu'on serait tenté de croire tout d'abord qu'on a sous les yeux de véritables tableaux. Même dans ce pays, on n'a pas fait un assez grand usage de la mosaïque, dont le cadre peut s'élargir : celles qui décorent la cathédrale d'Orvieto montrent quel parti on pourrait en tirer.

Après avoir vu le *Portrait de Pie IX*, la *Visitation de la Vierge*, la *Vierge à la chaise*, le *Transport du corps de saint Marc*, la *Vue de Venise* et les autres mosaïques, parcourez toutes les salles environnantes remplies de **meubles** et d'objets artistiques. Regardez cette bibliothèque d'une forme si originale, avec place pour les manuscrits et pour les livres, avec les sculptures si fines de sa partie supérieure et les alphabets polyglottes de son soubassement : malgré ce qu'en dit l'artiste, ce meuble est tout, sauf une bibliothèque. Parcourez ces salles remplies de **céramiques**, de faïences, de majoliques qui ne soutiennent qu'assez médiocrement l'ancienne réputation des fabriques de Gubio, d'Urbino, de Faënza et autres. Examinez à loisir les meubles compliqués dans lesquels le marbre, la nacre, l'ivoire, la statuaire jouent tour à tour un rôle. Plusieurs d'entre eux sont très-curieux par leur incrustation d'ivoire, par leurs peintures pompéiennes sur marbres. Sur l'un d'eux regardez un essai assez original; c'est le système de gravure à l'eau-forte employée pour le bois. Dans ces diverses salles se trouvent beaucoup d'objets rares et précieux; quelques-uns ont une incontestable valeur artistique; et pourtant l'impression que laisse leur vue est étrange, elle ne satisfait pas complétement Si ces objets qui vous éblouissent au premier regard ne satisfont pas complétement votre attente, cela tient à ce que les Italiens ne font que se répéter et se copier depuis plusieurs siècles. La plupart de ces meubles ont un intérêt dans les palais italiens que visite le touriste, ils sont de leur époque et ils en portent le cachet; aujourd'hui ils n'ont plus de raison d'être, l'art tourne de plus en plus au côté industriel : c'est à cette condition qu'il peut vivre et se perpétuer, et un abîme infranchissable sépare la Renaissance de notre époque. Les Italiens n'ont pas perdu leurs aptitudes artistiques, mais l'invention, mais la fécondité d'imagination semble les avoir abandonnés momentanément. Ce qu'ils ont de bien est imité des siècles précédents : leurs meubles en bois sculpté de construction moderne ne valent pas ce qu'on trouve en France et en Angleterre.

Pour achever les curiosités de l'exposition italienne, voulez-vous voir quelque chose de laid : contemplez le meuble en cornes, fait avec l'entrelacement de ces longs appendices que portent les bœufs de la campagne romaine. Nous préférons nous arrêter un instant devant les **ouvrages en paille**, merveille de patience et de finesse ; il y a là un meuble brodé en paille qui excitera plus d'une convoitise, la reine Mab pourrait seule s'asseoir sur ce siége sans le faner, et, il faut le réléguer sur l'étagère de Gargantua. Les soieries offrent, plus d'une tentation, mais ce ne sont plus ces riches et splendides étoffes qui avaient donné un si grand renom à la fabrique italienne du seizième siècle ; regardez cette belle vitrine que soutiennent trois magnifiques griffons, mais ne vous inquiétez pas de ce qu'elle renferme ; tous ceux qui ont fumé les cigares italiens savent à quoi s'en tenir sur son contenu.

Enfin dans la section des arts libéraux, remarquez le **spiromètre**, qui a été imaginé pour faire comprendre aux sourds-muets le jeu et la fonction du poumon. Tout à l'entour, des broderies et autres ouvrages faits dans les asiles et les orphelinats. Quel dommage que le phonographe n'ait pas été inventé un siècle plus tôt, nous trouverions dans cette vitrine les voix merveilleuses qui se faisaient entendre à l'orphelinat de Venise, voix formées par le Porpora ; un tour de roue, et nous assisterions à ces concerts dont tous les voyageurs en Italie ont fait une description si enthousiaste. Enfin dans les machines, regardez ce *notateur automatique* pour les votes législatifs, qui est à rapprocher du *votateur* du même genre qu'on trouve dans la section française ; puis la machine à sténographie, qui fonctionne par le même système que la machine à écrire des lettres, et qui va aussi rapidement que la parole la plus prompte.

VI. JAPON.

Nous avons donné aux Japonais le Code civil, les chemins de fer, le télégraphe et le téléphone ; pour nous remercier ils viennent de faire à l'Exposition un envoi qui fera bondir d'aise les collectionneurs, les amateurs, les brocanteurs. On ne connaissait guère chez nous que le vase classique, c'est-à-dire fond blanc avec des dessins bleus ; en voici une bien plus grande variété, fond or, fond noir avec dessins imitant la niellure. Il y en a de toutes formes, de toutes dimensions, de toutes sortes de dessins : ceux qu'ils ont peints sur fond or sont particulièrement à remarquer. Un surtout qui présente un sujet qu'on croirait tiré des *Animaux peints par eux-mêmes*. Quant aux autres ils sont curieux mais ils n'offrent rien d'attrayant pour le dessin ni pour la composition : le grotesque, toujours le grotesque et encore le grotesque. L'art japonais n'a pas pu s'élever jusqu'à l'idéalisation, il est même au-dessous du réalisme puisqu'il enlaidit la nature loin de l'embellir. Ce caractère domine dans toutes ses créations. Regardez ces tableaux en soie brodée, c'est curieux, mais voila tout et le plus pauvre paysage barbouillé par un artiste de troisième ordre fera bien mieux notre affaire. Regardez ces vases en bronze avec des sujets repoussés au marteau, des incrustations d'or et d'argent. Quelle patience dans ce travail! quelle finesse dans ces dentelures! Mais la forme du vase est peu gracieuse, le sujet n'a rien de séduisant et le moindre vase de Nole aura plus de prix aux yeux d'un véritable artiste. Mais le temps, mais la difficulté? c'est beaucoup sans doute, mais en art cela ne compte pas et vouloir le faire entrer en ligne de compte c'est imiter ce brave homme, qui pendant le sermon disait à son voisin : « Quel prédicateur, voyez-vous comme il sue! » Cette exposition n'en est pas moins une des plus curieuses et des plus riches du Champ de Mars, et on s'y porte d'autant plus qu'elle représente une civilisation, un idéal artistique tout différent de nos mœurs et de nos idées. Il faut voir ces soies d'une richesse toute orientale ; cet immense cadre en bois sculpté qui ferait honneur même à un artiste européen, ces aquarelles sur soie qui ont tout à fait bon air ; toutes les fois que le Japonais se borne à représenter des arbres et des animaux il est presque européen, touche-t-il à la figure humaine, il redevient asiatique, ces laques et ces ivoires incrustés, ces vases aux dimensions colossales, tous ces objets en fer niellé, ce salon complet en porcelaine y compris les siéges qui doivent être fort recherchés pendant les ardeurs de la canicule, ces étagères de diverses formes et de diverses grandeurs qui paraissent faits plus encore pour les Européens que pour les habitants du Nipon. Çà et là quelques détails de mœurs : regardez ce petit animal empaillé et couvert en partie d'un vêtement rouge, c'est le tsing, qui remplace chez les dames japonaises le king-charles des dames européennes : la nature humaine n'est-elle pas la même partout? Regardez un objet d'art qui a obtenu une récompense à l'Exposition de Kioto : c'est un plateau en laque sur lequel un personnage en ivoire est gravé en relief, il tient une cloche à la main et toute sa personne exprime une force peu commune. C'est un héros légendaire chez les Japonais, quelque chose dans le genre d'Hercule et de Samson, et de la cloche de bronze qu'il tient à la main peut-être fit-il le même usage que Samson de sa mâchoire d'âne. Ce mélange de la laque, de l'ivoire et du bronze est très-original. A propos de laque, voici de quelle façon les Japonais la préparent : ils couvrent d'un vernis noir ou rouge le bois dont ils se servent, puis ils le polissent avec le doigt; le frottement fait avec tout autre objet serait incapable de donner à la laque ce vernis que nous admirons, la peau humaine peut seul le lui communiquer. Chose curieuse! les Japonais qui approvisionnent d'éventails les deux Amériques n'en ont apporté que très-peu au Champ de Mars; il eût pourtant été intéressant de voir ceux qu'ils fabriquent au prix de quatre vingt-dix centimes le cent.

VII. CHINE.

Ceux qui sont partisans de la couleur pour la couleur, qui croient que cette qualité peut suppléer à toutes les autres, n'ont qu'à venir ici, ils seront servis selon leur goût. L'exposition chinoise est un éblouissement, ce mot seul peut exprimer l'impression que produit la vue de tant d'objets variés et originaux. Quand on entre dans ce monde de pagodes et de tours à sept étages, quand on se trouve au milieu de ces petits monuments aux angles relevés, aux toits surchargés de monstres, de chimères, d'inscriptions, de broderies et de dorures; quand on voit se balancer sur sa tête ces lanternes aux formes fantastiques, quand on aperçoit sur les murs ces carrés de soie jaune sur lesquels des caractères cabalistiques sont dessinés en velours noir, on se demande involontairement où l'on est, et les notes égarées des pianos lointains vous arrivant par bouffées inégales semblent vous apporter les airs du *Cheval de bronze*.

La première chose à voir dans ce paradis, c'est le pavillon qui sert de bureau à la commission chinoise, la cloison est faite avec des montants de paravent en bois sculpté et doré; les panneaux sont garnis de peintures sur papier de l'effet le plus étrange. Involontairement on s'approche pour s'assurer par ses mains que cette construction aussi originale qu'élégante existe bien réellement, que ce n'est point un décor d'opéra-comique privé de relief et destiné à faire illusion aux yeux. Il faut aussi considérer avec toute l'attention qu'elles méritent ces broderies sur soie qui ont une intensité de couleur inconnue dans nos pays et dont les tons d'une grande crudité se superposent les uns aux autres sans choquer nos regards. Quelques-unes de ces broderies sont sous verre ce qui augmentent leur éclat. Egarez-vous ensuite dans ce dédale de bahuts, de tables, de fauteuils, de lits de toutes formes, lits en forme de dais, lits en forme de cerceau lits d'ébène; tout cela est sculpté, fouillé, incrusté d'une façon à déconcerter l'artiste européen le plus patient. On en trouverait bien peu, pour ne pas dire point, qui seraient capables de se livrer sur ce bois assez dur et résistant, puisqu'on l'appelle bois de fer, à ce travail, à cette lutte acharnée pourrait-on dire, qui transforme la matière première et la change en une sorte de dentelle. Quant aux incrustations de nacre et d'ivoire elles sont très-curieuses; il y a surtout un bureau avec incrustations caricaturales qui sort du genre ordinaire de la marqueterie chinoise. En parcourant les étoffes chinoises, en soies riches et épaisses, ne négligez pas de donner un coup d'œil aux éventails. Il y en a un avec peinture sur plumes qui est une merveille; ou le croirait l'œuvre d'un de nos meilleurs artistes, car lorsque les Chinois se bornent à reproduire la nature, les oiseaux surtout, ils n'ont presque rien à nous envier. Là où l'on voit bien vite que ce n'est pas l'œuvre d'un Européen, c'est à la monture : la sculpture faite sur les montants d'ivoire dépasse, non nos moyens, mais notre patience. On ne pourrait jamais s'imaginer tout ce que l'artiste a su faire tenir sur cette mince bande d'ivoire. Tout auprès sont d'autres éventails curieux à un autre point de vue : les peintures sur papier contiennent des scènes, des types très-intéressants à voir : c'est la vie chinoise prise sur le fait. Sur cet étroit espace sont rassemblés cinquante ou soixante personnages, tous finis avec un soin dont la photographie est seule capable. Promenez-vous dans les deux dernières salles, là vous verrez les pièces de porcelaine chinoise qui sont vraiment anciennes par leurs formes comme par leur couleur ; vous trouverez plusieurs cloisonnés devant lesquels les amateurs vont se pâmer. Là seulement est la vraie Chine, car l'autre, celle que nous venons de voir, celle qui brille tant à nos regards est une Chine de convention faite pour l'exportation et la vente européenne. En sortant de ce monde charmant et origina. lisez le roman chinois des *Deux cousines* qui a été traduit en français il y a quelque vingt ans, et vous verrez combien vous trouvez peu d'objets d'un usage journalier en Chine. Sans doute l'exposition chinoise est très-brillante ; c'est une des principales curiosités du Champ de Mars, et elle nous donne une haute idée de l'industrie chinoise, mais nous aurions été reconnaissants aux habitants du céleste empire de nous initier aux secrets de leur vie familière. Ne pas oublier dans l'exposition chinoise plusieurs objets intéressants auxquels on ne prête pas assez d'attention. D'abord les trois espèces de soie données par des vers qui se nourrissent de feuilles de mûrier, de feuilles de chêne et de feuilles d'ailanthe. Puis les produits alimentaires qui abondent en créations originales: vin aux pois verts, eau de vie à l'orange, jujubes fumés etc...

VIII. ESPAGNE.

L'Espagne est par excellence le pays du pittoresque, et ses vitrines ne valent pas moins par leur décoration empruntée à l'architecture arabe que par les objets qu'elles renferment. La poterie est sans contredit la partie la plus curieuse de cette exposition ; les amateurs devront étudier avec soin les vases de toutes formes et appartenant à toutes les époques qui se trouvent rassemblés et qui forment un musée complet. Les Espagnols ont successivement subi l'influence des Étrusques, des Romains et des Arabes. Ces derniers leur ont fourni leurs meilleures inspirations ; aujourd'hui encore, les poteries arabes sont remarquables par la simplicité de la forme, la pureté du dessin. Grandes jarres aux vastes flancs, vases arabes finement sculptés, pièces diverses remarquables pour l'originalité du dessin ou la vivacité des couleurs ; quelques-unes appartenant à la fantaisie pittoresque,

témoin ces fontaines figurant des corsets aux formes rebondies.
Dans cette même salle, voir un nouveau système de notation mu-
sicale et une méthode de prononciation pour les sourds-muets.
L'Espagne s'est toujours occupée des questions de ce genre, et
c'est la méthode du juif espagnol Pereira que l'abbé de l'Épée a
perfectionnée. Ne pas oublier de remarquables émaux cloisonnés,
des broderies sur soie qui rappellent un art autrefois très-cultivé
dans les couvents, des meubles en bois sculpté, des pianos et surtout la guitare qui descend en droite ligne de celle de Figaro.
Enfin deux curiosités ingénieuses : l'une est un petit service de déjeuner : vous prenez le couteau et le beurrier s'ouvre de lui-même ;
vous prenez un coquetier et l'œuf vient s'offrir à vous. L'autre est
une boîte de bonbons qui s'ouvre dès que vous y portez la main.

Nous parlions de grandes jarres. Il en est une, en grès rouge,
qui a deux mètres de haut.

L'éventail est un meuble indispensable aux Espagnoles, quelques-uns figurent dans les vitrines représentant les scènes et les
mœurs du pays. Mais la plupart de ceux dont on se sert de l'autre
côté des Pyrénées sont fabriqués à Paris. Rien ne saurait exprimer la maestria et la grâce avec laquelle s'en servent les Madri-
lènes et les Sévillanes ; quant à leur manière de le tenir, vous
pouvez en juger par l'un des mannequins qui se trouvent à la
porte de l'une des salles. On trouve beaucoup de mannequins dans
l'exposition espagnole, quelques-uns notamment représentent les
divers corps dont est composée l'armée ; coutume excellente, qui
aurait dû être suivie partout et accompagner la classe des vêtements. Cette classe est curieuse à parcourir : voilà des étoffes aux
couleurs brillantes qui attestent hautement leur origine, le goût
y perd peut-être, mais le pittoresque y gagne. Quant aux dentelles, elles ne sont que médiocrement représentées ; la chose
étonne de la part du pays de la mantille, qui a toujours été
renommée pour ses dentelles de soie, pour ses dentelles brodées
en couleurs, pour ses points d'or et d'argent. Les mantilles que
portent les Espagnoles et dont nous voyons ici quelques spécimens
sont de trois sortes différentes : l'une en blonde blanche, devant
contraster un peu avec le teint, est réservée aux jours d'apparat,
de fête officielle ou religieuse ; une autre est en blonde noire, garnie d'un haut volant ; la troisième sert pour l'usage ordinaire,
elle est faite de soie noire et garnie de velours. La mantille d'une
Espagnole est sacrée aux yeux de la loi, elle ne peut être saisie
pour dettes. Tout près de là, une vitrine assez pittoresque est
réservée aux corsets, qui semblent jouer un rôle important dans
la toilette espagnole, à en juger par les rubans et décorations de
toute sorte qui les accompagnent, puis aussi par leur variété : il
y a le corset **reine**, le corset **russe**, le corset **américain**, le corset du **grand monde**, le corset-ceinture **pour l'incipient dévelop-**

pement du ventre, le corset **modificateur** pour redresser les défauts de la taille. Au-dessus, l'on voit la ceinture pour *l'éventrement chez l'homme*, la ceinture royale sur laquelle est brodée le nom du roi Alphonse XII. Quand nous aurons mentionné les cuirs et les peaux, un canon d'acier, des plans en relief de forteresses et de ports, quelques échantillons des mines si nombreuses dans ce pays qui sait si peu les exploiter, nous aurons passé en revue tout ce que l'Espagne a apporté de curieux dans l'enceinte du Champ de Mars.

Ah! cependant encore quelque chose : des soldats mannequins types des divers uniformes et des diverses attitudes des fantassins et cavaliers dans l'armée espagnole. On a mis cela, ce qui est fort injuste dans la galerie des machines.

Et puis, ne passons pas sans une révérence devant le buste en bronze de M. Emilio de Santos, commissaire délégué d'Espagne placé sur un socle formé curieusement de roues dentées, de locomotives en miniature et d'engins industriels de toutes sortes assemblés là pour lui faire honneur.

IX. AUTRICHE-HONGRIE.

Hurra! voici le pays des grands fumeurs et des illustres buveurs ! aussi voyez les montagnes de pipes, et les *widercomm* aux formes variées qui s'étalent dans les vitrines de l'orfévrerie comme dans celles de la verrerie.

Le verre de Bohême.

A tout seigneur tout honneur, et il est juste de commencer par ce qui brille, par ce qui reluit, par ce qui est chamarré d'or. Entrons donc dans le verre de Bohême, le point le plus lumineux de l'exposition autrichienne. Cette année la mode est aux verres à reflets, aux verres irisés ; en voici de toutes formes, de toutes couleurs, répétant toutes les nuances de l'arc-en-ciel. Pour ceux que ces reflets ne satisfont pas, qui trouvent que le verre n'est pas assez dénaturé, en voilà qui pourrait passer presque pour de l'opale. On a été plus loin encore avec la peinture sur émail; on a recouvert l'intérieur d'une couche d'or et l'extérieur d'une peinture en émail blanc et or, de façon à faire ressembler l'objet à un vase en vermeil. Est-ce bien la peine en vérité de se donner tant de mal pour ôter au cristal l'éclat et l'éblouissante blancheur qui sont ses qualités distinctes? n'est-ce pas le cas de dire que le mieux est l'ennemi du bien? Par exemple, approbation sans réserve pour ce cristal auquel la Bohême sait donner des couleurs si vives et si franches et qu'il serait impossible de retrouver ailleurs? Le type de la cristallerie de Bohême, c'est le grand widercomm en cristal vert représentant un roi la couronne en tête; cet ensemble féodal symbolise la fabrique bohémienne qu offre plus d'intérêt encore au point de vue historique qu'à tout autre point de vue, et qui doit rester dans la tradition, pour conserver une supériorité qu'elle ne saurait disputer à Baccarat ou aux fabriques anglaises. Pourtant il faut citer un service très-original, où la gravure du chiffre se trouve sur un petit écusson en couleur : on dirait un chevalier de l'ancien temps qui porte sur la poitrine son écu aux vives couleurs. Il faut citer aussi de remarquables morceaux de gravure sur verre : un widercomm avec couvercle et sur lequel on voit Marguerite sortant de l'église, est à remarquer pour la finesse de la gravure.

Widercomm aussi dans la grande vitrine d'orfévrerie de Klientach au milieu de surtouts, de bouilloires, de vases décoratifs, remarquez les deux grandes coupes placées à chaque angle ; elles sont en forme de corne et elles reposent sur une tête de renard : leur contenance est d'à peu près deux bouteilles. Lors des santés officielles, il fallait les vider d'un seul trait, l'étiquette l'exigeait ainsi. Dans chaque repas le nombre des santés était réglé par le souverain lui-même et chacun devait s'y soumettre. Lorsque Bassompierre alla servir en volontaire contre les Turcs, il descendit le Danube en bateau ; le soir il s'arrêtait pour dîner dans le château qui se trouvait sur la route, et chaque jour on le rapportait ivre mort dans son bateau, tellement le nombre des santés avait été grand. Tous ceux qui ont voyagé en Allemagne ont constaté le même fait, aussi ne faut-il pas s'étonner de la grandeur et de la forme de ces vases.

Les pipes autrichiennes.

Quant aux pipes, il y en a de deux sortes : les pipes en porcelaine et les pipes en kummer ou écume de mer, les deux se disent. Vous connaissez les pipes en porcelaine : elles se composent d'un long fourneau sur lequel est peinte une gretchen quelconque et qui peut tenir tout un paquet de tabac, puis d'un tuyau très-court en merisier. Dans la brasserie, l'Allemand apprécie beaucoup cette pipe, qui n'a pas besoin d'être bourrée souvent et qui le dispense de toute autre fatigue d'esprit que celle de contempler les ronds faits par la fumée s'envolant dans les airs. Les autres pipes sont les pipes de luxe, avec sculptures et bout d'ambre plus ou moins considérable. Vienne s'est fait une spécialité de cette sorte de pipe fabriquée avec de la *magnésite* qu'on appelle aussi *écume de mer*; le fabricant de pipe kummer a voulu profiter de cette consonnance et se faire passer pour le seul fabricant de ces sortes de pipes. La magnésite qui ser aux pipes finement ciselées vient de Crimée et d'Asie Mineure ; une salle entière est pleine de ces produits, elle aura la visite de tous les fumeurs émérites.

La vitrine des horloges viennoises.

Rien de laid comme ces boîtes longues dans lesquelles on voit les poids et les balanciers en cuivre jaune. Nous sommes loin de la salle pittoresque des horloges de la Forêt Noire qui était un des ornements de l'Exposition de 1867. Ses meubles sculptés méritent plus d'attention ; cette chambre à coucher avec tous ses accessoires est surtout curieuse à voir. Le lit à baldaquin peu élevé, appartient bien à ce pays où les lits ont toujours été aussi larges que longs, et dans lesquels aux jours d'encombrement on pouvait se coucher plusieurs dans tous les sens sans se gêner en rien. Un meuble qui a passé de nos mœurs et qui était fort usité jadis, c'est ce prie-Dieu surmonté d'une peinture religieuse ; parfois la partie supérieure avait des volets qui s'ouvraient et sur chacun desquels se trouvaient des peintures pieuses ; il suffisait d'un meuble de ce genre pour changer une chambre en oratoire. Tout auprès est le vaste pupitre, sur lequel on met le livre, ordinairement la Bible, qui n'était point alors d'un format aussi portatif qu'aujourd'hui. Dans cet ensemble de meubles, il y a un curieux mélange du passé et du présent, du seizième siècle et du dix-neuvième. On sent un pays qui se trouve dans une époque de transition.

Quand on a vu les cristaux, les pipes et les riches meubles en bois incrusté, on connaît les principales curiosités de l'exposition autrichienne. Il faut encore remarquer la décoration de ses salles faite avec des tentures d'une étoffe appelée jute. Il faut donner un coup d'œil à ses savons qui affectent la forme des fruits les plus savoureux, des desserts les plus variés ; les morceaux de fromage de gruyère sont particulièrement à remarquer et ils forment un charmant souvenir de voyage à rapporter à une dame. Les Viennois manient le savon avec tant d'aisance, qu'ils le pétrissent de toutes les façons ; au bout de la galerie, vous pouvez voir un véritable trophée tout en savon, avec une colonne imitant le marbre et un buste placé au-dessus : évidemment le portrait de quelqu'un que l'on veut faire mousser. Tout près de là, et à titre de curiosité, voir la pendule faite tout entière à la scie à rubans. On peut dire de celui qui a exécuté ce travail, et en général de tous ceux qui en ont exécuté de semblables, que s'ils n'y étaient pas forcés par autorité de justice, ils sont inexcusables. Les travaux de patience, ceux qui n'offrent d'autre mérite que la difficulté vaincue se rencontrent surtout chez les peuples enfants comme les Arabes, ou chez les peuples à intelligence peu développée comme les Chinois.

La Hongrie a voulu conserver son autonomie jusque dans l'enceinte du Champ de Mars; elle a fait une exposition séparée qui n'offre rien de bien curieux; quand on a vu ses poteries, ses photographies, les échantillons de ses mines, ses nombreuses bouteilles aux formes capricieuses et son gigantesque tonneau, qui se trouve dans le parc, on la connaît en entier. Si elle attire les visiteurs, c'est par ses musiciens tziganes, qui ne sont pas de vrais Tziganes mais de simples Hongrois, et dont l'art endiablé peut à peine faire oublier le prix très-élevé auquel on vend le vin de Hongrie, dans cette petite auberge, qui est la partie la plus caractéristique de l'exposition hongroise. Quand on en sort, on pourrait croire qu'elle a été mise là tout exprès pour prouver que nos vins sont meilleurs et meilleur marché que les vins de Hongrie : cette leçon vaut bien un fromage sans doute. Dans la galerie des machines se trouvent des spécimens de la carrosserie autrichienne, une colonne toute en cire, et une gigantesque machine pour la préparation et la raffinerie du sucre.

X. RUSSIE.

En Angleterre il faut voir la cristallerie, en Italie les verres de Venise, en Espagne les poteries, en Russie il ne faut pas oublier l'exposition pédagogique, abandonnée ordinairement aux hommes spéciaux. Cet oubli serait d'autant plus injuste qu'on y trouve des objets très-curieux, sans parler des deux moulages en plâtre qui méritent une visite spéciale.

Dès l'entrée vous voyez faire une expérience qui est pour beaucoup un objet d'étonnement; elle prouve qu'il n'est pas de muraille si épaisse qui ne soit traversée par l'air. On vous montre un bloc de ciment de dix centimètres d'épaisseur et à travers lequel l'air passe avec une grande facilité; vous pourrez vous en donner la preuve vous-même en soufflant dans un tube d'un côté du bloc; aussitôt l'air arrivant dans un autre tube, du côté opposé formera des bulles dans un verre d'eau. Un constructeur belge avait fait un défi, il avait prétendu qu'il bâtirait un mur en briques qui serait imperméable; ce mur, de l'épaisseur d'une brique et demie, est traversé tout aussi bien. Le bois aussi est traversé par l'air, mais avec une bien plus grande facilité lorsqu'il est coupé dans le sens des fibres que lorsqu'il est coupé dans l'autre sens. Le Dr Bouchard se trouvant à l'hôpital de Berck-sur-mer, fut témoin d'un fait analogue : en moins d'une heure, il vit les murs traversés par une grosse pluie d'orage. Autre fait scientifique attesté par des cartes qui tapissent le mur : ce sont les analyses de la propriété nutritive des divers aliments; or, de ces tableaux il résulte que la viande bouillie, généralement dédaignée et laissée de côté, est celle qui renferme les plus grandes propriétés nutritives; tandis que les viandes crues et les viandes rôties, souvent ordonnées par les médecins, sont bien inférieures sous ce rapport. C'est une analyse qui mérite contrôle et examen.

La partie purement **pédagogique** de l'exposition russe est là en œuvre aussi complète que possible de l'enseignement par les yeux, le plus recherché aujourd'hui. Pour l'histoire naturelle, voici la représentation de divers animaux aux différentes périodes de leur croissance, : par exemple le ver à soie sous ses trois formes, larve, ver, puis papillon; pour la géométrie, voici tous les corps, non en bois, mais en verre, ce qui permet d'en voir les angles intérieurs. Pour l'ethnographie, voici des poupées représentant le costume et le type des peuples de la Russie et des nations du globe; pour la botanique, voici des feuilles, des plantes de toutes formes, avec les parasites qui leur sont habituels. Ces objets, tous curieux par eux-mêmes, éveillent mieux l'attention de l'écolier et se gravent plus profondément dans sa mémoire que ne pourraient le faire de sèches descriptions ou des définitions techniques.

Si, quittant cette partie un peu spéciale, nous rentrons dans les objets usuels, nous trouvons en première ligne ces vases, ces tables, ces cheminées, ces horloges en **malachite** de Sibérie, marbre dont les reflets verts produisent toujours un si grand effet. Dans la plupart de ces objets, toujours entourés d'une foule d'admirateurs, la matière vaut mieux que la façon, et il n'est pas permis d'avoir aussi mauvais goût que dans la cheminée ornée d'une guirlande de fruits de toutes couleurs; des vases en lapis lazuli se trouvent dans la même vitrine; en Italie on en trouve de bien plus beaux spécimens, tandis qu'il est très-rare de rencontrer des vases en malachite de cette dimension.

L'orfévrerie aussi est à remarquer, surtout celle qui a conservé le cachet byzantin, comme par exemple ce lustre en bronze nickelé d'une forme si originale. C'est aussi le cachet byzantin qui donne du prix aux céramiques russes; les plats concaves reproduisant des mosaïques à fond d'or sont certainement plus curieux que les autres productions de la céramique russe, qui ne brillent ni par la pureté du dessin ni par l'éclat des couleurs. Cette couleur locale fait aussi le principal mérite de ces objets en imitation de laque et couverts de peintures représentant des sujets russes, c'est seulement du papier mâché recouvert d'un vernis; la peinture est très-mauvaise au point de vue de l'art, mais la vivacité du coloris, et la vérité des personnages et des costumes donnent de la valeur à ces porte-monnaie, porte-cigares, plateaux et autres petits meubles du même genre. Les amateurs de curiosités, dans le sens le plus enfantin de ce mot, feront bien de se trouver dans la première partie de la section russe à trois heures de l'après-midi : ils y verront une pendule, dont le **cadran est un tourne-sol**, donner une petite représentation.

Ce tournesol oscille : à certains moments, le long de ses feuilles, grimpe une araignée qui vient y saisir un mouche.

En parcourant la salle des vêtements, en voyant les étoffes fabriquées à Moscou et à Pétersbourg, on se demande tout d'abord ce qu'elles ont de curieux et pourquoi elles figurent dans ces vitrines. On oublie trop qu'une exposition ne renferme pas seulement les productions originales du pays, celles dans lesquelles il excelle ou dont il a le monopole; c'est peut-être ce qui devrait avoir lieu, car les expositions seraient alors plus intéressantes, moins encombrées d'objets auxquels on prête peu d'attention. Aujourd'hui une exposition est pour ainsi dire un tableau synoptique de l'état industriel, moral et commercial de chaque pays. Les nations viennent se dire tour à tour : Voyez quels progrès j'ai accomplis depuis notre dernière entrevue, quels efforts j'ai faits, quelles fabrications jai entreprises pour marcher sur vos traces. Le public y perd peut-être, mais l'industrie et le commerce y gagnent. Nous faisons cette observation au visiteur pour qu'il ne s'étonne pas de trouver tant d'objets médiocrement intéressants pour lui; c'est une industrie qui naît à la vie et qui veut jalonner ses premiers pas.

Toutefois il faut regarder les anciennes **étoffes** de la Russie, ces étoffes simples où un dessin jaune se détache sur un fond rouge ; ce genre d'étoffes se retrouve chez les paysans de toutes les nations : le goût de la campagne serait-il partout le même? il faut voir les vitrines qui renferment les costumes nationaux, costumes de gala, qui ne se mettent qu'aux jours de fête et dont le luxe contraste avec ces étoffes servant à tous les jours. La Russie est un pays oriental : sur ses habits, sur ses chaussures, sur les objets à son usage on retrouve l'or et le galon. Voyez la belle vitrine du Caucase, avec les étoffes brodées et les bijoux merveilleusement ciselés : le premier de ces bijoux est toujours un poignard. Il fallait s'attendre aux malles en cuir de Russie ; ce cuir là du moins est authentique ; puis la vitrine des **fourrures**, où vous verrez une superbe peau de renard bleu, ainsi appelé parce qu'il est noir. Vous y verrez aussi un simple collet en renard noir du prix de 4000 francs.

La galerie des machines contient de curieux spécimens de **voitures russes**. D'abord la voiture appelée *égoïste*, parce qu'elle ne peut contenir qu'une seule personne; puis la voiture usuelle nommée *Drochki* ou *Linüka;* enfin le traîneau, avec le tablier qui le recouvre et l'espèce de fente dans laquelle prend place le cocher. Il y a aussi des voitures islandaises d'une forme élégante et originale. Surtout n'oubliez pas de voir les moulages en plâtre qui sont une des curiosités de cette exposition, non plus que les deux belles vitrines d'orfévrerie placées à côté des grands vases de Malachite; il y a là un vase à punch qui vaut à lui seul une visite.

XI. SUISSE.

Oh! les habiles gens! oh! les adroits metteurs en scène que ces Suisses! M. Halanzier devrait les prendre pour régler les ballets de l'Opéra; et l'on sent bien qu'on a affaire à des hommes qui inventent chaque année une nouvelle montagne pour l'agrément des touristes. Dès qu'on est entré dans la jolie petite salle consacrée à Interlaken, on a tout de suite envie de se commander un châlet, tellement est heureux l'effet de ces marqueteries, de ces parquets, de ces découpures. Ce qui l'est moins, ce sont ces faïences multicolores, malgré les ours et les armoiries qui les décorent. Ce qu'il faut laisser de côté, ce sont ces sculptures sur bois, avec l'éternel chamois qui en est l'accompagnement obligé. Le voyageur qui a parcouru la Suisse, en rapporte comme souvenir; il en fait cadeau à un ami qui l'enferme au fond d'un placard, et tout est dit, mais, règle générale, le chamois n'est bon que mariné.

Trois grandes salles dans l'exposition suisse. Celle de Genève, avec sa bijouterie trop vantée, et son horlogerie à laquelle les machines inventées par les américains vont faire une rude concurrence. Celle des cotonnades et celle des soies; le bon marché de la main-d'œuvre a fait construire de nombreux métiers sur le lac de Zurich. Mais de là à détrôner la fabrique Lyonnaise, il y a loin.

La merveille, c'est la salle des **Broderies**, qui est un chef-d'œuvre de goût et d'arrangement; broderies au plafond en guise de vélum, broderies le long des murs, appliquées sur un fond bleu qui fait ressortir le dessin; broderies dans les cinq pavillons qui se dressent au milieu de la salle, toutes plus riches les unes que les autres. La salle est grande, mais elle sera trop petite pour le nombre des visiteurs, et il faudra prendre un numéro comme pour les tramways. Les jolies curieuses qui se pressent devant ces vitrines se rappelleront tout le mal qu'elles se sont donné pour introduire en France une paire de ces rideaux, objets de leur convoitise. Quand elles avaient supputé l'argent, les soucis, les embarras que leur acquisition leur avait coûtés, elles trouvaient qu'elles auraient eu meilleur compte de faire emplette chez le marchand voisin. Mais c'était le fruit défendu, c'est-à-dire ce qu'il y a de plus doux et de plus agréable au monde, « quel dommage que ce ne soit pas un péché! » disait une duchesse en savourant un verre d'eau dont elle avait envie depuis une heure. N'oublions pas les coffre-forts de Bauer, les poêles en faïence de Badnut et Biber; celui qui a une glace imite une cheminée à s'y méprendre. Comment la Suisse, qui est le pays le plus avancé au point de vue de l'instruction primaire n'a-t-elle pas envoyé quelque modèle de ses écoles. Dans ce pays, les bergères qui gardent leurs vaches durant six mois de l'année au sommet des montagnes, savent lire et écrire d'une façon qu'envieraient beaucoup de nos jeunes filles. Dans la partie réservée aux arts libéraux, on remarquera une carte du Saint-Gothard et du tunnel qui doit le traverser; des échantillons qui feront la joie des minéralogistes; et enfin une réduction de la fameuse nécropole imaginée à Genève. On sait que d'après ce système, les individus enterrés doivent garder dans la main, pendant plusieurs jours, une sonnette électrique, qui doit prévenir le gardien dans le cas où il reviendraient à la vie. Les africains ont inventé un moyen plus pratique : ils mettent le corps dans une fourmilière et il n'est pas de catalepsie qui résiste à la morsure de quelques milliers d'insectes, parfois l'individu est dévoré entièrement avant d'avoir eu le temps de se réveiller : dans ce cas, il ne court pas risque d'être enterré vivant.

Dans la galerie des **Machines**, la Suisse en a une d'un genre particulier, celle qui sert à gravir les pentes du Righi. A quand celle qui montera sur le Mont-Blanc. Il faut voir aussi celle qui fabrique aujourd'hui les broderies de Saint-Gall; à vous, mesdames, à décider si l'ouvrage est fait aussi délicatement qu'à la main.

Dans la galerie des produits alimentaires, la Suisse occupe une assez large place, d'abord par ses cigares, qui sont très-mauvais, et qui n'avaient d'acheteurs que ceux qui voulaient se procurer le plaisir de les passer en contrebande : laissez-les entrer librement en France, et vous n'en vendrez pas un. Puis les liqueurs qu'elle fabrique avec les herbes aromatiques qui chargent ses montagnes. Sa dernière création est un bitter, qu'une jeune suissesse, en costume bernois, vous débite dans un kiosque élégant. Si vous lui demandez quel est le prix du petit verre que vous venez de boire, elle vous répondra que ce n'est rien : il lui est défendu de demander le paiement, mais non d'accepter les offrandes, un tronc placé à côté est là qui en témoigne. Si vous voulez une dégustation entièrement gratuite, allez au Guatemala, dans la même galerie, de 2 à 4 on vous servira des tasses d'un café excellent, et la personne qui vous l'offre ne peut même recevoir de pourboire. C'est le seul exemple de dégustation dans toute l'enceinte du Champ de Mars, et encore nous vient-il du fond de l'Amérique centrale : on voit bien que ces gens ne sont pas civilisés ! Enfin du lait sous toutes les formes, lait concentré, lait féculent, lait... oui, mais le fromage ? comment pas de fromage dans l'exposition suisse ? attendez, il y en a, mais on l'a placé au fond d'une cave. O honte ! Les suisses qui rougissent du fromage; autant vaudrait rougir de Guillaume Tell ! il est vrai que Guillaume Tell n'a peut-être jamais existé, et que plusieurs historiens suisses commencent eux-mêmes à le soutenir.

XII. BELGIQUE.

C'est presque nous promener en France que de nous promener en Belgique et à chaque pas nous nous croyons sur le boulevard en nous arrêtant devant ces vitrines si richement décorées. Toutefois, ce pays a conservé son cachet de production originale ; je n'en veux pour preuve que cette magnifique chaire en bois sculpté, qui rappelle tant d'œuvres du même genre qu'on trouve dans les églises de Bruxelles, d'Anvers, de Louvain et autres. Il y a là surtout des stalles de chœur qui font l'admiration des voyageurs et la fortune des églises qui les possèdent. Cette manière de battre monnaie avec un chef-d'œuvre artistique n'est pas nouvelle ; au XVI° siècle, l'église des Dominicains de Francfort s'enrichit avec un tableau d'Albert Durer, *l'Assomption*, et quand elle le vendit à Maximilien, elle fit entrer en ligne de compte les sommes considérables que lui apportait l'affluence des curieux. L'industrie belge, qui est très-pratique, ne travaille pas seulement pour les églises, elle consacre aussi son art à orner les appartements. Il faut voir la boiserie de l'escalier du comte de Flandre ; il faut voir le salon exposé par la maison Pahlmon ainsi que les belles marqueteries qui les accompagnent, pour apprécier tout ce dont elle est capable dans ce genre. C'est que la Belgique est sincèrement artiste, et les vieux levains de l'art flamand y ont déposé des germes féconds. Pour vous en convaincre, regardez la **céramique**, qui occupe une large place dans cette exposition, et qui se distingue de toutes celles qu'on rencontre dans le Champ de Mars, car aujourd'hui il n'est pas de pays qui n'en produise. Il y a des faïences plus harmonieuses de couleur, plus heureuses de forme que les faïences belges, mais ce qui les distingue, c'est leur caractère essentiellement artistique ; c'est que la plupart sont consacrées à reproduire les grandes œuvres de la peinture flamande. Regardez en passant ces belles cheminées faites avec les marbres dont le pavillon belge offre de si heureux spécimens. Regardez aussi ces magnifiques glaces qui ne dépareraient point un appartement royal ; ces bronzes d'art et ces vitraux, ces belles tapisseries fabriquées à Ingelmunster, dont le siége en 1580 est représenté sur la plus grande ; regardons aussi celles qui se fabriquent à Malines et ces robustes guerriers, l'arquebuse en main, semblent des portraits détachés de la galerie de Walter Scott. Je n'ai pas besoin, mesdames, de vous recommander les vitrines consacrées aux **dentelles**, votre goût inné des belles choses vous y portera. La tradition de cette élégante industrie s'est conservée dans ce pays, qui en est pour ainsi dire le berceau qui l'a enseigné à l'Allemagne et à l'Angleterre, qui enfin l'a chanté par la bouche d'un de ses poëtes : « Parmi les arts il en est un qui surpasse tous les autres, dit Jacques van Eyck, celui d'enlacer les fils par l'étrange pouvoir de la main, et de former un réseau que l'industrieuse araignée ne pourrait égaler, que Minerve elle même devrait avouer n'avoir jamais connu». Les dentelles qui se trouvent au Champ de Mars, ne font pas mentir cet éloge. Pour se rendre compte du soin apporté à fabriquer la dentelle de Bruxelles, et en même temps de sa valeur et de son prix, il faut savoir que le fil destiné à sa fabrication est un fil tout spécial et qui ne s'obtient qu'à la suite d'opérations successives, toutes plus délicates les unes que les autres. Le filage se pratique dans les caves, un air sec rendrait le fil cassant; ce fil est si fin, que l'œil a peine à le voir, c'est le toucher qui en le plus sûr guide; pour faire disparaître les inégalités, pour y arriver, on place ce fil retenu sur un morceau d'étoffe noire, de manière à en faire ressortir la blancheur, et on ne laisse pénétrer dans l'atelier qu'un rayon de lumière qui tombe d'aplomb sur la quenouille. Ce fil obtenu au prix de tant de peine, et que les machines les plus industrieuses ne sauraient fournir, coûte jusqu'à 25 mille francs le kilogramme. On comprend qu'il ne soit pas donné à tout le monde d'aller à Corinthe. Mais on peut parcourir au moins cette salle de la dentelle, qui méritait bien un temple à elle seule, Vous y verrez de bien belles choses, mais pour voir tout de suite ce qu'il y a de plus beau, courez à la vitrine du milieu, et admirez cette pointe de Flandres et ces deux volants de Bruxelles. Il faudrait pour l'accompagner, ce joli éventail, sur lequel la dentelle se substituant à la peinture, a représenté un parc avec tous ses détails; on y voit même deux amoureux qui se balancent. La dentelle, on la met partout; regardez, dans cette vitrine de chaussures, elle recouvre une paire de bottines commandées par la princesse de Metternich. On ne nous dit pas le nom de celui qui a fait emplette de cette paire de bottes en écailles de poissons : 2,500 francs, c'est pour rien !

Nous admirons moins les objets en bois de Spa, qui sont recouverts d'une peinture à laquelle plusieurs couches de vernis donnent un certain éclat. D'abord ces couches de vernis ne tardent pas à s'écailler, ce qui produit un effet déplorable; puis ces objets divers ne sont guère que des enfantillages, dans le genre des châlets qu'on rapporte de Suisse, ou des coquillages dont on charge sa malle en revenant du bord de la mer. Quand ces objets perdent cette forme de curiosité sans conséquence, ils sont ordinairement du plus mauvais goût, témoins ces miroirs encadrés de peinture qui sont du plus déplorable effet. On s'empresse de fuir, en répétant le mot du marquis de Bievre, qui sentant la mort le saisir dans la ville de Spa où il s'était réfugié, exhala son âme dans un dernier calembour, et dit à ceux qui l'entouraient : « Mes amis, je m'en vais de Spa». Ce qui est merveilleux par exemple, ce sont les ouvrages en bois sculpté qu'on trouve dans cette exposition, meubles aussi bien que panneaux de boiseries ; il y a un salon et un cabinet à faire rêver plus d'un amateur ; quant à la boiserie de l'escalier du comte de Flandres, elle est au-dessus de tout éloge.

Dans la partie de la galerie des **machines** réservée à l'industrie belge, plusieurs choses intéressantes à voir. D'abord de beaux spécimens de marbre, semblables à ceux qui figurent dans la façade ; puis tout un matériel de chemin de fer ; parmi les wagons exposés, il en est un d'une disposition toute nouvelle, et qui semble très-pratique ; il se compose d'un compartiment de première classe, d'un compartiment de seconde classe, d'un petit fourgon à bagages et d'une machine, le tout formant un seul wagon. Pour les petits transports de banlieue, pour les transbordements, pour les chemins de ceinture où les voyageurs sont très-nombreux, ce système est commode et économique ; il n'est pas besoin de chauffer une locomotive de grande dimension et de faire une grosse dépense de combustible ; cette machine minuscule suffit et on peut au besoin atteler un second wagon derrière le premier. Voir contre la muraille un rail d'un seul morceau et d'une longueur de 55 mètres ; le même se trouve tout auprès roulé en spirale, on n'en fait pas tous les jours de cette longueur. Ce rail a été fabriqué dans les usines de Seraing, dirigées par M. Cocheril, et dont la machine qui se trouve tout à côté mérite une visite particulière ; elle est construite de telle sorte qu'on peut renverser la vapeur et faire tourner immédiatement le piston dans le sens opposé sans la moindre hésitation, sans la moindre secousse. N'oubliez pas d'assister à cette curieuse expérience. Enfin de l'autre côté de la galerie un modèle de wagon appartenant au grand central belge est remarquable pour son luxe et son confortable. Le velours rouge employé à sa décoration intérieure a quelque chose de plus riche que les étoffes grises en usage chez nous. Dernière remarque à propos de ces wagons, à propos du Sleeping-car qu'on voit tout à côté et qui est semblable à ceux qui circulent sur nos voies ferrées, à propos enfin de tous les wagons de luxe qui sont répandus dans diverses expositions ; on s'occupe bien d'augmenter le confort des voyageurs qui en avaient déjà un peu, mais on ne s'occupe pas d'en donner à ceux qui n'en avaient pas du tout ; ainsi les troisièmes classes restent toujours et partout les mêmes. Dans le wagon du grand central belge, on chauffe les wagons à l'aide de tubes remplis de vapeur que fournit la machine ; on peut voir les détails de ce système qui fonctionne régulièrement.

Avant de quitter la Belgique, n'oublions pas de faire une visite au cabinet du prince royal, faisant le pendant des appartements du prince de Galle dans la section anglaise. Ce salon, avec ses vitraux, ses meubles et sa cheminée en bois sculpté, ses vieilles tapisseries de Flandres sera vivement apprécié par les amateurs. En le quittant ils pourront voir les deux éventails mécaniques qui sont mus par un ressort de pendule et dont l'un d'eux est accompagné d'une boîte à musique. C'est plutôt un jouet de fantaisie qu'autre chose, et ces éventails ne pourront remplacer le pankha qui fonctionne dans l'Inde.

Signalons un porte-civière, qui semble un perfectionnement appréciable : la civière est placée sur deux roues, ce qui doit faciliter le transport, puis aussi une locomobile pour porter les bains à domicile; l'eau chauffe tout le long de la route et n'arrive point refroidie au baigneur, plusieurs appareils contre l'incendie; dans le parc, des marbres et des machines à forer; puis de l'autre côté une grande annexe consacrée à l'agriculture et à l'instruction publique.

XIII. GRÈCE.

Une mince bande décorée avec goût contient l'exposition de la Grèce. Chez elle, les productions naturelles sont les principales et l'industrie n'y a pas encore étendu les grands bras de ses machines. Les tapis que vous voyez contre la muraille sont faits à la main; les tisser sert d'occupation dans les familles, on y met de longs jours, le prix en est peu rémunérateur, mais la routine est là avec ses aveuglements et ses inconséquences. Le jour où la machine viendra remplacer le travail humain, les indigènes se plaindront et crieront qu'on veut les réduire à la misère. Ils ne réfléchiront pas qu'ils ont sous la main une terre merveilleusement fertile dont ils négligent les présents. Ils fabriquent d'une façon déplorable l'huile que la nature leur fournit si abondamment.

Ils pourraient faire un vin délicieux, et leur meilleur, celui de **Santorin**, dont les bouteilles sont présentes au Champ de Mars, n'est pas fameux; le vin ordinaire qu'ils tirent de leurs raisins est un gros vin exporté en Allemagne. Il faudra que les Anglais viennent s'établir dans le Péloponèse, comme ils ont fait en Sicile, où ils fabriquent le Marsala qui remplace le madère, qui usurpe son renom sur toute l'étendue du globe, y compris l'enceinte du Champ de Mars.

Leur récolte la plus productive, parce qu'elle est la plus facile, est celle des raisins de Corinthe, qu'il suffit de ramasser et de laisser sécher ; la Grèce en exporte pour cinquante millions par an. Si cette production venait à cesser que deviendrait le pudding des Anglais?

La partie principale de l'exposition consiste en spécimens de bois et en fragments de marbres. C'est peu pour la patrie de Périclès et de Phidias. Ah ! si, il y a aussi une exposition d'eaux minérales : l'eau minérale des Thermopyles. O Léonidas ! quelle profanation !

Un intérêt incontestable s'attachera aux photographies des objets trouvés dans les récentes fouilles.

Ce qui plaira aussi, c'est l'**escalier** qui mène au bureau du commissariat : il est des plus simples, mais deux sphinx accroupis suffiront à lui ôter le cachet de vulgarité et à lui donner un aspect artistique. Comment nos architectes n'ont-ils pas plus souvent de ces idées si naturelles et si heureuses ?

XIV. DANEMARK.

La Grèce et le Danemark sont réunis dans une même travée sans aucune séparation apparente ; on a sans doute voulu faire contraster le nord avec le midi, la lumière éclatante du cap de Sunium avec les brouillards de Copenhague. Tout d'abord cette distinction n'est pas si tranchée entre les deux pays ; on aperçoit des vases étrusques, des poteries élégantes de forme et revêtues de couleurs brillantes ; on se pâme d'aise et on commence une longue dissertation sur la transmission du génie national et sur la fidélité avec laquelle les Grecs modernes ont conservé cet art du pôtier chanté par Homère. Hélas ! on en est pour ses frais d'enthousiasme. Cette exposition n'appartient pas à la Grèce, mais au Danemark, qui fabrique aujourd'hui ce que les Grecs fabriquaient il y a trois mille ans. Tout mortifié par cette déconvenue, on n'ose plus avancer qu'avec timidité ; on ne sait pas où a été fabriquée cette orfévrerie qui livre plusieurs pièces curieuses à l'admiration des visiteurs ; on n'est pas certain que l'ours blanc dont on voit la magnifique fourrure n'ait pas fréquenté les portiques de l'Académie au lieu des rivages de la Scanie ; on se demande si les points de cette belle tapisserie, représentant une fête nationale, n'ont point été faits avec l'aiguille qui a servi à Hélène pour broder le voile de Minerve. Mais bientôt on reprend la certitude qu'on est dans le nord, en voyant ces tentures et ces papiers travaillés qui imitent le cuir gauffré, en Grèce, les murailles sont revêtues d'élégantes peintures ; puis en apercevant ces habits chaudement fourrés, ces souliers aux semelles de bois, ces engins de chasse et de pêche, ces instruments qui dénotent une nation plus travailleuse et plus industrieuse que ne l'a jamais été celle de la Grèce.

XV. AMÉRIQUE DU CENTRE ET DU SUD.

Les États qui composent le syndicat américain sont rangés dans l'ordre suivant, à partir de la façade commune :

République argentine, Pérou,   Haïti, Uruguay, Montevideo, Guatemala, Salvador, Bolivie, Nicaragua, Vénézuela.

République argentine

Des oiseaux empaillés, des peaux, des viandes conservées, voilà tout ce que peut envoyer cet État où la civilisation ne fait que commencer, mais qui pourtant a des photographes, des libraires, et qui envoie à l'Exposition un curieux escalier de bois de cèdre. Ah ! s'il avait pu exposer ses vastes pampas, avec ses **ranchos,** ses nuages de sauterelles, ses tempêtes de sable, ses milliers de chevaux et de bœufs, ses **gauchos** à cheval, en un mot toute sa vie pittoresque et primitive, il n'aurait pas manqué de visiteurs. Malheureusement il n'a pu transporter tout cela.

Pérou.

Voilà un monument dans le style des Incas, spécialement recommandé à ceux qui aiment la couleur locale : ces portes, dont les montants vont en se rétrécissant et qu'on a copiées sur celles du temple de Huanuco Viejo, ces caractères étranges sur les murs, tout nous avertit que nous sommes sur le territoire péruvien. Primitivement deux indigènes en costume national se trouvaient à l'entrée. Ils ont été transportés dans la première salle du deuxième groupe, et ils font partie de la collection des missions scientifiques françaises.

A leur défaut, dans les niches pratiquées de chaque côté de la porte d'entrée, et imitées d'un palais de Cuzco, on voit deux mannequins. Le premier est celui d'une señora de Lima, dans le costume qu'elle porte pour sortir ou aller à la messe ; au-dessus de sa tête, deux tableaux représentent les types des Indiens, premiers habitants du pays. Le second mannequin est aussi la représentation d'une femme de Lima, mais d'une femme d'espèce particulière, de celles que Dumas a célébrées dans son *Demi-Monde* ; la figure à moitié voilée par sa mantille, elle n'en laisse apparaître qu'une partie ; est-ce pour voir ou pour être vue ? est-ce par un reste de pudeur ou pour irriter davantage la curiosité ? Un tableau, placé au-dessus, représente la même scène avec plus de vérité encore que le mannequin. En pénétrant dans la salle, on voit appendus au mur des paysages rapportés par M. Wiéner de sa mission au Pérou et qui frappent par leur étrangeté.

Le premier, à droite, est le grand chemin des Incas qui conduisait au Chili ; ces chaussées, bordées de pierres gigantesques ou de monuments cyclopéens, se retrouvent dans plusieurs pays : en Islande, il y a la chaussée des Géants, bordée de roches basaltiques ; Francis Garnier a trouvé dans les ruines d'Angkor une magnifique avenue formée par deux lignes parallèles de sculptures colossales; dans les ruines de Thèbes, on a retrouvé les restes de l'avenue des Sphynx. Deux autres tableaux représentent des forteresses; le quatrième montre un grand temple.

Dans les vitrines s'étalent divers objets curieux. Voici d'abord le jus de la canne en sucre brut, puis en sucre cristallisé, en alcool et en rhum. Une autre vitrine est entièrement consacrée au **guano**, qui s'étale dans des bocaux de verre de la façon la plus engageante. C'est très-bien de parer ainsi la marchandise; mais voici quelque chose de plus ingénieux encore : ces bocaux de guano entourent un rocher habité par les oiseaux qui fabriquent cet engrais. Ce n'était point là la place de cette exposition; il fallait la placer dans la galerie du travail, et donner aux oiseaux le mécanisme ingénieux que Vaucanson avait mis dans le ventre de son canard : de cette façon on eût assisté à tous les secrets de la fabrication du guano. Si on ne l'a pas fait, c'est par crainte de contrefaçon. Le long des murs, regardez les étoffes d'alpaga, si douces au toucher; regardez les tapis faits avec la peau et la fourrure du lama, bien autrement moelleux. C'est à eux que Théocrite eût appliqué son épithète si bien trouvée : **Tapis plus doux que le sommeil**. L'orfévrerie consiste surtout en filigrane, qui semble être la force primitive des bijoux et ornements précieux; beaucoup de vieilles poteries; et enfin, tout près de la porte, un siége en pierre de forme curieuse, trouvé dans le palais des Incas.

République d'Haïti.

Pays de production alimentaire surtout, pays riche en cafés et en cacaos, Haïti a voulu prouver qu'il était riche aussi en essences forestières, en bois de teinture et d'ébénisterie. A côté de ses variétés nombreuses de cafés renommés pour leur arome, à côté de ses condiments, de ses légumes, de ses fruits pleins d'une saveur tropicale, il expose aussi des bois de mancenillier, d'acajou, de chêne, de latanier. Peu d'ouvrages industriels, sauf quelques paniers, des hamacs et des terres cuites, mais abondance de biens naturels; ce doit être une île heureuse où il n'y a qu'à récolter.

Uruguay.

Que voulez-vous trouver dans un pays divisé entre un petit nombre d'individus qui ont des propriétés aussi grandes qu'un de nos départements, dans lesquelles ils entretiennent les moutons par cent mille ? Des nattes, des chapeaux, de la laine, du tabac, des viandes sous toutes les formes : viandes qui ont pris la forme du bouillon Liébig, viandes conservées par la cuisson, viandes salées; enfin, viandes crues qui arrivent fraîches et toutes prêtes à être mangeés, sans le secours d'aucun frigorifique. On peut les voir dans des bocaux de verre, à travers lesquels on aperçoit la viande fraîche avec la graisse et le sang encore liquide. Si vous tenez absolument aux produits de l'industrie, vous trouverez des photographies; il n'est pas d'endroit si barbare où l'objectif n'ait pas pénétré, et le photographe est le véritable pionnier de la civilisation; puis de la dentelle au crochet : témoin ce magnifique hamac, tout entier brodé à la main, et qui a demandé plus de trois mois de travail. En somme, l'Uruguay est un pays fertile et excellent, auquel il ne manque que des habitants.

Vénézuéla.

Peu de chose à signaler dans l'exposition microscopique du Vénézuéla, qui emprunte une partie de la salle réservée au Mexique. Néanmoins on y trouve des chapeaux et des broderies faites avec des feuilles de *Sen*, qui imitent la paille la plus fine d'Italie; ces produits seront certainement recherchés pour leur curiosité. Après cela, il n'y a à mentionner que des cigares, du cacao et du café. Une chose est à remarquer, c'est que dans tous ces pays qui produisent le cacao, qui nous ont révélé le chocolat, on ne le fabrique plus, on le fait venir d'Europe. Que diraient les Incas si on leur présentait ce breuvage dans lequel il entre de la fécule, du gypse; tout, en un mot, hormis du cacao, et que vendent de grands industriels qui sont honorés par leurs compatriotes qu'ils empoisonnent et qu'ils volent? Quant au café, les habitants de ces pays sont bien obligés de le préparer pour nous l'envoyer. Voici quelles opérations successives subit ce petit grain dans les *fazenda*, nom donné aux plantations de café. Le café, cueilli par des armées de nègres, de négresses et de négrillons, est déposé en petits tas sur des séchoirs en bitume, puis étendu en couches minces et exposé quelques jours au soleil; il est ensuite mouillé, puis remis au séchoir, ce qui fait éclater son écorce; enfin il est vanné et séparé de tout mélange. Alors commence l'opération la plus longue et la plus difficile, réservée aux vieilles négresses; celle de trier à la main tous les grains, qui sont répartis en diverses catégories, suivant leur qualité. Vénus avait imposé à Psyché une tâche moins longue et moins difficile. Ainsi trié, le café est pesé, étiqueté, mis dans des doubles sacs de forte toile anglaise et de cuir, destinés à le préserver de toute humidité. Où va-t-il ensuite? On ne saurait trop le dire, car on n'en trouve guère chez nos marchands de café.

Nicaragua.

L'exposition de ce pays pourrait prendre pour devise le vers d'Alfred de Musset.

Mon verre n'est pas grand, mais je bois dans mon verre.

Elle n'est pas considérable, mais tout y est à voir; tout y est exotique; nous ne trouvons là aucun des objets qui frappent chaque jour nos yeux, et de tous les éléments qui concourent à former cette cabane, il n'est pas un seul qui ne soit venu de l'Amérique équatoriale; sauf les clous pourtant; mais on ne les voit pas, ce qui leur fait jouer le rôle de ces ficelles dramatiques dont on ne doit pas soupçonner l'existence. Or donc, quand vous verrez sur votre route cette cabane recouverte de chaume et construite en tiges de bambou, entrez-y sans hésiter; vous ne manquerez pas de curiosités. Et d'abord, ces épaisses et solides tiges de bambou, qu'on prendrait volontiers pour un de nos platanes; elles sont creusées avec une régularité que la main de l'ouvrier ne surpasserait pas. En enlevant les nœuds qui les remplissent de distance en distance, on obtient des tuyaux économiques. Votre première visite doit être pour le cacao, qui trône en dominateur dans cette exposition. Dans des bocaux placés en évidence, vous apercevez des fruits assez semblables à de petits pruneaux; ce sont les noyaux du cacaoyer. Ils viennent sur l'arbre, renfermés dans ces fruits que vous voyez tout auprès, et qui ont la grosseur et la forme d'un ananas allongé. On les a recouverts de cire pour le voyage; mais vous pouvez voir leur couleur véritable dans le bocal voisin, qui en contient de conservés dans l'esprit-de-vin. Lorsque les Espagnols abordèrent dans les Indes, ils trouvèrent cet arbre si estimé que ses fruits y servaient de monnaie, chose qui avait lieu également dans le Pérou pour la feuille de la cora, dont la pharmacie contemporaine fait un si grand usage. Le breuvage fait avec le fruit du cacaoyer plut tout d'abord aux conquérants, malgré son amertume singulière; ceux-ci l'importèrent en Europe, où il obtint un tel succès, que pour ne pas interrompre l'usage où l'on était d'en prendre chaque matin, on déclara qu'il n'interrompait pas le jeûne : les lois sont toujours l'expression du goût et de la préférence de la majorité.

Si vous levez les yeux vers les murs de ce salon microscopique, vous les verrez tapissés de nattes faites avec une paille dont les spécimens sont à vos pieds, et qui sert à confectionner les chapeaux indigènes. Vous demandez d'où sortent les hamacs qui se balancent dans les airs, ou bien les sacs contenant les diverses graines produites par la flore nicaraguaire; votre curiosité peut être aisément satisfaite. Là-bas, dans ce coin, se trouve une touffe de feuilles d'aloès, laquelle fournit la matière textile un peu rude que vous voyez tout à côté. Je ne vous conseillerais pas d'en faire des chemises, à moins que vous ne soyez animé de cet esprit de pénitence qui poussait les dévots du moyen âge à se mettre un cilice sur la peau, auquel cas vous ne sauriez mieux rencontrer. Si nous faisions un inventaire, nous y comprendrions ces écailles de crocodile; ce coton de l'arbre appelé *Seïba*, et dont on ne se sert jusqu'à présent que pour fabriquer des oreillers; ce bois de saponaire qui a des propriétés si curieuses; cette liane gigantesque, une des plus grandes de celles qu'on ait encore vues; on la croirait composée de plusieurs cordages roulés emsemble; elle est un produit naturel du pays; elle s'attache aux branches des arbres et elle sert à faire des ponts tout à fait primitifs. Quelle doit être la taille et la force des arbres pour lesquels de telles masses ne sont que des accessoires et des ornements? Une curieuse collection de poupées faites dans le pays reproduit les costumes et les types indigènes : marchands de poissons, porteurs d'eau, marchands de toiles cirées, etc. Vous aurez à peine épuisé cette liste de curiosités, lorsque vous aurez passé en revue les premières monnaies introduites par les Espagnols, les fruits sculptés, les idoles et les vieilles poteries; car le Nicaragua commence, lui aussi, à faire des fouilles et à en extraire de vieux monceaux de pots cassés qu'il expose à l'admiration des connaisseurs : n'est-ce pas un signe bien évident de civilisation ?

XVI. AFRIQUE ET ORIENT.

Tunis.

Des nattes, des tapis aux vives couleurs, des étoffes brochées d'or, des babouches, des yatagans, des meubles de pacotille aussi historiés qu'incommodes et qui de loin peuvent produire un certain effet, des divans, des tables de bois durs, des flamants empaillés, des poteries, des étagères, des houka, des nargilé, des pipes, des croissants, du clinquant, de la dorure et des petits morceaux de glace. Voilà l'exposition de Tunis, qui ressemble plus à un bazar qu'à autre chose. Les bateleurs qui exercent un peu partout, voire même de l'autre côté du pont d'Iéna, ont déconsidéré l'Orient et nous ont fait croire que tout ce qui sort de ce pays était pacotille. C'est leur souvenir qui empêche de prendre au sérieux ce petit pavillon, arrangé pourtant avec beaucoup de goût et de pittoresque. Depuis Mangin, on ne croit plus aux marchands de crayons!

Perse.

Sa salle n'est pas grande, mais curieuse à visiter. Il y a d'abord des tapis de Perse; qu'y aurait il donc, s'il n'y avait pas cela? Les dames jetteront toutes un regard d'envie sur un meuble brodé à l'aiguille, qui pour l'originalité n'a pas son pendant au Champ de Mars. Il faut aussi remarquer les boîtes en mosaïque, les objets en bois sculpté, et surtout les remarquables travaux sur métaux : acier damasquiné, cuivre découpé à jour, cuivre argenté ; le métal a été dentelé aussi facilement qu'une feuille de papier l'est par l'emporte-pièce. Dans des flacons de forme curieuse, des vins de Schiraz, qu'on devrait bien faire goûter aux visiteurs ; puis, contre la muraille, des armes damasquinées, souvenir d'une industrie autrefois très-florissante en Orient, et que les progrès de la science moderne ont fait disparaître peu à peu.

Annam.

Au premier moment on se croirait en Chine, tellement les quelques objets exposés dans cette salle ont un air de ressemblance avec les objets chinois. Mais ce n'est là qu'un air de famille ; il y a certainement des meubles incrustés, des travaux sur ivoire, mais dans lesquels on ne retrouve pas l'habileté et le goût des habitants du Céleste-Empire. Le grotesque règne en souverain. Après avoir vu tant de merveilles en Chine et au Japon, les visiteurs ne remarquent que deux choses : des éventails qu'on croirait en plumes de poulet, et les ongles des Annamites préposés à la garde de la salle. Évidemment ces gens ne sont pas de hauts dignitaires : sans cela l'ongle de leur petit doigt atteindrait 25 centimètres, tandis qu'il n'en a que 5.

Siam.

N'oubliez pas de donner un coup d'œil à la salle de Siam ; elle a plusieurs objets dignes d'attention. D'abord le grand lit en laque rouge, qui devrait tenter une élégante, ne fût-ce que parce qu'il ne ressemble pas à tous les autres. Puis les instruments de musique : il est à regretter qu'on ne donne pas un concert où figureraient tous ces instruments ; les auditeurs accourraient en foule. Puis, sans parler des étoffes, des incrustations qui ressemblent plus ou moins aux autres productions orientales, regardez ces figures grimaçantes qui figurent dans une vitrine : vous les prendriez pour des idoles ; ce sont des masques qui servent aux acteurs jouant le drame et la comédie. Rapprochez-les des masques qui figuraient sur le théâtre d'Athènes et de Rome, puis comparez les deux civilisations.

XVII. PETITS ÉTATS EUROPÉENS.

Luxembourg.

La bonne volonté a son prix, et il faut savoir la réconnaître et la récompenser. L'exposition de ce petit État ressemble fort à sa configuration géographique : une mince bande de terrain qui s'étend au milieu d'États plus importants ; il ne faut ni beaucoup de temps, ni beaucoup de peine pour la parcourir : de la parfumerie, des liqueurs, de la bière, une poterie originale de forme et de couleur, un assortiment de jardinières métalliques, voici ce qui forme à peu près toute l'exposition de cet État à moitié français. La partie la plus développée est celle qui touche aux écoles ; sur des pupitres ingénieusement installés, on voit des cahiers de devoirs très-propres et très-soignés. Évidemment ils ont été choisis pour les besoins de la cause, entre beaucoup d'autres moins parfaits. En les voyant, on se souvient de ce philosophe de l'antiquité auquel on montrait tous les ex-voto déposés dans le temple de Diane par les marins échappés au naufrage : « Oui-dà, fit-il, je vois bien tous ceux qui se sont sauvés, mais je ne vois pas tous ceux qui ont péri ! »

La République d'Andorre.

Voilà un pays qui ne se sera pas ruiné en frais de transport, et on n'aura pas dû lui demander un supplément pour étayer les ponts de chemin de fer sur le passage de ses colis. A l'entrée de la salle minuscule qui renferme ses produits, deux mannequins, un homme et une femme revêtus du costume indigène, montent la garde avec un sérieux qui prévient en leur faveur. C'est qu'ils sont importants les objets confiés à leur surveillance ! Le principal est la constitution de la République. Heureuse nation ! elle n'a eu encore qu'une constitution, lorsque tant d'autres en sont déjà à ne plus compter les leurs. Elle est bien accompagnée, cette constitution ; d'un côté des saucissons, de l'autre un **vin généreux**, selon l'appréciation du propriétaire lui-même ; tout autour des paquets de tabac. Mais gardez-vous d'y toucher ! Un avis prévient le public que plusieurs paquets ayant été volés, on a empoisonné ceux qui restaient, pour les préserver du même sort. Après tout, c'est un système comme un autre : on commence par empoisonner les voleurs pour ne pas avoir à les emprisonner. Si le Code pénal de la République est tout entier de cette force, les juges ne doivent pas être surchargés de besogne.

XVIII. PORTUGAL.

La décoration architecturale entre pour une grande part dans l'exposition portugaise, et, contrairement à ce qui a eu lieu chez les autres nations, qui se sont contentées d'une simple façade, elle se prolonge à l'intérieur (nous l'avons dit au chapitre *Architecture*) par des arcades où sont reproduites les principales sculptures du cloître de Belem. Des **photographies** nombreuses et détaillées, placées dans la première salle, permettent de juger de l'exactitude de cette reproduction; elles offrent des vues très-intéressantes de ce couvent, qui est devenu une maison d'éducation dans laquelle on élève des jeunes filles. Ce couvent est un spécimen de l'ancienne architecture portugaise; c'est un des rares monuments qu'épargna le tremblement de terre du siècle dernier : une pierre seule de la voûte tomba : c'est pour cela qu'il est doublement précieux comme souvenir historique. Il faut voir également les photographies représentant le couvent gothique de Bataille (Batalha), qui est resté inachevé, mais offre un très-beau modèle d'architecture. D'ailleurs toutes les photographies exposées dans cette salle sont intéressantes à examiner. Les plus pures, les plus belles, sont l'œuvre d'un amateur qui a cette noble passion, M. Carlos Relvas; d'autres sont consacrées à l'université de Coimbre, à ses monuments, à ses recteurs qui ont un si curieux costume; d'autres donnent des spécimens de cette magnifique race de taureaux qu'on fait combattre dans les cirques et dont les gardiens sont toujours à cheval, comme les gauchos de la Plata. Voir le dessin d'un pont de chemin de fer jeté sur le Douro, de 350 mètres de longueur, et supporté par une seule arche de 65 mètres d'ouverture. Ne pas quitter les arts libéraux sans faire attention aux remarquables travaux géodésiques par lesquels a été tracée la carte du Portugal (échelle à $\frac{1}{50000}$, réduite ici de moitié); carte très-fine, tres-exacte, dont on voit les planches, les albums, et qui est due à une commission principalement composée d'officiers d'état-major.

En passant de cette salle dans celle de la céramique, on voit dans le vestibule un **meuble en bois d'ébène** tout incrusté d'ivoire, et divers spécimens de sculpture sur bois, art que le Portugal a porté à un haut degré de perfection.

Autre production caractéristisque : des nattes, fabrication de Lisbonne. Elles remplacent, avec plus de fraîcheur, dans les habitations portugaises, l'emploi de nos tapis du Nord. Comme l'Espagne, sa voisine, le Portugal excelle a fabriquer des **poteries arabes;** elles sont communes, en argile rougeâtre, poreuses, et servent aux paysans; mais ce sont les plus artistiques; quant à la **céramique** moderne, elle n'a guère à revendiquer que son originalité, parfois baroque; elle revêt volontiers des formes grotesques de bêtes, de poissons, d'animaux fantastiques; tels sont les vases de faïence de **Coldas,** ceux notamment qui se terminent en vilaines têtes de cheval.

Une belle vitrine de **filigrane** (coffrets, paniers, bijoux d'une extrême délicatesse).

La troisième salle n'est pas la moins curieuse. On rencontre en s'y rendant une intéressante collection de figurines en argile peinte reproduisant avec beaucoup de vie, de vérité, de mouvement, même artistique, les **costumes et les types du pays**: femmes coiffées de sombreros, chargées de colliers de cuivre; paysans; pêcheurs au teint chaud, à l'air mâle; le tout très-animé.

On est étonné de voir là des tissus de soie damassés et brochés or; puis de curieux travaux sur cire, corbeilles, cierges, peintures.

Dans la salle suivante, vrai bazar de la ménagère, on remarquera les collections attendues de cigarettes et de cigares, et les tonneaux en plomb destinés à conserver le tabac frais.

Puis, franchissant la galerie des machines, on sera arrêté par un beau bloc de pyrite de fer des mines de Saint-Domingue; par une rangée de petits pavés de marbres variés aux couleurs douces, que plus d'un visiteur a pris tout haut pour des savons; enfin par des meubles, chaises et canapés de jardin, en liège; on ira droit à la galerie des produits alimentaires pour passer en revue l'exposition des vins de Porto, de Madère : une salle entière avec pyramides de bouteilles. Il y en a depuis dix francs jusqu'à cent. Ces dernières datent de 1792, à ce que prétendent les exposants; aux amateurs à demander leur extrait de baptême. Des bouteilles plus nouvelles attestent, contrairement aux faux bruits, que Madère produit encore et largement.

Un pavillon pour la dégustation est établi au dehors par un négociant, M. Cossart, et par ce mot dégustation il faut entendre vente, comme chez le marchand de vin du coin.

XIX. PAYS-BAS.

Les **Pays-Bas** se sont mis en frais de kiosques; variété; richesse d'ornements; imagination pour cette mise en scène. Trop souvent, il est vrai, ces beaux édifices d'étalages et de vitrines ne recouvrent que des échantillons d'un prosaïque désespérant : échantillons de liqueurs; échantillons de tabacs; rangées de pipes; *peptone* de viande, pour digestion artificielle; cierges petits et grands; assortiments de couvertures souples et douillettes; produits chimiques ou cotonnades. C'est ainsi qu'une fontaine à sculptures dorées abrite l'eau de Cologne fabriquée par la maison Merk; que dans le grand vestibule du sud, un splendide dais ou dôme architecturalement posé sur quatre piliers de marbre, et que l'on croirait destiné à quelque chapelle de Saint-Pierre à Rome, sert de reposoir gigantesque à une pyramide de.... flacons de curaçao, d'anisette et autres liqueurs fines distillées dans la fabrique van Zuylakom, Levert et Co, d'Amsterdam; que, pour dresser autel contre autel, une fabrique rivale, celle de Vijnand Fockinck, une célébrité du reste, a dressé tout à côté une autre pyramide de liqueurs fines étagées ; pyramide moins monumentale que la précédente, mais non moins prétentieuse, plus haute même et d'un style mieux approprié au sujet, car elle porte sur ses flancs en guise d'ornementation rostrale quatre barils symboliques.

C'est ainsi encore que dans le pavillon d'angle consacré aux Indes néerlandaises, les Pays-Bas ont élevé un immense trophée qui cherche à atteindre la voûte et qui composé à sa cime de tiges de palmiers et de palmes retombantes, affecte la forme d'un wigwam indien. La base est composée de blocs de bois des colonies échantillonnés en cercles et de panoplies javanaises. Des tables disposées autour de ce trophée, en rayons d'étoiles, contiennent des bocaux et des modèles en relief des différents ateliers de fabrication coloniale. Un très-joli kiosque en style de l'Indoustan, à colonnettes élancées, à clochetons bariolés et dorés.

Dans l'intérieur de la section, un majestueux monument couleur chocolat présente aux regards une exposition fort utile sans doute, mais qui n'intéresse guère que les hommes spéciaux, l'exposition des travaux publics de Hollande : desséchement du lac de Haarlem ; nouvelle embouchure de la Meuse, etc. Enfin, une large vitrine de luxe étale les produits manufacturés de l'industrie cotonnière de Twente. Tout auprès un kiosque avec dôme et statues, tout entier en stéarine. Que l'on joigne à ces œuvres d'une caractère assez positif quelques œuvres d'instruction publique, des cartes murales de géographie par exemple, et l'on aura une idée à peu près complète de l'exposition néerlandaise, cependant beaucoup plus considérable qu'en 1867.

Cette exposition néerlandaise a été la première prête ; elle est sérieuse et réellement commerciale. Mais on doit regretter que le côté artistique s'y manifeste aussi peu. La Hollande, sous le rapport des arts libéraux, n'est pas si mal douée certainement, et c'est peu pour elle d'être représentée simplement par quelques transparents de fenêtres et par des tapis imitation de Turquie de la fabrique de Deventer. Ces tapis sont remarquables sans doute, par le moelleux, par quelque chose d'épais et de chaud que l'on doit rechercher dans ces contrées frileuses ; mais enfin le dessin et la couleur inspirés de l'Orient feraient plus d'honneur à la Hollande, si, plus créatrice, elle les tirait de son propre fonds. Un pays qui a produit tant de peintres depuis van de Meer, et qui a possédé naguère à Delft jusqu'à cinquante manufactures d'admirables faïences, devrait avoir plus d'imagination et produire autre chose que des lainages, des briques, des cordages, des cigares et des huiles. Mais que voulez-vous, c'est avant tout un pays laborieux, pratique et agricole, et il tient à ce qu'on le sache.

CURIOSITÉS INDUSTRIELLES

DE LA SECTION FRANÇAISE

Arts libéraux. — Mobilier, Sèvres, Gobelins, bronze, céramique, cristallerie, etc. — Vêtement. — Produits. — Machines. — Galerie du travail.

Pour mettre de l'ordre dans nos visites à l'exposition française, nous suivrons galerie par galerie le classement officiel, en commençant par le premier groupe après les Beaux-Arts (le groupe II, *Arts libéraux*), et en commençant chaque excursion par le vestibule du Nord.

I. GALERIE DES ARTS LIBÉRAUX.

Ce mot sonne bien, arts libéraux ! Il est inscrit à l'entrée de la galerie où sont exposés les instruments de musique et ceux de chirurgie, les œuvres de la librairie et celles de la photographie, les systèmes d'enseignement et les cartes de géographie; galerie qui abonde en richesses, mais en richesses d'un genre tout particulier; on y rencontre très-peu de ces curiosités qui frappent l'œil et attirent la foule; les spécialistes, les hommes occupés de progrès moral et intellectuel, sont presque seuls à la fréquenter. Et pourtant elle mérite une visite longue et approfondie, parce que sous ces dehors un peu arides qui rappellent l'école, elle cache une foule de choses intéressantes. Ne contient-elle pas le germe de la civilisation à venir? Nous disons *galerie*, en réalité il y en a deux; l'une principale, qui se compose d'une série de salons; l'autre latérale, sorte de couloir vitré qui longe le promenoir à ciel ouvert.

1° *Galerie latérale.*

Indiquons rapidement de quoi se compose celle-ci : le long du vitrage, elle contient d'abord des **stores** peints; quelques-uns de couleurs si éclatantes qu'on les prendrait pour des vitraux; plus loin ce sont bien des **vitraux** en réalité; on remarquera celui qui représente M. Thiers d'après le tableau de Bonnat.

Sur la paroi opposée sont appendus des dessins, des moulages des gravures, et à l'autre bout, contre la section des instruments de musique, sont alignées dans des vitrines les éditions de musique.

Les dessins et les moulages qui défilent d'abord devant nous sortent des diverses écoles nationales des Beaux-Arts (écoles de Nancy, de Dijon, de Lyon) ; on devait bien s'attendre à trouver dans l'Exposition lyonnaise, au milieu des mêmes *académies* crayonnées et des mêmes dessins ornementaux que dans les autres écoles, des peintures de fleurs ; la ville qui a vu naître Saint-Jean, le peintre qui excellait en ce genre, la ville qui ne cesse de travailler pour le dessin des soieries, ne pouvait manquer de produire, dans le genre *fleurs*, les plus ravissantes et les plus sérieuses études.

Vient ensuite l'**École nationale des arts décoratifs** de Paris, dirigée par un homme de goût, artiste lui-même et, ce qui est plus rare, grand connaisseur, M. de Lajolais. On s'aperçoit de l'heureuse impulsion que reçoit cette école à la variété des œuvres exposées et à la parfaite observation des divers styles : une porte à cariatides dans le style Renaissance, une fontaine à vasque encadrée dans une niche à colonnes fleuries et à moulures d'un goût exquis ; des panneaux de style pompéien ; des feuillages ornementaux très-étudiés ; des reproductions au pinceau de vases et de faïences dignes en effet d'être pris pour modèles ; des projets de paravent, des arabesques, des dessins d'après nature ; il y a plaisir à voir à quelle diversité de pensées décoratives on applique les aptitudes des quinze cents élèves de cette école. A côté des travaux exécutés par les élèves, des spécimens de la collection des moulages exécutés d'après des modèles inédits empruntés à nos monuments nationaux éditée par *Delagrave* et qui servent à l'enseignement de l'école.

Plus loin, ce sont des œuvres et des projets d'artistes libres, des conceptions parfois très-originales et très-gracieuses, pour servir de modèles à nos dessins de fabriques. — Enfin, comme je l'ai dit, ce qui est moins intéressant à regarder, ce qui serait intéressant à entendre, les œuvres musicales éditées en France.

Revenons à la galerie principale.

2. *Galerie principale.*

Les premières salles sont consacrées aux missions scientifiques : une sorte de musée ethnographique des voyages français organisé par le ministère de l'instruction publique. Les courageux explorateurs qui ont agrandi le champ des découvertes et porté au loin le nom et l'influence de la France, depuis Dumont d'Urville jusqu'à notre regretté Francis Garnier figurent là, soit par les objets qu'ils ont rapportés de leurs expéditions lointaines, soit par des cartes qui tracent leur itinéraire et qui marquent les pays nouveaux explorés par eux. Sans doute la France ne peut être

CURIOSITÉS.

Galerie transversale Rapp

Vitraux						stores peints	Arts Libér.
Dessins et moulages des écoles d'arts décoratifs et des beaux-arts.							
Imprimerie Chromo-lith.	Gravures	Chromo-lith.	Enseignement primaire secondaire professionnel		Ministère de l'instruction publique supérieur Ethnographie		
Meubles		Meubles	Lustres	et	bronzes	d'art	Grand vestibule du Nord MOBILIER
Œuvres du tapissier et du decorateur		Marbres d'art	Decoration	Zinc d'art		Fonte d'art	
Soeries de Lyon, de St-Etienne			religieuse	Tissus de chanvre et de lin		Armuriers	VÊTEMENT
Soieries de Lyon, de Paris			Cotonnades	Impressions de Rouen		Mousselines de Paris, de Tarare, de Saint-Quentin	
Cuivre	Cuivre	Coke briquettes Quincaillerie		Articles de ménage	Outils Marmites	Fontes de fer Tuyaux	Produits
Machines Outils pour travailler le bois et le fer	Taillerie de diamants Briqueterie Médailles	Machines pour bouteilles estampage et epingles	Appareils pour sucrerie et distillerie	Appareils pour chocolat et raffinerie	Appareils pour savons et produits chimiques	Appareils de mégisserie Appareils pour bougies	Machines à coudre	MACHINES
Galerie de la carrosserie, du charronnage, de la sellerie, etc.							Pavillon Charlemagne

Promenoir extérieur sous marquise

8

comparée à l'Angleterre dont les voyageurs s'en vont sillonnant tous les pays du globe, mais en visitant ces salles on s'aperçoit que sa part n'est pas aussi restreinte qu'on le croit généralement.

Curiosités de cette première salle : A l'entrée un cavalier dont le costume a été rapporté du Turkestan lors des voyages de M. Ujfalvy; plus loin des mannequins de sauvages péruviens; au fond un bloc énorme de béton, reproduction exacte d'une fontaine taillée dans le roc par les anciens habitants du Pérou, au milieu de leurs montagnes; elle est sillonnée d'étranges bas-reliefs; naïves formes de lézards et de lions des Cordillères, qu'on prendrait pour des crapauds; l'eau circule par une foule de rigoles et de bassins étagés; ce curieux monument nous a été rapporté par M. Wiener, voyageur français, dont la mission, du reste, a été des plus fécondes.

Enfin, une carte qui excitera vivement l'intérêt, après tout le bruit qui s'est fait autour des *chotts* algériens; ces lacs salés, à peu près desséchés, qu'il s'agissait de remplir à nouveau aujourd'hui par une saignée au golfe de Gabès.

L'idée de créer ainsi une mer au sud de notre Algérie, une mer intérieure, ce qu'on a appelé d'avance **la Mer saharienne**, pour faciliter les relations commerciales avec les peuplades du grand Sahara, serait pour la hardiesse et l'importance des travaux le pendant du canal de Suez. L'honneur en revient, comme on sait, au commandant Roudaire, qui a provoqué des explorations approfondies sur les futurs rivages que baignerait cette mer.

Nous avons là une **carte relief du bassin des Chotts**, exécutée par lui-même. L'échelle des distances est des plus simples : 1 centimètre y représente 1 kilomètre.

Les hauteurs sont à l'échelle de $\frac{1}{10000}$ pour les seuils et le bassin sondable.

Le niveau de la Méditerranée est figuré dans le Chott Melrir et dans le Chott Rharsa par une glace à travers laquelle on aperçoit le fond du bassin. Il n'y a pas de glace au-dessus du Chott El Djerib, dont le niveau est actuellement supérieur à celui de la Méditerranée, mais le sous-sol est occupé par une nappe d'eau profonde qui s'écoulerait dès qu'une tranchée serait ouverte; on aperçoit cette nappe, à travers des crevasses, dans le lit du Chott, et on les a figurées ici par des trous dont le fond est peint en bleu.

Ne manquez pas de voir la cuisine faite au soleil, ingénieux appareil qui fonctionne depuis quelques années dans la cour de la faculté à Tours. On met une livre de viande dans un tube de verre placé au centre d'un miroir réflecteur, et au bout de vingt minutes le bifteack est cuit. Par le même procédé on fait du café et on distille de l'alcool.

Une autre exposition, due également au ministère de l'instruction publique, est celle d'une bibliothèque formée de tous les

Promenoir intérieur à ciel ouvert

	Papeterie Reliures	Papeterie Couleur, etc.	médecine	Chirurgie	Instruments optique,	de précision chronomètres, etc.	Arts libér.
	Céramique,	Porcelaines,	Faïences	et	Terres cuites	Ameublements billards chaises	Mobilier
Galerie transversale	Cristallerie de Baccarat	Cristal et verre	Verreries	Marbres et imitations de marbres		Fauteuils Literie	Galerie transversale Rapp
	Dentelles		Fils	et Tissus	de	laine	Vêtements
	Broderies Passementerie		Fils et Tissus	de laine cardée,	de laine	peignée	
	Prod. chimiq. de blanchiment	de teinture d'apprêts	Prod. agricoles cierges cordes	Ind⁰⁰ˢ forestières bois Foudres Tonneaux	Ind⁰⁰ˢ forestières liéges baquets sabots etc.	Galvanoplastie Dorure Argenture	Produits
	Moteurs à air et à gaz	Ascenseurs	Moteurs	Machines de lavage moteurs	Meules machines	Charronnage de forges	Machines
	Galerie	de	la	Carrosserie,	Sellerie	etc.	

Promenoir extérieur sous marquise

ouvrages écrits par des auteurs appartenant à un titre quelconque à l'Université : témoignage irrécusable de la valeur intellectuelle de notre corps enseignant.

Après les maîtres, les élèves. Une série de salles est consacrée ensuite aux diverses installations scolaires, aux méthodes d'enseignements, aux travaux accomplis dans les diverses écoles, aux écoles professionnelles de divers genres, aux facultés, et l'on peut voir notamment le modèle de la future faculté de médecine de Lyon, et le joli plan, également en relief, du petit collège de **Sainte-Barbe-des-Champs** où se trouvent même figurés les arbres de son parc si ombragé, si bien disposé pour les jeux, pour les promenades intérieures des élèves. On reconnaît en tout dans ces dessins et dans ces plans la sollicitude minutieuse, attentive, dont la jeunesse est l'objet dans cet établissement, et plus d'un ancien barbiste trouvera plaisir à voir là le berceau intellectuel de ses nouveaux camarades.

Parmi les écoles professionnelles, une surtout est à citer, et pour son importance et pour les résultats qu'elle a déjà obtenus, celle des **Beaux-Arts appliqués à l'industrie**, qui occupe une place importante dans le mouvement parisien.

En parcourant ces plans, ces projets, ces exposés, on se réjouit de voir le sort matériel des écoliers s'améliorer comme nourriture, comme hygiène, en même temps que leur degré d'instruction s'élever ; les écoliers sont bien mieux qu'ils n'étaient au commencement de ce siècle, pour ne pas remonter plus loin. Il faut se souvenir d'Érasme racontant la vie qu'il menait au collège Montaigu : affublé d'un lourd capuchon, il couchait sur le sol humide, ne mangeant pas de viande et ayant pour toute nourriture des œufs pourris et du vin gâté qui lui aidaient à mortifier la chair. Tout le reste de sa vie il sentit les suites de ce déplorable régime. Enfin, les punitions corporelles sont abolies, tandis qu'autrefois elles étaient la règle, et encore règle sans exception. Louis XI avait légué au collège où il avait été élevé une bourse destinée uniquement à l'achat des verges nécessaires pour fouetter les écoliers.

Nous ne pouvons songer à énumérer les nombreux objets qui figurent dans ces salles ; il ne faut pourtant pas omettre la carte dessinée par la Société qui a organisé **le voyage autour du monde**, destinée à compléter l'éducation de la jeunesse. Sur une carte muette est tracé le plan du voyage et l'ordre dans lequel doivent s'accomplir ces expéditions successives. La formation seule de cette Société marque un progrès dans nos mœurs et dans nos idées et reprend une tradition interrompue depuis de longues années ; parce que nous avons de facilités des communications inconnues à nos pères, nous croyons que nous voyageons plus qu'eux : c'est une grande erreur. Il y a un siècle on voyageait,

ARTS LIBÉR.

Vitraux	Dessins	Moulures	Vitraux	Plans	Éventails	Gravures
Instruments de musique		Géographie		Dessins et plastiq. Modèles de fabriques		Photographie

MOBILIER VÊTEMENT — 2ᵉ galerie transversale

Articles de Paris	Parfumerie	Tapis, tentures et	Papiers peints	Coutellerie	Horlogerie	Cloches Cadrans
Tabletterie	Chauffage et éclairage	Étoffes d'ameublement	Papiers peints	Œuvres d'orfévrerie		
Bimbeloterie jouets · Châles	Bonneterie		Lingerie	Corsets, bretelles	Jouaillerie et bijouterie	
Articles de · Châles voyage	Chaussures	Cheveux Chapeaux		Confections pour dames		Fleurs artificielles.

Produits MACHINES

Mégisserie, cuirs et peaux		Caoutchouc	Produits pharmaceutiques	Savons, bougies, etc.	Animaux empaillés	Fourrures
Presses · Tissage de la soie etc.		Machines pour bonneterie	Appareils de filature cordage etc.	Cordages câbles tréfilerie	Appareils pour usines et métallurgie	Machines d'extraction
Aliments confiserie	sucres	condiments,	etc.		Boissons fermentées	

Colonies françaises — Grand vestibule du sud

Pavillon d'angle.

8.

Promenoir extérieur sous marquise

proportionnellement, beaucoup plus qu'aujourd'hui. Il n'était pas
de jeune homme de bonne famille qui n'allât, avec son gouver-
neur, parcourir quelques pays, pendant un ou deux ans, pour
compléter ses études.

Ce n'est point dans une exposition que l'on peut se rendre
compte des productions de la librairie classique. Il y a là tout un
ensemble de travaux patients, de méthodes ingénieuses, d'efforts
consciencieux qui échappent au public, en quête surtout de ce qui
éblouit les yeux.

Il serait d'ailleurs délicat pour nous de parler de notre éditeur; et cependant, il serait injuste de n'en rien dire. L'exposition de la maison Delagrave, divisée en plusieurs salles, contient
trop d'œuvres importantes en géographie, en livres, en matériel
d'enseignement pour que le simple visiteur même n'en soit pas
frappé. Le nom des auteurs ne permettrait pas non plus le
silence. Quand un homme, comme M. Levasseur, membre de
l'Institut, dresse des cartes murales pour les écoles, on pense
bien que ce ne sont pas des cartes murales vulgaires, comme
celles qui figuraient dans nos classes autrefois. Il n'est point aujourd'hui d'exposition géographique où le public ne commence
par chercher, avec empressement, les œuvres nouvelles de M. Levasseur. Le nom de Mlle Kleinhans est devenu pour ainsi dire
populaire aussi par les cartes en relief auxquels il est attaché, et
surtout depuis l admirable carte en relief de la France, dont le
congrès géographique de 1875 a proclamé, par ses récompenses,
la savante précision.

A d'autres points de vue l'exposition de M. Delagrave intéres-
sera le public, même indifférent aux choses scolaires : il y remarquera une **pendule géographique**, permettant de connaître l'heure
des principales villes du monde correspondant à l'heure qu'on
observe chez nous; et puis, ce qui aura toujours son attrait, un
système nouveau et sérieux de lanterne magique, le **lampado-
rama**, qui permet la projection des images opaques, des photographies, par exemple, et même des objets en relief, des vases,
des œuvres d'art avec toutes leurs couleurs et leurs dorures.

A ce propos une remarque à faire, c'est la faveur croissante
dont jouit aujourd'hui l'enseignement par la vue. Notre méthode
d'enseignement tend à se modifier; elle emprunte à celles des autres peuples ce qu'elles ont de bon. Ainsi prévaut chaque jour
davantage ce système de parler aux sens de l'écolier afin d'arriver
à son esprit, façon de faire qui est celle de la nature. Jadis on
lui apprenait des mots, des définitions, des nomenclatures qui
laissaient froide son imagination et n'éveillaient pas sa curiosité.
Aujourd'hui on lui présente d'abord des objets; cette méthode
qu'on pourrait appeler objective est appliquée depuis longtemps
en Allemagne et en Russie. Entre autres objets destinés à cet en-

seignement figure une boîte ingénieuse, appelée **Boîte des leçons de choses**. Dans cette boîte, divisée en trois compartiments principaux, subdivisés chacun en une foule de petites cases, se trouvent classés dans un ordre méthodique des échantillons à l'état brut et à l'état travaillé des différentes matières que l'homme emploie pour son alimentation, son vêtement, son mobilier. C'est en quelque sorte une exposition dans le genre de celle du Champ de Mars où celui qui a vu sous les hangars extérieurs les blocs de pierre, de fer, de bois, de charbon, assiste à leurs transformations successives en avançant de galerie en galerie jusqu'à celle des beaux-arts qui marque le centre et le sommet de la civilisation.

A côté de la librairie classique représentée aussi, bien entendu, par les autres grandes maisons, Hachette, etc., il y a la librairie de luxe, qui rend tributaire de la France le reste de l'Europe, car elle n'est égalée en aucun pays. Parcourez en effet les vitrines des libraires étrangers, nulle part chez eux vous ne trouverez de splendides volumes illustrés dans le genre de ceux que publient les maisons Hachette, Firmin Didot, Mame, Plon, Furne et Jouvet... etc. Les *Evangiles*, *Paris à travers les âges*, la *Céramique japonaise*, la *Touraine*, l'*Enfer du Dante* sont des œuvres hors de comparaison. Parmi les curiosités et nouveautés en ce genre, faites spécialement en vue de l'Exposition, il faut citer le *Roland furieux* de l'Arioste, dans les vitrines de Hachette ; le *Saint Louis* de Léon Gautier, dans celles de Mame ; le *Christophe Colomb* de Roselly de Lorgue, dans celles de Palmé.

Ces beaux ouvrages ont donné naissance à une reliure appropriée à leur genre et à leur destination. Ce ne sont point de ces **reliures** qui doivent défier les siècles et faire les délices des amateurs, comme celles des Derôme, des Bozérian, des Lefèvre et autres ; ce sont des reliures qui doivent briller un instant, charmer l'œil en satisfaisant le goût. Un homme, dans ce genre, s'est élevé jusqu'à l'art, c'est M. Charles Rossigneux, connu par nombre d'autres productions artistiques ; il faut voir les reliures de *Rome*, de l'*Adriatique*, du *Japon*, de l'*Italie* dans les vitrines de Hachette, pour apprécier quels effets on peut produire avec des ressources aussi restreintes.

Vient ensuite la **chromolithographie**, cet art né d'hier qui a déjà accompli beaucoup de progrès mais qui en a encore beaucoup à accomplir. Il a donné naissance à la photochromie que nous retrouverons dans un kiosque spécial en visitant le parc.

Les salles consacrées aux **instruments de précision** renferment des objets qui sont trop spéciaux pour être appréciés rapidement ; il faut de l'attention et du temps pour comprendre par exemple le mécanisme de cet instrument qui divise le millimètre en 1500 parties égales. Le **téléphone**, grande découverte, merveille du jour, arrêtera le visiteur ; nous n'en pouvons promettre autant au chronographe, même à un hygromètre d'un nouveau genre, même à une machine à calculer qui figurait à l'Exposition de 1867 et dans laquelle on a introduit de nouveaux perfectionnements. Certes il y a là autour de nous des objectifs remarquables par leur taille et par compensation des lorgnettes de spectacle minuscules. Mais comment en décrire le mérite?

Et que sera-ce pour les **instruments de chirurgie** qui maintetenant s'offrent à nous? Là aussi il y a des innovations et des inventions parmi lesquelles il faut signaler les électro-médicaux qui jouent un grand rôle dans la thérapeutique contemporaine; le **biberon à double soupape**, la **maison en caoutchouc** qui prouve l'infinie souplesse de cette substance; l'ophtalmoscope métrique, les lunettes d'essai, le propulseur histologique du docteur Gillet de Grandmont, la machine à injecter les cadavres de Farabeuf, l'instrument pour la transfusion du sang, le lithotriteur de Reliquet, la table d'opération physiologique du docteur Jolyet, le pneumomètre de Paul Bert, la pince électrique excitatrice de Jolyet et Régnard, et surtout le thermo-cautère de Pâquelin, cet ingénieux inventeur dont nous retrouverons les idées dans les appareils de chauffage et d'éclairage. Ceux à qui il répugnera de passer devant la vitrine de Préterre ou d'entrer dans le cabinet pathologique où sont figurées en cire les variétés des maladies de peau, s'arrêteront devant les **préparations du docteur Auzoux,** qui avait obtenu un si grand succès en 1867 et qui ne sont pas moins curieuses ni moins instructives cette année. Parmi les pièces les plus remarquées on notera deux **cerveaux** entièrement mis à nu. Il faudrait pour se rendre compte de ces ramifications sans nombre pouvoir entendre une des leçons du docteur Magnan, à l'asile Sainte-Anne, dans lesquelles le savant professeur faisait de si intéressantes révélations sur la structure intime de cet organe et les maladies qui peuvent l'affecter. On notera aussi la **dent** qui se divise en plusieurs morceaux pour laisser percer le secret de sa structure intime, de ses transformations et de ses développements, mais surtout l'**épi de blé** qui rend visible aux yeux de tous le merveilleux travail de la germination. Deux heures sont bien vite passées devant cette vitrine et ce n'est point du temps perdu.

Après la Médecine, la Chimie.

Et changement de décors à vue! après la sombre Chimie, la **Photographie**! Nous voici dans le pays de la lumière! dans le royaume du soleil devenu artiste! Cet art, il est vrai, n'a pas fait beaucoup de progrès depuis quelque temps; il ne marche plus avec la même rapidité. Cependant nous avons pris plaisir devant quelques-uns de ces paysages obtenus par le collodion sec au bromure d'argent et qui jouent à s'y méprendre une peinture à la sépia. Ces études d'après nature sortent des ateliers de Jean Renaud. D'autres, d'Achille Quinet, se font remarquer par des feuillages légers, aérés, transparents, grande difficulté de la photographie paysagiste. La phototypie Arosa, établie à Saint-Cloud, expose de très-intéressantes imitations de gravures, de crayons, de fusains, reproductions de maîtres obtenues par le soleil avec des encres grasses ; et enfin divers essais parfois heureux pour les reproductions instantanées de la physionomie humaine si mobile, si rapide dans ses changements, celle des enfants surtout.

Arrivons à une Exposition qui offre une plus incontestable supériorité sur celle de 1867, celle des **cartes géographiques**. C'est là que nous trouvons celles de M. Levasseur et de Mlle Kleinhans, dont nous avons parlé et qui permettent si bien d'embrasser d'un coup d'œil le cours des fleuves, la hauteur des montagnes et leur projection, la forme du relief terrestre, enfin les nombreux détails qui se casent dans l'esprit quand ils sont entrés par les yeux. Nous y trouvons aussi les œuvres si fines, si nettes d'Erhard, ses cartes, sa carte muette surtout, qui est un véritable tableau de peinture et qui atteint à la vérité du relief.

Notre excursion se termine par la **musique**. Grande abondance d'instruments, peu de nouveaux. Citons-en un pourtant : l'**harmonium à rubans organisés transpositeurs**, qui permet à tout le monde, même aux plus ignorants de jouer de l'orgue : pour cela il suffit de faire jouer les pédales et de mettre en mouvement un cylindre à la portée de la main, l'orgue fait le reste et voici par quel système : sur le haut du clavier se déroule une immense feuille de musique qui s'élève à mesure que l'orgue fait entendre des sons ; sur cette feuille de papier les notes sont marquées, non à l'encre d'imprimerie, mais en relief d'un centimètre d'épaisseur. En passant le long du clavier ces notes en relief font soulever les touches et produisent le son voulu. C'est au fond le système des orgues de barbaries perfectionné ; pour les églises de village, ces orgues doivent offrir une grande commodité.

Signalons aussi les beaux **pianos** qui ont été fabriqués à Nancy et dont la partie supérieure est en laque avec peintures et bas-reliefs de fabrication française. Là aussi se trouve le **piano à double clavier** renversé, qui fait sa première apparition dans le monde musical, où il est appelé à faire grand bruit, à ce que l'on prétend.

II. GALERIE DU MOBILIER.

Tout sèchement *Mobilier*? Il faut en prendre son parti. C'est le mot industriel, c'est le terme d'inventaire, sous lequel on a classé les conceptions du goût, parfois du génie, qui s'incarnent dans le bronze, dans la faïence, dans le bois, dans le cristal et qui tiennent par tant de points aux beaux-arts.

Cette galerie, pleine d'enchantements pour l'amateur du beau commence, pour dire vrai, à :

l'Exposition de Sèvres et des Gobelins.

Seulement est-ce qu'on décrit Sèvres et les Gobelins ? est-ce qu'on le peut ? et à quoi bon ? Ce n'est point nécessaire pour attirer l'attention sur ces magnifiques productions des ateliers de l'État. L'attention s'y porte assez d'elle-même, nul ne passera à côté sans regarder.

Sèvres a disposé ses porcelaines, de formes, de colorations et de styles si variés, à toutes les saillies du pavillon spécial qu'on a élevé dans le grand vestibule. Elles sont échelonnées, groupées, sans entassement, sans fatigue pour l'œil, et l'on peut promener tout à l'aise l'attention sur ces vases si délicats de contours, si riches de reliefs, tous bien mis à leur place ;

Les **Gobelins et Beauvais** ont étalé leurs tapisseries dans les retraits formés entre les colonnes.

Beauvais, toujours consacré aux fables de la Fontaine et aux guirlandes fleuries, a exposé de charmantes fleurs flottant comme un nuage léger sur un fonds d'or.

Les Gobelins se sont surpassés s'il est possible. Nous les revoyons parés de leurs dernières œuvres depuis dix ans.

D'abord la série des panneaux de MAZEROLLE pour l'Opéra, les *fruits*, le *thé*, le *café*, la *pâtisserie*, etc., ces figures à la fois si gracieuses et si chaudement colorées ;

Puis, dans tout son jour, avec sa vie puissante, avec son animation héroïque, le *guerrier* d'EHRMANN superbement posé.

La *Séléné* de Machard, dont nous avons vu l'original à la section des Beaux-Arts.

A côté de ces sujets nouveaux, les reproductions pures, fines, veloutées des chefs-d'œuvre d'autrefois, du Corrége par exemple, de Charles Lebrun (la *Terre*, l'*Eau*), de Chirlandajo (la *Visitation*) et cette délicieuse *étude* de Fragonard (portrait de *femme* habillée de jaune) tirée du Louvre.

Enfin une splendide carpette pour le palais de Fontainebleau, d'après Dieterle.

Quand on rentre dans les travées du palais, la série du mobilier s'ouvre par la statuaire métallique, c'est-à-dire par

les Bronzes et les Fontes d'Art.

C'est du mobilier, si l'on veut, comme pourrait l'être la Vénus de Milo ; *mobilier*, le magnifique Neptune de DURENNE, destiné, comme tant d'autres de ses fontes sévères et grandioses, à quelque fontaine monumentale ; *mobilier*, les statues saintes, destinées à des églises, produites par DENONVILLEZ, qui a fondu aussi quelqu'une des *nations* du Trocadéro, mais qui paraît spécialement voué à l'art religieux.

PLAN DES COMPARTIMENTS DU BRONZE

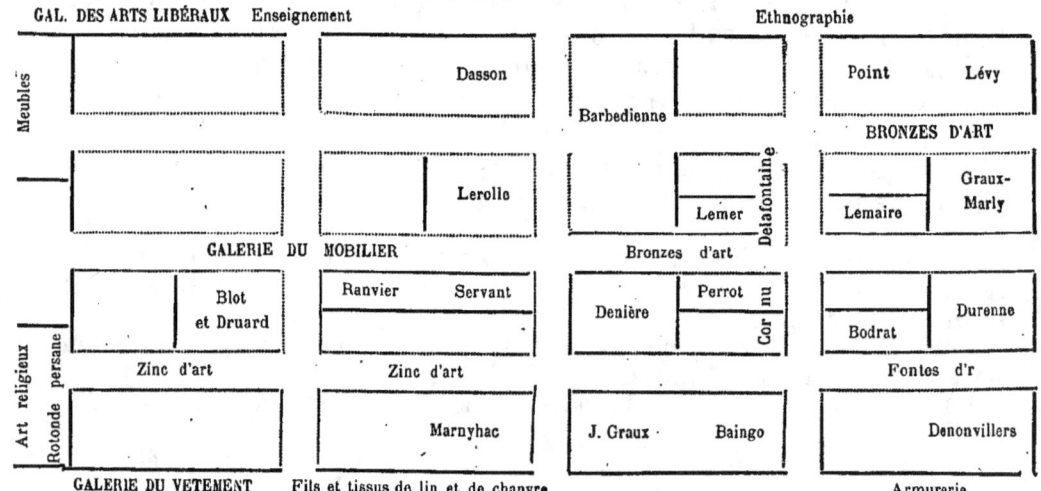

A ce titre, nous devrions commencer notre visite par le groupe imposant de Charlemagne, qui occupe tout le centre d'un pavillon d'angle et dont nous avons déjà parlé. Ce « meuble », fondu par THIÉBAULT, a tout un cortége de statues nichées dans son piédestal ou groupées à ses pieds, et notamment un tour de force, la *femme sautant à la corde*. Il était injuste de ne pas les « inventorier » ici.

Revenons à notre galerie.

Elle se ramifie en trois enfilades ; suivons un instant celle de gauche. Nous rencontrerons quelque chose de délicieux comme travail d'ornementation architecturale ; deux candélabres et une lanterne de vestibule princiers, de style Louis XIV, en fer forgé et repoussé, exécutés par BODART. Il est difficile de voir quelque chose de plus fini et tout à la fois de plus imposant dans la serrurerie d'art contemporain.

Dans la voie centrale, une merveille, je ne crains pas de le dire, une des merveilles de l'Exposition, nous attend au passage. *Mobilièrement* parlant, ce n'est qu'une **pendule**, elle est dans le compartiment LEMERLE-CHARPENTIER, et se compose d'une statue, vieil argent, grandeur humaine, appliquée contre un marbre blanc, aux ornements dorés. Artistement parlant, c'est une divinité, légère, d'une exécution idéale, une Muse, une Heure peut-être, qui voltige autour du piédestal de l'horloge. Son corps, mollement cambré dans une draperie fine, souple, transparente comme une mousseline, ondule le long du marbre et le frôle de ses bras fugitifs, de ses pieds mignons, avec une grâce infinie qui touche les moins connaisseurs. (Cette œuvre, toute nouvelle, faite d'après un modèle de plâtre qu'on a brisé ensuite, a été conçue par M. PIERRE.)

Nous parlons d'**horloge**, ceci nous conduit à BARBEDIENNE, qui en a exposé une, de son côté, des plus riches et des plus monumentales, en style François Ier, avec des enchevêtrements à perte de vue, de colonnettes, de niches, de statues, de clochetons, de pendentifs, d'emblèmes d'un goût exquis, superposés, enlacés, multipliés comme au château de Chambord, avec cet art savant dans le caprice, avec cette majesté dans la fioriture, qui étaient le secret de l'Italie et de la Renaissance. En industrie, on vous dira que cette masse pèse 1000 kilogrammes. En terme d'art, vous la jugerez au contraire fort légère et vous voudrez savoir le nom des architectes, MM. Constant Seven et... Barbedienne, qu'on nous permettra bien de traiter en artiste plutôt qu'en fabricant.

Barbedienne occupe, du reste, un vaste compartiment peuplé de créations admirables qu'il serait superflu de louer, les créateurs étant MM. Paul DUBOIS pour le *Chanteur florentin* et pour la *Charité* ; MERCIÉ pour le *David vainqueur* remettant le glaive au fourreau, pour le *David avant le combat*, si crâne, si simple, et

pour le buste de *Dalila*, d'une conception si vigoureuse ; DELA-
PLANCHE pour l'*Éducation maternelle* ; CHAPU pour la *Jeunesse* qui
figure sur le tombeau de Regnault ; et puis..... RUDE ! oui Rude,
pour le chef-d'œuvre des chefs-d'œuvre, *Louis XIII*, représenté
tout jeune, chapeau sur la tête, avec une démarche noble, fière,
avec l'élégance de sa royauté et de ses quinze ans. (L'original en
argent appartient aux Luynes et l'on a pu l'admirer à l'Exposition
d'Alsace-Lorraine. Le mérite du bronze est d'avoir reproduit si
purement toutes les souplesses du vêtement, les dentelures à jour
de la collerette brodée et toutes les délicatesses du trait.)

Quand on sort de là, on devient difficile ; il y a bien à admirer
pourtant chez nos autres artistes du bronze, qui tous ont rivalisé
pour rehausser encore cette année le renom français : Point,
Houdebine, Delafontaine, Denière, Servant, Lerolle. Nous devons
bien un regard aux deux ravissants bustes en bronze vieil argent
exposés par LEMAIRE, *Marguerite de Valois*, *Catherine de Médicis*
tous deux de Mathurin Moreau ; au bureau à pendule d'Henri
DASSON, tout festonné de cuivre et rempli de riches marqueteries ; à
la cheminée d'Eugène CORNU ; à la *Marguerite* de Gœthe sculptée
par Boisseau, reproduite en bronze argenté (grandeur naturelle)
par J. GRAUX, et qu'il sera intéressant de comparer avec la *Marguerite*, plus réellement allemande, qu'on doit à FALGUIÈRE et
qu'on voit exposée, juste en face de la précédente, chez MARNYHAC.

Nous ne pouvons quitter ces compartiments du bronze sans
parler des imitations en zinc si merveilleusement produites par
Blot et Drouard. Ils font ciseler la première épreuve sortie du
moule pour obtenir ensuite des épreuves plus parfaites et obtien-
nent par là un fini, une pureté de contours dont le zinc ne semblait pas capable, et qui trompent l'œil.

Voulons-nous mettre le comble à notre admiration pour les
tours de force de la sculpture métallurgique, allons dans le passage Rapp, nous serons frappés par la vue d'une amphore surprenante en bronze vert oxydé. Ce vase monumental déchiqueté de
pampres et de grappes, parsemé d'Amours et de Silènes, apothéose
de l'ivresse, épopée de la vigne, est une des conceptions les plus
inattendues de cet intarissable Gustave DORÉ (nous repasserons
devant cette œuvre étourdissante à propos de la galvanoplastie).

Le fumoir persan.

Une jolie rotonde construite en faïence par M. COLLINOT devance
ici pour nous l'exposition de la céramique, que nous trouverons
plus loin. Figurez-vous une salle octogone de style oriental, avec

des colonnes émaillées de vert, et couvertes de moulures légères, capricieuses comme l'imagination des Arabes sait les combiner. Puis dans les recoins mystérieux formés par les arcades, dans les pans coupés, semez des armoires, toujours en faïence, des fontaines ornées d'arabesques, sur les dessins rapportés par M. de Beaumont : ce sera un fumoir persan, si vous le voulez ; ce serait un boudoir de princesse Scheherazade, s'il y avait des coussins, ou une charmante salle de bains, s'il y avait des glaces et de l'eau.

Les meubles.

Nous avons à parcourir une galerie de bahuts, de crédences, de bibliothèques et de buffets, où le seizième siècle a répandu à pleines mains ses inspirations fines, délicates ; on en remarquera chez DROUART, chez LALANDE frères, chez BLANQUI, parfois d'heureuses copies du Louvre, parfois aussi des créations nouvelles dans le même style, et alors pour la légèreté ingénieuse, des modèles dignes d'être à leur tour reproduits. On paraît s'être guéri des compositions massives, surchargées de sculptures épaisses, de groupes de fleurs et de fruits, de chasseurs et de gibiers qui déparaient aux anciennes expositions même les meubles de Fourdinois.

FOURDINOIS, cette année, est remonté, lui aussi, aux sources pures de la Renaissance, qui semblent faites pour l'art français, et où toujours il se rajeunit. Il a exposé dans son vaste compartiment qui fait angle sur le passage Rapp deux portes de grand caractère, une crédence agrémentée de niches, de statues, de sphinx et d'applications de lapis-lazuli, une table reposant sur quatre statues qui lui servent de pieds. Il est inutile de dire que c'est une exposition de très-grande richesse. Elle fait face à celle de GROHÉ dont le goût est également célèbre et la célébrité justifiée.

Nous avons négligé involontairement, pour arriver plus vite à eux, GALLAIS et COBLENCE, qui ont exposé chacun l'un vis à vis de l'autre des lits à baldaquin, celui de Gallais, en bois noir, sévère, celui de Coblence tendu de soie jaune et rouge et très-somptueux, et nous trouverons plus loin, après avoir traversé le passage Rapp, GUÉRET avec des œuvres aussi très-remarquables et BALNY qui nous présentera un meuble couvert d'ornementations abondantes, avec panneaux de faïence, avec fronton renaissance, avec supports formés de vases charmants.

La céramique.

L'engouement pour la céramique, qui n'a fait que grandir depuis onze ans, a donné à ces productions artistiques un essor inouï et

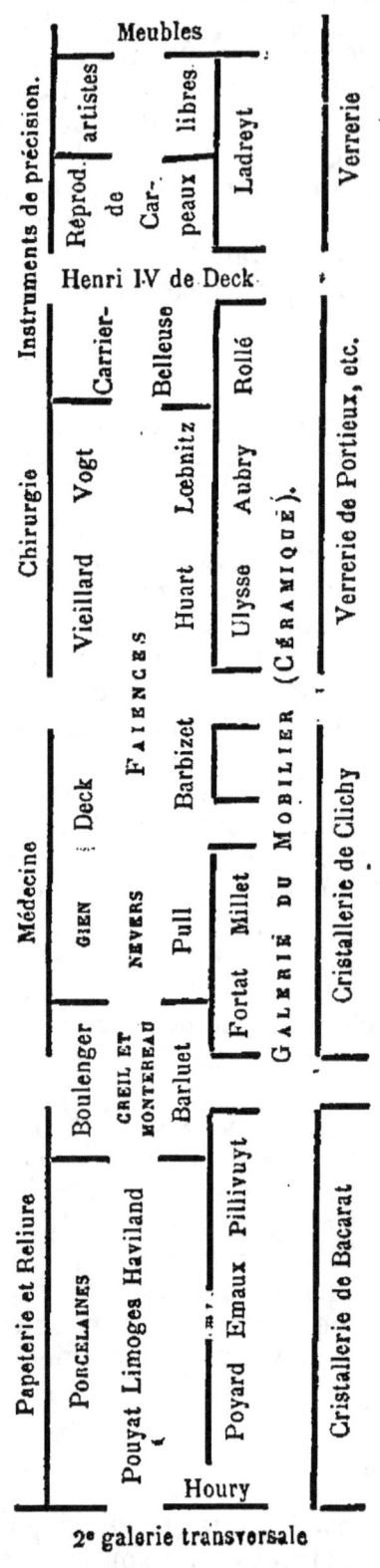

2ᵉ galerie transversale

à leur emploi dans la décoration une importance dont le Champ de Mars, par tous ses édifices, par son palais, ses pavillons, ses loggias, témoignerait suffisamment au besoin. Nous ne protestons point contre cet envahissement de la faïence. Il enrichit notre art national de formes nouvelles. La chose a commencé par des recherches d'amateurs collectionnant les vieux Moutiers, les vieux Nevers, les vieux Rouen, des tessons de poterie et des salières dépareillées; il a fallu créer du nouveau pour satisfaire ce goût insatiable; on a imité, reproduit, refait le passé; aujourd'hui la céramique renouvelée s'élance de ses propres ailes dans l'inconnu; les fabriques partout prospères se sont partout multipliées, il y avait quelques exposants à peine en 1867, BARBIZET, imitateur de Bernard de Palissy; PULL, inspiré des mêmes réminiscences; LAURIN, adonné aux peintures jaune brun du style ancien; DECK, JEAN, les usines de CREIL ET MONTEREAU commençaient à se séparer des traditions d'autrefois pour les rajeunir et pour faire mieux. Nous avons aujourd'hui encore ces mêmes exposants, mais bien d'autres encore. C'est une longue galerie que celle de la céramique. On ne dira plus que les collectionneurs ne servent à rien.

C'est encore Deck, cette fois, qui tient la corde, cependant on le suit de près.

Mais procédons par ordre; d'abord s'offrent à nos yeux les terres cuites.

Celles de Ladreyt sont les plus amusantes du monde; petites figures drolatiques spirituellement expressives et spirituellement groupées; elles attirent en foule les curieux.

Un groupe représente une *promenade à l'Exposition* par M. et Mme Denis sous un parapluie; un autre : une farandole carnavalesque d'enfants; un retour du marché à cheval sur un âne; une scène inspirée du Roman comique de Scarron : déménagement de bohémiens.

Ces figurines sont obtenues en terres cuites de couleurs; la pâte est tout entière colorée, même intérieurement comme on le voit à la surface.

Quels sont ensuite ces visages provoquant qui nous regardent groupés dans la rotonde? Ce sont des êtres au sourire perpétuel, bien connus, qui nous rappellent un absent, Carpeaux, et qui conservent, lui mort, la vie pétillante qu'il a mise en eux; ce sont ces Napolitaines à œillades mutines; ces pêcheurs italiens, dont la jeunesse, dont la joie éclatent dans un regard malin; c'est son groupe célèbre de la *Danse* à l'Opéra, ce génie animé qui entraîne dans les tourbillons d'une ronde les lascives nymphes de Terpsichore; c'est enfin le bas-relief du pavillon de Flore. Ces statues revivent en terre cuite, Le groupe de la danse a même été modelé par le maître.

En face se trouvent les œuvres plus sérieuses, en terre cuite également, de Carrier-Belleuse; ses bustes, le buste de *Dante*, le buste de *Voltaire*, son groupe de *Paul et Virginie*.

Entre les deux, au milieu de la rotonde, un *Henri IV* de Deck, en terre cuite émaillée, un peu pâle.

Dans un angle : les terres cuites du Berry, sans enduit, production de Barthe; et là encore des rieuses, mais aussi le grand rieur par excellence, *Voltaire* et de délicieuses figurines de style classique.

Enfin, en rentrant dans le couloir central; les bustes de Rollé (éditeur de ses œuvres), un buste à chair rosée notamment, à collerette blanche, avec des fleurs et des feuillages colorés sur la tête; un type féminin de Marie de Médicis.

Arrivons aux faïences.

Un premier carré contient les peintures des artistes libres : c'est là que nous retrouverons les paysages de Bouquet.

Nous y remarquerons aussi un curieux tableau de Schopin : des asperges, à mettre en appétit les moins gourmands; des roses de Rebeyrol d'après van Sprendeneck. Les dames naturellement ont contribué pour beaucoup à cette exposition; la peinture sur porcelaine est de leur apanage. Mlle Bazin a exposé un Louis XV très-remarquable, et Mlle Bellion, une jolie Vénus grisaille, genre trop peu cultivé parce qu'il passe pour plus faible.

Les autres carrés appartiennent aux fabricants, si le mot ne jurait pas en céramique.

Il faudrait pouvoir tout noter :

Les fleurs roses de BÉZIAT, presqu'un tour de force, car les amateurs savent que le rouge est une couleur inabordable pour les faïenciers, c'est déjà merveille qu'on puissse en approcher. Le violon en faïence de BEAU et PORQUIER (céramistes à Quimper) et leurs autres faïences stannifères à grand feu. Les vases des VIEILLARD (à Bordeaux), dans le style oriental avec des arabesques d'un goût exquis, grands vases d'AUBRY (à Toul), en bleu dans le gout japonais. Le poêle gothique de LŒBNITZ, le même qui a prodigué tant de riches ornements à la porte monumentale de la loggia du Sud. Les poêles verts ou bruns de VOGT, dans le genre crédence du XVIᵉ siècle. Les peintures sur faïence exposées par Milet et Massier, quelques-unes dans le genre *gouache*. Les imitations du vieux Nevers par les manufactures qui porte toujours ce nom célèbre. La faïencerie de Gien qui expose de charmants cornets à fleurs empâtées, de grands plats représentant des paysages, des chasses, composés par Grenet et voisins de la perfection. Les imitations de Bernard de Palissy par PULL, et par son voisin d'exposition, BARBIZET (seulement le genre poisson, coquilles, fougère, vieillit singulièrement).

Mais c'est devant DECK inévitablement que se fera la plus longue station. Les deux grands sujets peints par COLIN : bustes de femme, l'une à chapeau noir, se détachant sur un fond d'or (c'est la première fois qu'on obtient un fond d'or sous émail); la femme arabe de HIRSCH jouant de la mandoline; le portrait de Henri IV par ANKER, merveilleux de coloris, et la collection de têtes finement peintes sur assiettes par Anker, têtes de tous les styles et de tous les temps, tête de *bourgeois gentilhomme* Louis XIV, tête de *sénateur* de Strasbourg, tête de femmes d'autrefois, toutes vivantes et souples de contours, tiennent les amateurs en suspens; on les étonne aussi par deux plats curieux où ressortent sur un fond d'émail bleu sombre des oiseaux, des faisans au fantastique plumage, aux couleurs éclatantes, dont l'auteur, Lachenal, s'est fait un secret.

Et nous voudrions qu'il nous restât le temps et la place de signaler dans la salle suivante les belles productions sorties des ateliers de Barluet à Creil et Montereau, — le même (notez cette visite à faire) qui a couvert d'un magnifique **tableau de chasse, en mosaïque de faïence** mate, tout un pavillon des Beaux-Arts (section du sud), on dirait une fresque.

Nous sentons combien il est injuste, presque vandale, de traverser au pas de course le carré des porcelaines et d'accorder un si rapide coup d'œil aux produits remarquables d'HAVILAND, à ces belles peintures gouache de fleurs et d'oiseaux sur cornets et sur vases de formes originales. Nous trouvons même là du Lancret; nous y trouverons avec des reliefs rugueux, avec des ressauts luisants, des paysages vigoureux; plus loin nous serions retenus aussi par les ateliers d'application de Limoges; par les fines porcelaines gaufrées de PEPIN-LEHALLEUR; par les *bouquets en porcelaine*, fleurs de WOODCOK, délicieuses *roses* de PINOT; *lilas* en fraîches grappes, de GIRAUD. On ne fait rien de plus léger, de plus doux, de plus transparent. Et encore Houry, Poyard. Pilliwuit nous guettent au passage !

Nous n'avons pas la force de tout voir : même le beau finit par épuiser les yeux. Ils sont d'ailleurs fascinés en ce moment par une exposition d'un éclat incomparable qui longe celle de la céramique :

La cristallerie.

C'est éblouissant !

Il semble que l'on entre dans un monde merveilleux de féerie quand on aborde le vaste carré occupé par la fabrique de **Baccarat**, par ses lustres et par ses vases de cristal.

La décoration de l'entourage est savamment combinée pour donner aux étalages les mille reflets d'une lumière chatoyante. Les colonnettes, les parois, les plafonds sont d'un blanc pur, les tables sont en glace, les rayons sont des miroirs.

Au milieu se dresse un **pavillon de cristal** en forme de temple grec, formant rotonde ; le dôme repose sur de hautes colonnes corinthiennes cannelées et entourées elles-mêmes d'une riche balustrade, en cristal également. Le centre de cet édifice surprenant est occupé par une statue de Mercure argentée et les rebords en sont tapissés de fleurs.

Cette rotonde est là comme une reine superbe trônant au milieu de sa cour, une cour formée de candélabres, de flacons ciselés, de gobelets délicieux, de légèreté, de lustres étincelants de prismes et de perles, où se jouent tous les feux de l'arc-en-ciel ; on se croirait sous une pluie de diamants.

Le miroitement qui vous saisit quand vous passez, ces transparences infinies qui vous rappellent les grottes enchantées des divinités marines célébrées par les poëtes, ces croisements de lumière scintillante, ces vives couleurs qui jaillissent en éclairs, et au milieu de toute cette magie, le soleil qui pénètre à travers les stores et vient rire dans les ébats du cristal, empêchent peut-être de juger sainement du mérite de la fabrication. L'œil s'y entaille pour ainsi dire, il se déchire à tous les angles, à toutes les lames de ces découpures multipliées, et il éprouve, chose étonnante, un incroyable plaisir à ce déchirement.

Une fois pourtant qu'on s'est fait à cette vue, on peut remarquer où est le progrès, où est le défaut, et quelle est la part de l'art dans cette resplendissante production. Tout ne mérite pas nos éloges. Baccarat ne s'est pas guéri du désir d'imiter parfois Murano parfois la Bohême, peut-être pour montrer qu'à la rigueur il pourrait, s'il le voulait faire, aussi bien qu'eux. Il y a donc des lustres à fleurs colorées, où le verre fondu s'entremêle çà et là en festons verts ou rouges aux lignes plus fines et plus sévères de cristal; il y a aussi des vases rouges à arabesques transparentes, comme en produit à foison et mécaniquement l'Autriche. Ajoutons que Baccarat étale aussi des vases peints de personnages et de fleurs qui jouent la porcelaine, ceci pour la variété sans doute; et disons à sa décharge qu'il a tenu compte du reproche fait en 1867 d'avoir exposé des petits bergers et autres sujets lourds et disgracieux en cristal dépoli. Rien n'était aux antipodes du beau comme ces statuettes transparentes et glaciales à travers lesquelles on voyait vaguement le jour et qui semblaient faites pour donner le frisson. Cette année, il y en a peu ou point. Et c'est heureux. L'art n'était point là. Sa place véritable, en matière de cristallerie, est dans l'harmonie des contours, dans le gracieux des lignes, dans l'élégance des courbes, et aussi dans les ciselures. Alors il se retrouve avec toutes ses franchises, il produit des merveilles d'ornementation et c'est là ce qui fait la véritable supériorité de Baccarat : c'est la main du graveur taillant avec une rare finesse sur des parois minces comme de la mousseline de charmants dessins d'un goût pur et délicat. La Renaissance avait produit des chefs-d'œuvre dans ce genre. La tradition semble se renouer.

Ce n'est pas seulement Baccarat qui tient à un niveau si élevé la réputation française.

Clichy, Sèvres, Saint-Gobain font des efforts incessants pour soutenir la rivalité avec l'étranger : la première de ces fabriques dirigée par MM. Maës frères, exposent des services de table d'une légèreté inouïe, une belle coupe ovale qui est un tour de force en cristallerie, des vases colorés de rouge comme en Bohême, des pièces de style japonais très-artistiques. Le goût se répand chez nous des reflets nacrés, des nuances opalines. En Autriche, on est parvenu à faire d'étonnantes coupes rondes et fines comme des bulles de savon et revêtues des mêmes translucidités roses ou azurées. Quand les enfants jouent aux bulles de savon leur grand regret est qu'elles éclatent au beau moment. Celles de Bohême, celles de Clichy n'éclatent pas; c'est la perle aérienne figée, solidifiée, éternisée, autant du moins que le verre peut être éternel.

La cristallerie de Sèvres dirigée par MM. Landier et Haudaille se lance dans les hautes fantaisies des verres filigranés, soufflés, quadrillés qui semblaient le monopole de Venise et dans les combinaisons colorées qui donnent au verre des apparences opaques d'aventurine, d'agate, de lapis-lazuli ou même de métal précieux; il est des coupes à cabochons bleus, des craquelés métalliques, des vases à roses d'or, qui jouent l'orfévrerie. Toute une gamme de pierres précieuses qu'une chiquenaude peut briser.

Saint-Gobain — déjà la renommée l'avait proclamé bien haut avant l'exposition — Saint-Gobain surpasse toutes les dimensions de glaces coulées jusqu'ici par une **glace-merveille**, qui a 6 mètres 66 de hauteur, et l'on peut dire 6 mètres 66 d'étonnante pureté.

Le compartiment de la verrerie nous montre du reste, pour nous initier à la fabrication des glaces et à ses difficultés, ce qu'on pourrait appeler la glace avant la lettre, c'est-à-dire les *manchons* qu'il faudra ensuite ouvrir, étendre à plat, *adoucir* et *savonner*.

Naturellement le verre trempé, invention de M. de la Bastie, figure dans cette exposition, mais personne n'ose faire l'essai voulu pour savoir s'il est réellement incassable.

La vitrine Brocard.

Enfin il n'est bruit que du **verre émaillé** de BROCARD. — L'émaillage sur verre connu autrefois des Arabes et des Vénitiens, était un art perdu pour nous. On ne pouvait trouver un verre assez dur pour supporter à la cuisson le mélange d'un émail peu fusible faisant corps avec lui. M. Brocard a découvert tout à la fois le secret et l'emploi artistique qu'on pouvait lui donner sans copier servilement les œuvres passées. Rien d'étonnant qu'on ait donné à cette double nouveauté une vitrine à part, bien en vue dans le passage transversal qui interrompt notre galerie.

Et puisque nous sommes dans ce passage et que nous parlons *mobilier*, accordons-nous cinq minutes d'arrêt !

Devant le piano d'Érard.

Cinq minutes d'arrêt, ce n'est point trop pour ce roi des pianos à queue, en pur style Louis XVI, tout habillé de thuya blond, manteau luxueux qui se marie admirablement avec les dorures dont il est chamarré et qu'enrichissent encore des peintures d'une finesse coquette et mondaine.

Sur ce, voyageurs, reprenons notre train, c'est l'heure ! Et nous sommes en mesure de la savoir, nous sommes en face de

L'horlogerie.

Des cadrans, des sonneries, des ressorts, des chronomètres, des montres partout ! Nous approchons de Besançon.

Besançon qui se fait gloire maintenant de posséder 40 000 ouvriers travaillant dans son voisinage à la fabrication des mille pièces qui composent un *mouvement* complet. Chaque localité en

fait un morceau qu'on assemble ensuite. Le Doubs, ceci est inscrit en grosses lettres dans son exposition, produit par an 500 000
ébauches de montres, et nous le prouve par à peu près à l'aide
d'une pyramide d'Égypte entièrement formée de ressorts à mettre
en boîte. Besançon commence à proclamer bien haut que c'est
elle, et non plus la Suisse, qui approvisionne la France. Même la
France vend maintenant plus à la Suisse qu'elle ne lui achète et
maintes montres de Genève sont faites avec les produits de notre
horlogerie franc-comtoise.

Eh! mais..., écoutez? Qu'est-ce qu'on entend là? Des chants
d'oiseaux? Parfaitement. Ce sont :

Les empiallés qui chantent.

Vous les voyez se trémousser comme de petits êtres vivants,
remuer la queue, ouvrir le bec, tourner la tête en *dilettanti* qui
s'écoutent; et ils vous poussent inopinément, chacun à tour de rôle,
des ramages variés tout à fait enchanteurs; gazouillements, sif-
flements, roulades, trilles, ils ne se refusent rien. Vous avez l'illusion d'une volière, moins les craintes de l'oiseleur qui a toujours
peur de voir s'envoler ou périr ses musiciens. Mais pourquoi
sont-ils là? A titre de *ressorts* d'*horlogerie*. Nous reverrons leurs
pareils dans la section du vêtement, à titre de *jouets*. Ces oiseaux
sont bien placés dans les deux, car ce sont des petits chefs-d'œuvre de mécanique ingénieuse.

Orfévrerie.

Nommer Christofle c'est encore promettre un éblouissement.
Émaux cloisonnés, bahuts, services de table, coupes, coffrets à
bijoux, vases charmants, où l'or, l'argent apparaissent tantôt seul,
tantôt superficiel, tantôt mêlé à des auxiliaires décoratifs d'un
grand effet: la maison de Christofle a singulièrement élargi le
domaine de l'orfévrerie et même nous expose un meuble :

Le meuble donné au pape.

Donné par souscription. Il a 5 mètres 60 de long; il est
destiné à contenir la bulle de l'Immaculée Conception traduite
dans soixante langues. Il est revêtu de cuivres enguirlandés, de
médaillons, d'émaux translucides et dans son ensemble il crie le
luxe et la richesse dans tous les coins et recoins.

Fromentin, Fannière, Odiot, nous étonneraient beaucoup s'il
n'avaient exposé des choses charmantes. Mais si l'on veut se repo-

ser des admirations monocordes, réservons une stupéfaction pour quelque chose d'étrange qui se trouve mêlé on ne sait comment à ces œuvres d'art. C'est à côté de Cailar et Bayar :

Un paysage en filigrane d'argent.

Un paysage..., c'est-à-dire je ne sais comment appeler cette bizarrerie; il y a des arbres, des moutons, des bergers minuscules en bordure le long d'une glace dont le cadre est tout ornementé de rosaces filigranées et de tortillons à jour. L'auteur, qui se targue d'avoir fait ce chef-d'œuvre seul, annonce que c'est une « nouvelle école ».

Tapisseries et tentures.

On en fait en papier peint, des tapisseries, comme on fait en papier peint les plus belles étoffes, brocarts ou velours damassés ou soies brochées ; MM. Salagnad, Danois, Bezault, Isidore Leroy en témoigneraient au besoin.

On en fait aussi en toile peinte.

Mais nous avouons préférer, prix à part, la vraie tapisserie, les vraies tentures de lampas, même de brocatelles.

Une promenade devant les compartiments d'Aubusson (Sallandrouze de Lamornaix avec ses sujets mythologiques, Braquenié avec ses reproductions de Van Loo, de Van Dick ou de Desportes, Du Plan, Hamot avec leur genre d'autrefois). Une promenade aussi devant les étalages de Tresca où Paul Véronèse aurait pu habiller sa noce de Cana ; de rapides coups d'œil sur les expositions de Tours et de Roubaix.

Puis..., nous entrons dans les poêles. Il fait trop chaud pour les apprécier à leur valeur.

Et heureusement, nous tombons dans la

Parfumerie et tabletterie.

Vous me diriez : « N'y allons pas ! C'est du savon, du benjoin et de l'eau de Cologne, rien à voir ! » Vous auriez tort. D'abord cela sent bon. Et puis, les tentures, les vitrines sont charmantes, elles sont d'une grâce et d'un luxe qui conviennent tout à fait à la délicatesse des produits et de la clientèle, c'est même un coup d'œil séduisant que ces rangées de boites élégantes, de sachets brodés, de flacons peinturlurés et enjolivés, étagés avec un art spécial tout féminin. N'oubliez pas d'accorder un coup d'œil aux vitrines de la *collectoïde*. Ce mot que vous ne connaissez pas encore sera populaire demain. C'est une composition américaine faite avec du papier de riz, du camphre et de l'alcool ; avec elle on imite à s'y méprendre le corail, l'écaille, l'ivoire, la malachite, le jade, etc... Regardez ces divers objets sculptés par Renard, ivoirier à Dieppe, si vous n'étiez pas prévenu vous les croiriez naturels. Ils sont tout simplement faits avec cette composition, qui a le privilége d'être incassable; aussi commence-t-on à s'en servir pour faire des fausses dents. Remarquez bien cette *collectoïde*, afin de ne pas être la dupe de marchands peu consciencieux.

III. GALERIE DU VÊTEMENT.

Lorsqu'au fronton de cette galerie vous venez de lire en lettres d'or le mot *vêtements* et qu'en se baissant vos yeux tombent sur une collection **d'armes**, votre première impression est de l'étonnement. Encore si c'étaient des cuirasses, mais la mode en est passée depuis longtemps. Enfin, à force de parcourir ces vitrines, pleines de fusils, de pistolets, d'armes de fer, dont quelques-unes très-belles (Lepage, Lefaucheux étant là), on commence à comprendre pourquoi on a mis dans ce groupe les armes qui protégent l'individu contre les agressions étrangères, comme les vêtements le protégent contre les intempéries de l'air; quant aux armes de chasse, si l'on est étonné de les trouver là, on est plus étonné encore de n'y pas rencontrer les statuts de la loi protectrice des animaux. C'est que, par une contradiction assez fréquente chez la nature humaine, les plus grands chasseurs sont souvent membres de cette société, en Angleterre surtout, où l'on vit il y a quelques années des chasseurs émérites s'opposer aux expériences que le docteur Magnan voulait faire sur des chiens et sur des cochons d'Inde à propos de l'alcool et de l'absinthe, et le faire condamner à l'amende parce qu'il avait passé outre.

Il n'y a pas les mêmes objections à faire à la salle qui contient l'exposition de Tarare et qui est une de celles qui attirera le plus de visiteurs. Ces grandes **broderies sur tulle** (d'Estragnat, de Francolin), ces stores à vives couleurs (de Ruffier-Leutner, représentant des fleurs, des oiseaux, des faisans, des paons, des chinoises), ces tarlatanes scintillantes de Mauret, fines comme des mousselines indiennes, sont quelque chose de vraiment admirable : ce n'est plus de l'industrie, c'est de l'art, et ces grands panneaux méritent une visite spéciale.

C'est aussi de l'art qu'on trouve dans la salle voisine réservée aux statues pieuses, aux autels, aux objets du **culte**. Remarquez le rétable en bois sculpté et l'autel en marbre blanc avec peintures sur larc, qui est destiné à l'église de Sainte-Anne de Vire.

On dit : De fil en aiguille. Ici, rien de semblable. Nous passons brusquement au fil, sans aiguille.

Partout ailleurs, dans un magasin, par exemple, où nous irions faire une visite pour passer notre temps, ces fils et tissus de lin, de chanvre, de coton, nous passionneraient peut-être, nous prendrions plaisir à admirer la blancheur de leur tissu, le grain serré de leur trame, les dessins heureux de leur ensemble. Mais nous avons bien autre chose à voir, et nous traversons au pas de course cette longue exposition qui n'a que le mérite de l'utilité. Les mouchoirs voudraient bien nous arrêter. Ils portent imprimée sur eux la carte de la France et des chemins de fer français : on ne dira plus que nous négligeons la géographie, nous nous en imprégnons par tous les pores. Avant de quitter ces modestes tissus, dont chacun fait grand cas pour son usage journalier, constatons que nous ne sommes pas aussi supérieurs à l'antiquité que nous pourrions le croire : à l'Exposition de 1867 figuraient des momies égyptiennes enveloppées dans une étoffe de lin qui avait plus de trois mille ans d'existence, et dont la trame solide, l'excellente conservation eussent fait envie à plus d'un fabricant moderne.

Impressions de Rouen, Rouen et Vosges, Armentières, Valenciennes, Lille, tout cela défile devant nous et nous voilà dans le **palais de la soierie**; cette exposition de Lyon est une des attractions, une des plus féeriques curiosités du Champ de Mars. L'œil ne sait où se porter, ni quel point choisir. Étoffes modernes aux teintes délicates, aux couleurs à la mode, aux dessins variés; étoffes brochées or pour exporter dans l'Orient qui en a conservé l'usage; étoffes anciennes richement brochées et rappelant la belle période de la fabrique lyonnaise, alors qu'elle luttait avec avantage contre celle de Milan pour les étoffes de luxe. C'est qu'il y avait alors un luxe, une prodigalité dans les habillements dont nous sommes loin d'approcher, malgré les déclamations de nos moralistes. Sous Henri III, une robe de soie de Milan coûtait 500 écus de façon, et cela sans aucune broderie ni perles. Pour les fêtes du baptême du Dauphin, le fameux Bassompierre se commanda un habit de toile d'or violette avec grandes palmes entrelacées, sur lequel il y avait 50 livres de perles. Le prix de cet habit était de 14 mille écus, plus de cent mille francs de notre monnaie actuelle, dont six cents de façon seulement. Il est vrai que si nous n'avons pas de vêtements aussi somptueux, les belles et riches étoffes sont aujourd'hui à la portée de bien plus de gens. Ainsi voilà de magnifiques pièces de velours dont la bourgeoise la plus modeste peut se payer une robe. Ce n'est plus le temps où Charles-Quint surpris par la pluie ôtait sa calotte de velours afin de ne pas la mouiller, préférant exposer son crâne aux injures de l'air. Ce n'est point ainsi que Napoléon s'y prenait pour faire aller le commerce, et il avait une singulière façon de favoriser l'essor de la fabrique lyonnaise. Un jour, il assistait à une fête officielle dans le parc de Saint-Cloud; toute la cour était là en grand costume, les hommes en habit brodé, les femmes en robe de soie et de velours. Tout à coup survient une de ces averses si familières au ciel parisien. Le maître ne bouge pas, la cour l'imite par respect, et tout ce monde reçoit l'averse avec le même sang-froid, la même intrépidité que la grêle des balles et des boulets sur le pont d'Arcole. Quand l'averse fut terminée, Napoléon dit en se frottant les mains : Voilà une bonne journée pour la fabrique lyonnaise !

Trois choses surtout sont à remarquer dans cette exposition : les étoffes de soie brodée de M. Schultz ; cette étoffe coûte 400 francs le mètre ; un ouvrier ne peut en faire que 5 centimètres par jour, il faut donc à peu près 18 mois pour faire une robe de ce genre ; le drap de soie de M. Bonnet, qui vaut 500 francs le mètre ; enfin le dais de M. Henry, avec tous les personnages tissés dans l'étoffe. Voir aussi une copie très-exacte du rideau de l'Opéra.

De la soie nous passons dans la **dentelle** : ce n'est pas déchoir. En voyant cette quantité de belles dentelles fabriquées en Normandie, à Bayeux, à Caen, ou dans le Nord, ou à Chantilly, ou en Auvergne, au Puy ou dans le Limousin, en tout par deux cent cinquante mille ouvrières qui vivent de cette industrie, on est tenté de crier au luxe et à la prodigalité. Il n'y a rien à dire, et sur ce point nous sommes plus raisonnables que nos pères. D'abord les hommes n'en portent plus, ce qui est déjà un progrès ; au siècle dernier, la manchette de dentelles était indispensable, on s'endettait pour en acheter, on l'ajustait sur des chemises vieilles de quinze jours. Les manches, nommées *pleureuses*, étaient très-larges ; elles avaient été mises à la mode par de jeunes seigneurs qui avaient l'habitude de tricher au jeu : alors ce n'était point déshonorant. Non-seulement les gentilshommes en portaient, mais ils en faisaient porter à leurs gens. Qu'on juge de la quantité qu'en prenaient les femmes, alors que les hommes en usaient si largement. Leur plus grand luxe était pour les couvre-pieds qui couvraient leur lit, alors que, nouvellement accouchées, elles recevaient la visite de la ville et de la cour. Quelques-uns de ces couvre-pieds valaient plus de cent mille livres. Ce prix était celui de la fameuse aube avec laquelle officiait le cardinal de Rohan, et sur laquelle étaient brodées ses armoiries. Lorsque Marie-Antoinette essaya de réagir contre ce luxe insensé, en mettant à la mode le linon et la mousseline, il y eut une grande colère chez les dames de la cour ; la maréchale de Luxembourg envoya à sa petite-fille, la duchesse de Lauzun, des torchons garnis de dentelles.

Les exposants de dentelles françaises sont peu nombreux cette année, mais tous les genres sont représentés d'une façon brillante. Le point d'Alençon est toujours la première dentelle du monde par la richesse de l'ensemble, la délicatesse des détails et la difficulté de l'exécution. Un des plus beaux volants qu'on ait jamais vus figure dans la vitrine de la maison Lefébure, on y voit également le devant de la robe, qui est à la même hauteur. Voir à la même vitrine des points Colbert, des blondes, blanches et noires de la fabrication de Bayeux; puis un éventail et une bande d'un genre nouveau à l'aiguille.

La vitrine de la Compagnie des Indes expose une belle pointe de dentelle de Caen, dite de Chantilly, de belles blondes, une riche pointe et surtout un délicieux écran de Chantilly. Dans ce petit tableau de dentelles, car c'en est un, on voit groupés des amours riants que l'on croirait gravés au burin.

Dans l'exposition collective de Caen, on peut voir la dentelle dite de Chantilly sous toutes ses formes, pointes, volants, ombrelles, etc.

Dans celle de Mirecourt, qui est le centre de la fabrique dentellière des Vosges, nous trouvons un volant Louis XVI grand style, reproduisant un groupe de dentelles que l'on ne retrouve plus maintenant que chez les antiquaires et dans les musées nationaux, genre charmant, oublié depuis un siècle : la mode a remis en faveur ce genre aujourd'hui fort apprécié; on trouve aussi de beaux points de Venise et de France exécutés au fuseau, des valenciennes au fil de lin que l'on croirait venir de la garde-robe de Marie-Antoinette; enfin une garniture Louis XV, composée d'un volant, d'une ombrelle et d'un mouchoir d'un point entièrement nouveau. Il faut signaler aussi les dentelles d'ameublement fabriquées en Franche-Comté; les dames et les curés regardent avec intérêt deux nappes d'autel d'un fini et d'un dessin exquis, un entre-deux et sa dentelle en points de Venise pour rideaux, exécutés à Venise d'après des points anciens. Il ne faut pas médire non plus des dentelles au fuseau du Puy, dont la production varie de 30 à 40 millions par an. On aperçoit dans les deux vitrines qui sont au milieu de la salle les divers echantillons de cette fabrication; sa guipure est sans rivale, et sa dentelle torchon est appréciée de tous, malgré son bon marché. Nous ne sommes plus à l'époque de cette marquise qui, apprenant que les dentelles allaient baisser de prix, fit avec dédain : « Je n'en porterai plus. » Nos contemporaines ont changé de manière de voir et elles ont eu raison.

Ayant regardé les dentelles, pourquoi ne regarderions-nous pas les **broderies**, dont quelques-unes sont curieuses, notamment celle intitulée les sept péchés capitaux et celle de plusieurs autres vitrines voisines? Ces sortes d'ouvrages, ces peintures à l'aiguille, comme les appelaient les Égyptiens, sont plus fréquentes à l'étranger qu'en France. Les ornements d'église, notamment, n'ont rien de bien remarquable. Nous sommes loin de ces broderies d'or et d'argent faites par des mains royales dans les couvents du moyen âge; quelques devants d'autel qui nous restent de cette époque montrent qu'en ce genre nous n'avons point progressé.

En franchissant la galerie transversale, nous rencontrerons un singulier pavillon, bâti tout entier en paillassons, puis nous entrerons dans la région enchantée des fleurs artificielles et des plumes. Sommes-nous en présence de l'art ou en présence de la nature ? A voir l'éclat de ces couleurs, la fraîcheur de cette verdure, la grâce et la légèreté de ces fleurs, on jurerait qu'on a sous les yeux l'œuvre de la nature elle-même. Mais décidément non, ce qu'elle fait n'est point si parfait, si symétrique, si achevé ; elle a des négligences pleines de grâce que nous ne retrouvons pas ici ; n'importe, elle est bien imitée ; et ce sont des mains singulièrement habiles que celles qui ont tressé ces guirlandes, réuni ces bouquets, transformé ce coin de l'Exposition en un parterre qu'il est impossible de ne pas visiter.

Ce qui ne sera pas indifférent même aux curieux qui maugréent souvent contre le luxe, c'est la salle des **confections** ; mais il est inutile de le dire aux dames, leur instinct les guidera plus sûrement que toutes nos indications. On comprend qu'elles prennent plaisir à contempler ces étoffes si ingénieusement combinées, ces robes si heureusement coupées, ces broderies et ces ornementations qui ont à la fois tant de grâce et d'originalité. Il y a là des merveilles de goût et d'élégance. Combien les habits d'homme paraissent lourds et mesquins quand on les compare ! Les habits brodés eux-mêmes, car il y en a un certain nombre. Décidément ils ne sont plus dans nos mœurs, ils ressemblent trop à ceux des laquais. L'effet du galon sur un habit a toujours été de donner de la suffisance et de la présomption à celui qui le porte. Le démocratique habit noir, si souvent vilipendé, est encore ce qu'il y a de meilleur ; il a fait mentir un proverbe bien ancien, car les proverbes vieillissent et passent comme le reste : « On reçoit un homme selon son habit, on le reconduit selon son esprit. » Même rapprochement à faire entre les chapeaux d'hommes et ceux de femmes. En voici certes une variété bien grande, aucun ne peut réaliser quelque chose, je ne dirai pas de beau, mais seulement de passable. Il n'en est pas de même de ces calottes microscopiques que les femmes mettent sur leur tête et qu'elles appellent des chapeaux. Il y a de tout, là dedans, des dentelles, des plumes, des fleurs, des fruits, tout excepté un chapeau ; mais cela leur plaît ainsi, et surtout cela leur va si bien qu'il n'y a pas d'objections à faire. N'oubliez pas non plus de visiter la vitrine des coiffures. Il y a là de quoi satisfaire les plus difficiles. Ceux qui aiment les comparaisons peuvent rapprocher les coiffures si simples qu'on fait aujourd'hui des échafaudages qu'on construisait il y a un siècle. Une présentation ou une fête à la cour devaient être un supplice sans égal pour des femmes qui étaient obligées de se faire coiffer la veille, de passer la nuit sans dormir, d'aller de Paris à Versailles la tête hors de leur carrosse, tout cela pour ne pas déranger l'économie de leur coiffure, qu'on faisait vingt-quatre heures avant, à cause de la rareté des coiffeurs ;

aussi, faut-il voir comme ces messieurs faisaient les renchéris, à commencer par Léonard, une des célébrités de l'époque. La modestie ne semble pas être l'apanage des artistes qui travaillent dans cette partie ; témoin la vitrine où l'on voit la photographie de diverses actrices avec les éloges hyperboliques adressés à leur modiste. C'est, dira-t-on, imiter les auteurs qui en tête d'une réimpression de leur ouvrage mettent tous les articles élogieux qu'ils ont pu obtenir. Cela ne prouve pas qu'ils aient raison de le faire.

Quel est donc ce boudoir plein d'un jour mystérieux, où tout est blanc, bleu et rose ? Chut ! c'est le cabinet de toilette de Vénus, et il n'est pas donné à tout le monde d'y pénétrer. C'est la salle des **corsets** ; il y en a de toutes formes, de toutes dimensions, de toutes couleurs : corsets de nuit, corsets du matin, corsets élastiques pour les femmes grosses, qui permettent de respirer sans être obligées de se délacer.

J'entends dire autour de moi que ce corset sert moins encore aux femmes enceintes qu'aux femmes douées d'embonpoint et qui veulent faire honneur à un bon dîner sans avoir à redouter l'apoplexie. Il y a dans cette partie un progrès important ; ce n'est plus la simple bande d'étoffe dont les jeunes filles romaines entouraient leur poitrine pour soutenir leur sein ; ce n'est plus cette espèce d'instrument composé de planchettes qui entraient dans la chair et que portaient les dames du seizième siècle pour obtenir cette taille de guêpe dont témoignent leurs portraits. Ce corset devait ressembler singulièrement au cilice qu'on portait quelques siècles auparavant. Mais ce corset, qui est une véritable cuirasse par ses dimensions, est le vêtement le plus anti-hygiénique qu'on puisse voir, et si les femmes avaient le moindre souci de leur santé, elles se révolteraient contre la forme aujourd'hui en vigueur. Autre exhibition du genre tout à fait intime, est celle des jarretières, dont il y a une variété capable de satisfaire les plus difficiles. Les broderies, les dentelles, les ornements précieux qui accompagnent cette pièce aujourd'hui entièrement cachée de la toilette féminine sont une affaire de tradition. Jadis les femmes portaient des caleçons, appelés haut-de-chausses, qui se rattachaient aux bas, c'est-à-dire aux chausses, par une jarretière ornée de bijoux et sur laquelle on pouvait graver ses armoiries. Ces jarretières, les dames les montraient souvent, surtout lorsqu'elles montaient leur palefroy ; quand elles devenaient veuves, elles y faisaient graver des larmes. C'est ce qui explique comment Édouard III d'Angleterre, put, devant toute sa cour, rattacher à la belle marquise de Salisbury la jarretière qui fit fonder l'ordre de ce nom.

C'était cette jarretière qu'on détachait autrefois à la mariée le soir de ses noces. De ces anciens usages, ce lien a conservé la grâce, l'élégance, le luxe même que nous lui voyons dans ces vitrines. A côté de la poésie, la prose ! A côté des jarretières, les bretelles ! bretelles de luxe, bretelles brodées, bretelles de tous genres. Jadis, à son mari partant pour la Terre Sainte, la châtelaine brodait une écharpe ou une bannière ; aujourd'hui, à son mari pour le jour de sa fête, la femme brode une paire de bretelles. La différence des deux époques est tout entière dans ce rapprochement.

A la bonne heure, voilà pour nous rafraîchir les **éventails**, ce meuble si indispensable aux Orientaux qu'ils prétendent qu'on devrait naître avec lui, qu'ils ont donné à leur dieu la feuille de Lotus pour lui en tenir lieu, enfin qu'ils ne le quittent dans aucune circonstance : les soldats chinois se battent d'une main et s'éventent de l'autre. Vous avez beau avoir vu les éventails qui figurent dans les vitrines de la Chine et du Japon, de l'Italie ou de l'Espagne, vous reviendrez à ceux de la France, qui l'emportent pour le goût, la grâce et l'élégance. Regardez ces peintures, dont quelques-unes sont signées par nos artistes les plus connus ; regardez ces éventails en dentelles et en plumes d'Autruche ; c'est au bas d'un éventail de ce genre que Louis XVIII a dû écrire ce quatrain resté célèbre :

> Dans le temps des chaleurs extrêmes,
> Heureux d'amuser vos loisirs,
> Je saurai près de vous amener les zéphyrs :
> Les amours y viendront d'eux-mêmes.

On sent qu'on a affaire à un homme, à un homme galant surtout ; ce n'est pas comme cette vilaine Christine, reine de Suède, qui connaissait trop bien son sexe et qui répondait aux grandes dames suédoises lui demandant s'il fallait se servir d'éventails : « Vous êtes bien assez éventées comme cela ! »

Passons sans leur rien dire devant ces boutons, modestes et indispensables auxiliaires de la toilette et qui n'occupent pas moins d'une salle à eux seuls. Donnons un coup d'œil à cette exposition de chaussures qui ferait rougir de honte Cendrillon ; certainement sa pantoufle n'était ni si petite ni si artistement ornée que celles que nous voyons dans ces vitrines, et pourtant il n'y a plus de princes pour venir les essayer ! Mais du moins la chaussure de Cendrillon devait être plus logique et moins malsaine que celles de nos élégantes, qui se préparent de longues et douloureuses maladies, par cela seul que le talon est placé au milieu de la chaussure au lieu de se trouver à son extrémité.

Voici la **bonneterie** ; vous passez sans y faire attention, pourtant elle aussi a eu son jour de triomphe, jour où elle a été une nouveauté attirant tous les regards. C'était à une époque où François Iᵉʳ, voulant acclimater chez nous la fabrique de bas, avait fait venir des ouvriers, qu'il logeait au château de Madrid. Ce temps est passé, et la rue Saint-Denis est bien bonne pour les fabricants de tricots.

Il n'en est pas de même des **châles**, qui ont conservé leur prestige, sans doute parce qu'ils coûtent cher. Il faut bien le dire aussi, parce qu'ils sont beaux à voir; quelques-uns de ceux exposés cette année sont d'une beauté et d'une magnificence sans égales. Remarquez une chose, c'est que les étoffes brochées d'or commencent à s'acclimater chez nous, et les châles de ce genre que vous voyez ne sont pas seulement pour la montre. Mais c'est surtout pour l'exploitation qu'ils se fabriquent; en Orient, les riches vêtements peuvent se porter sans crainte, ils durent plusieurs générations et se transmettent de mère en fille. Il n'en est pas de même chez nous, et c'est surtout pour motif d'économie que les gouvernements et les prêtres s'opposent à l'introduction des modes françaises.

Nous traversons les malles, les sacs de voyage, articles dans lesquels on devrait avoir beaucoup innové aujourd'hui que tout le monde voyage, mais dans lesquels on a réalisé peu de progrès, pour arriver à un des coins les plus fréquentés de l'Exposition, parce que là il y a des surprises sans nombre : c'est l'exposition des **jouets**. Tout le monde se presse autour de ce bassin dans lequel des poupées, revêtues d'un costume de bain de mer, nagent en faisant avec les pieds et avec les mains tous les mouvements enseignés par les maîtres de natation; c'est merveille de voir leurs ébats et de voir leur chevelure blonde trempée dans l'onde qui n'est pas amère. Il n'y a pas moins d'empressement autour de cette table, sur laquelle on voit un paon étaler sa queue en poussant un gloussement peu sonore, un ours se balancer, un chien aboyer, une petite fille promener sa poupée dans une petite voiture. Plus loin, ce sont des oiseaux au plumage étincelant qui chantent, qui sifflent, qui remuent la tête; ailleurs, des Léotards qui font des tours, des pierrots qui montent au mât de cocagne : tout bouge, tout se remue, tout s'agite dans ce monde enchanté. Le monde silencieux n'est pas moins intéressant à voir : ces poupées, qui imitent à s'y méprendre les mines, les attitudes, les toilettes élégantes font illusion; on se demande si ce sont bien des jouets destinés à être donnés à des enfants, si ce ne sont pas plutôt de ces poupées qui, au siècle dernier, allaient de capitale en capitale populariser les modes françaises. Les journaux de modes ont détrôné ces poupées, dont l'envoi était si important qu'elles fournissaient matière à des incidents diplomatiques, et que les blocus les plus rigoureux cédaient comme par enchantement devant elles : aujourd'hui elles ne sont plus que le jouet d'un jour, et c'est là le reproche à leur faire, ainsi qu'à tous ces jouets en général : ils sont élégants, ingénieux, mais d'un luxe exagéré, et ils se contentent d'éblouir les yeux sans exercer les facultés de l'esprit.

IV. GALERIE DES PRODUITS.

Bruts et ouvrés ajoute le catalogue au mot *Produits*.

Vous allez croire les explorateurs déconcertés par ce titre sauvage, *bruts et ouvrés*. Peut-on se figurer, sous ce titre-là, un musée de métaux et de bocaux, de clous et de chaudrons attirant des nuées de curieux? Il en attire pourtant. C'est qu'il n'est pas de recoins où il n'y ait chose à voir, et le public sait bien que plus le sujet est aride, plus l'exposant a fait d'efforts pour racheter cette aridité par le prodigieux de l'installation.

Ne vous laissez pas épouvanter non plus par les premiers produits rencontrés ; cette sombre forêt de vertigineux tuyaux de fonte, de massives plaques d'acier, les portes de fer du Danube, ne sont point là pour vous arrêter. D'ailleurs, ces géants **métallurgiques** se sont rangés fort galamment pour vous recevoir. De hauts et larges tubes ont même fait leur possible pour éveiller en vous des idées d'harmonie, en vous prenant des aspects de jeux d'orgues, mais d'orgues grandissimes, dans l'intérieur desquelles vous croirez vous promener. C'est l'*hosanna* du fer qui monte au ciel, et pour mieux l'exécuter, voici, au milieu d'un trophée de colonnes métalliques, une **trompe de fonte**, trompe colossale qui tourne trente fois sur elle-même, et un énorme serpent d'église à interminables spirales qui pourra bien être un jour aux mains d'un archange à forts poumons, la trompette du jugement dernier. Ces tours de force, ce trophée à demi musical, sortent de l'usine de Montluçon.

Il faudrait ne pas aimer l'architecture pour passer insensible devant les trois **obélisques de marmites** que nous apercevons là-bas, dressant jusqu'à extinction de petitesse et jusqu'au plafond leurs étages creux, emboîtés graduellement l'un dans l'autre ; ou bien devant cette tonnelle rustique formée de conduites d'eau embranchées, ou plutôt cette **chapelle de tuyaux** en style gothique sous les ogives de laquelle apparaît (l'art se mêle à tout) une statue que nous supposons devoir être l'idole de la Métallurgie, mais qui est, paraît-il, — les deux ne jurent point — la déesse galvanisée de la Paix.

Pour avoir l'idée la plus grandiose des œuvres cyclopéennes que peut enfanter notre industrie lorsqu'elle touche au fer, il n'est besoin que de jeter un coup d'œil sur la galerie voisine, celle des machines, où des arbres de couche, des roues de Gargantua, des balanciers énormes fonctionnent avec un bruit formidable que nous entendons d'ici.

Après le fer vient le **cuivre** qui, lui aussi, semble taillé par une main surhumaine, et nous voilà encore dans les tuyaux d'orgue, dans les colonnades de cylindres, dans les imposantes forêts de métal luisant. Vous verrez aux deux extrémités de la galerie française, sous les pavillons d'angle, des trophées de cuivre de toutes nuances. Nous les retrouvons ici. C'est dommage que nous ne puissions pas assister à leur fabrication. Nous verrions une demi-sphère de moyenne grosseur se développer peu à peu sous les coups du marteau-pilon et devant la grande vasque, qui est là sous vos yeux et dont le rayon est de plusieurs mètres. Nous verrions un tube de 50 centimètres de diamètre et de 20 centimètres d'épaisseur, étiré avec la même facilité que les Napolitains étirent le macaroni, et devenir ces immenses tubes assez larges pour contenir un homme, assez hauts pour toucher au plafond, ou bien devenir ces tubes minces et étroits dont on se sert pour divers usages, et s'enrouler sur une longueur de 54 mètres. Nous ver-rions comment on y ajoute les tubulures, les cannelures, les tor-sades; nous serions bien étonnés d'apprendre que ces énormes tubes modelés en colonne torse, l'ont été à l'aide de câbles très-forts qui comprimaient le métal alors qu'on l'étirait.

Il n'y a pas à voir là que des objets de grandes dimensions; voici un simple fabricant de clous à tête de cuivre, qui attirera tous les curieux et qui fera profiter de ce concours ses voisins qui sans lui auraient été oubliés; il a eu la singulière idée de figurer le **palais du Trocadéro, en clous dorés**; son dôme, ses tours, ses colonnades, ses pavillons et sa cascade, tout s'y trouve représenté avec une grande exactitude. Ce n'est rien, dira-t-on! si, c'est beaucoup; c'est de l'ingéniosité, et c'est cette qualité éminem-ment française qui entre pour une grande partie dans le succès des expositions.

A propos d'étirage, un tour de force. Ne traversez point cette salle sans vous faire montrer le **fil de cuivre de 250 000 mètres de long**.

Nous avons à traverser maintenant le passage Rapp, dans lequel commence la galvanoplastie. Elle expose là ses œuvres d'art : **le vase de Gustave Doré** d'abord, qui frappe l'œil par son colossal fouillis vert-de-grisé, où surnagent, où serpentent, où se jouent des grappes d'Amours perdus dans des grappes de raisins, des Silènes sous les pampres, mille divinités ivres de vendanges, de rires et de mouvements, le plus étonnant fourmillement my-thologique que la sculpture nous ait encore présenté. Gustave Doré a manié le ciseau pour cette conception étourdissante comme il manie le crayon, avec une intarissable imagination; il vous crée des mondes entiers, ailleurs le monde de l'enfer, ici le monde plus riant de la poésie vinicole.

Puis le **pavillon de Christofle**. Il faudrait des heures pour en signaler les beautés; des statues, des bustes, des médaillons, des candélabres; on se croirait revenu à la section du bronze.

Et justement notre galerie des produits reprend ici par une devanture sculpturale : deux lions de Christofle, la statue de Pierre le Grand galvanisée par Lionnet, les statuettes obtenues en bronze naturel ou en bronze argenté par les procédés galvanoplastiques de Masson, les œuvres en **plâtre métallisé de Caussinus**, dont les unes, malgré leur fragilité, jouent le granit ou le porphyre, les autres le vieil argent ou le bronze antique. C'est l'orfévrerie, c'est la statuaire à la portée de toutes les bourses.

Nous remarquons là aussi le curieux et beau procédé de **Page** (Belfort), qui obtient des *fils plaqués* or ou argent d'une grande ténuité, qui servent principalement pour les épaulettes. Une plaque du métal précieux une fois étendue sur une baguette de métal plus commun, les deux réunies sont soumises non pas au laminoir, mais à l'étirage, et s'étirent en même temps, conservant jusqu'à la plus extrême finesse leurs mêmes proportions, l'or ou l'argent toujours à la surface et dissimulant l'autre métal. Il n'y a plus qu'à enrouler le fil sur des bobines, souple et maniable comme un fil de soie.

Vous poursuivez. Ce sont alors les **bois**. Des objets dont le bûcheron a fourni la matière première, écuelles ou sabots, sont appendus le long de la muraille avec une symétrie qui dénote des mains administratives (c'est, en effet, l'administration des forêts qui a présidé à cette collection), entre autres une série de vases de bois encastrés es uns dans les autres et dont la grandeur va en augmentant à mesure qu'on s'éloigne du centre; ils ont été taillés dans le même morceau, dans l'ordre où ils se trouvent actuellement, et il n'y a eu d'autre déchet que les interstices qui les séparent les uns des autres.

Les principaux de ces bois sont le hêtre, le sapin et le chêne; de ce dernier, on peut voir des spécimens tout à fait remarquables. On peut établir une comparaison entre notre bois de sapin et celui qui se trouve dans l'exposition norvégienne; ces deux arbres sont identiquement pareils, et pourtant fournissent des produits bien différents; c'est que le sapin du Nord, mettant bien plus longtemps à croître, acquiert un tissu plus serré, des fibres plus fortes. Chez les arbres comme chez les autres êtres, le temps est seul efficace pour donner la force et la solidité. Pour s'en convaincre, on n'a qu'à jeter les yeux sur une table voisine sur laquelle des cubes de bois sont méthodiquement rangés : en voici deux qui se trouvent côte à côte, ils appartiennent à la même famille et au même genre de sapin, et pourtant leur poids diffère énormément, quoique leur dimension soit la même : c'est que l'un a été coupé dans un arbre qui avait quatre-vingts ans, l'autre dans un arbre qui n'en avait que quarante. Une autre partie, curieuse dans cette exposition, c'est celle de l'élagage, et il y a tout un cours d'anatomie agricole des plus instructifs. Voici divers troncs d'arbres sectionnés en deux; dans les uns, on a coupé un peu tard les branches mortes, aussi voit-on la gangrène qui gagnait les fibres intérieures, et qui eût bientôt atteint les racines mêmes de l'arbre; là où l'amputation a été faite à temps, l'arbre n'est pas entamé. Le travail de cicatrisation de l'arbre, organisé en grande partie comme le corps humain, est des plus curieux à examiner. Dernier détail et qui n'est pas sans intérêt au point de vue de l'industrie moderne : les bois, quelle que soit leur solidité, cèdent vite à l'action dissolvante des agents extérieurs dus à l'action des termites; pour augmenter leur durée, on a imaginé de les injecter avec de la créosote, comme on embaume les cadavres pour les soustraire à la corruption. Ce procédé a parfaitement réussi; un panneau tout entier présente des morceaux de bois de même nature et de même grandeur, dont les uns ont été injectés tandis que les autres ne l'ont pas été, et qui sont restés dans les mêmes conditions climatériques. Les derniers sont fendillés, prêts à tomber en morceaux, tandis que les autres semblent ressentir à peine les outrages du temps. Presque toutes les compagnies de chemins de fer font usage du bois injecté; elles trouvent qu'en moyenne il dure la moitié plus que l'autre.

Une rotonde forestière encore s'offre à nous; des troncs d'arbres y surgissent, entiers et imposants, troncs d'acajou moucheté, troncs de palissandre du Brésil, loupes de noyer, écorces de liége formant un arbre encore (magnifique bouchon creux de 8 mètres de haut), ou bien formant des pyramides, légères celles-là. A ces bois en succèdent d'autres d'une nature différente : les **tonneaux**. Il en est de dimensions surnaturelles, que l'antiquité eût pris pour les autels de Bacchus. Les deux rois de l'assemblée, car il y en a deux comme jadis à Sparte, sont deux **foudres géants**, dont l'un est construit à Bayon (Meurthe), par Frühinsholz frères, et qui contiennent l'un 400, l'autre 200 hectolitres. C'est joli, mais ces deux foudres, qui nous semblent monstrueux, sont encore des gamins en comparaison du grand tonneau d'Heidelberg, qui, lui, tient 1400 hectolitres. Aujourd'hui, ces tonneaux pantagruéliques sont construits pour produire de l'effet; on les montre un jour, dans une circonstance comme celle-ci, puis on les relègue au fond d'une cave où ils servent aux usages journaliers, comme leurs plus modestes confrères, et où personne ne va les voir. Il n'en était pas ainsi du grand tonneau d'Heidelberg, que l'Électeur palatin regardait comme son joyau le plus précieux et dont il faisait les honneurs à tous ceux qui venaient le voir. Le baron de Poëlnitz ainsi que plusieurs autres nous ont conservé le souvenir des orgies dont cette tonne gigantesque était le prétexte. Après les dîners de gala, l'Électeur menait ses invités sur la plate-forme qui fait le tour du tonneau, et alors commençaient les santés, toutes obligatoires. Les dames animaient, par leur présence, ce tournoi d'un nouveau genre; toutefois, elles ne faisaient que tremper leurs lèvres dans les coupes, pour exciter l'ardeur des combattants. C'eût été en vain que quelqu'un des assistants, craignant pour sa raison, eût voulu s'enfuir; des gardes étaient placés à la porte interdisant toute sortie; on ne pouvait s'en aller que les pieds en avant et porté par les valets du prince, qui lui-même partageait le sort commun, mais qui tombait ordinairement un des derniers, à cause de son grand courage et surtout de sa grande habitude. Il faut espérer que les deux tonneaux qui figurent dans cette salle ne sont pas destinés à voir de semblables luttes.

Nous traversons une série d'étoffes qu'on croirait devoir apparténir à la section du vêtement, mais qui figurent là comme teintures et impressions de couleurs.

Couleurs en effet, nous en avons là toute la gamme; soleils de teinturiers; arcs-en-ciel éclatants, de nuances alignées; torsades éblouissantes pour l'œil; plis de tissus, disposés comme une palette d'artiste; c'est le règne de la cochenille et de l'indigo, de la pourpre et de l'aniline. Mais une autre féerie nous attire :

Le carré des **fourrures,** nous ne pouvons pas dire « le pays des fourrures, » car la plupart ne sont pas de France. Je demande en vain comment ces *astrakans*, ces peaux d'ours blancs et ces animaux empaillés, parmi lesquels des tigres et des girafes, se trouvent en cet endroit; ce n'est pas à titre de productions ni à titre de confections. On répond que cela produit un bel effet, et c'est vrai. **Ce lion en train d'éventrer un marcassin**, mais attaqué lui-même par un énorme serpent, qu'il met en sang (on voit ce sang rouge couler sur les écailles), vous impressionne d'une façon dramatique. Mais telle est la richesse des vitrines qu'elles captivent encore les regards de préférence; il n'est rien de princier, en effet, comme ces fourrures; apprêtées, taillées en vêtements, d'un *douillet*, d'un *cossu*, qui vous donnerait envie d'être boyards ou comtesses russes, elles ressortent peut-être mieux encore dans cette galerie des produits français que dans les vitrines de la Norvége et de la Russie, où on les voit à leur état naturel. Il y a surtout une robe de velours rouge garnie de **martre zibeline** à faire rêver toutes les femmes. C'est une toilette digne d'une impératrice. — Voulez-vous maintenant, pour reposer l'œil, une étrangeté : vous avez là des coupes montées sur pieds de lapin, et des **fleurs en fourrures**, dont le lapin aussi a fait les frais, par ses poils mis en couleur. Plus loin des chèvres empaillées, et la bergère aussi, qui est un lapin en cornette : toujours le lapin !

Une minute d'extase est accordée aux personnes qui aiment le **corail** et qui l'aiment répandu à foison, en pluie, en déluge, en cascades; il y a là, dans une demi-rotonde vitrée de MM. Herbet et comp., toute une inondation de *tronchetis*, qui ruissellent; de *bâtons*, enfilés en colliers et qui forment, avec leurs myriades rouges, des cataractes de la haute Égypte, vues par un soleil couchant. Ce palais du corail est si pittoresquement disposé, qu'on se croit en face d'un décor de féerie théâtrale, et qu'à chaque instant on s'attend à voir sortir la fée gardienne de ce trésor.

Autre minute d'extase pour la seconde moitié de cette rotonde : c'est le jardin des **plumes**, le monde aérien des marabouts; mais là, la fée est une petite princesse en plumes d'autruche, sur satin bleu; il semble que, si l'on pénétrait avec elle dans ce bosquet, il s'y ferait entendre une musique douce, un orchestre invisible; du moins telle est notre impression à nous autres hommes, car celle des dames est bien différente; en admirant la grâce et l'état de ces plumes, chaque spectatrice réfléchit qu'elles feraient bien mieux sur son chapeau que dans cette vitrine. En cela, madame, vous avez raison.

Mais auparavant, nous aurions dû, pendant que nous étions en veine d'extase, en laisser une aux amateurs de **truffes** et aux amateurs de **quinquina**, car, sous le nom de « produits de la cueillette », il y a de tout cela, mêlé à la nacre, aux éponges et aux baleines de corsets. Le quinquina est remarquable par l'étiquette de son exposant, dont le nom COUTELA est écrit en lettres faites de scarabées.

Puis nous entrons dans le odeurs : une longue galerie de produits chimiques, ceci odeur de **pharmacie**. Un carré de **savons**, odeur de lessivage; un carré de **caoutchouc**, odeur de gaz; et ce n'est rien encore! Voici, il n'est pas besoin de l'annoncer, la **mégisserie**; deux ou trois salles de peaux, de cuirs, de maroquins... Grands dieux, quelle forte odeur de tannerie! elle vous pousse au dehors, et les colonies françaises viennent là pour vous sauver.

V. GALERIE DES MACHINES.

On demeure confondu, quand on entre dans cet enfer du travail, à la vue de tant d'ouvriers métalliques, imposants, gigantesques, qui agitent en gémissant, tous à la fois, sur une longueur de 650 mètres, leurs organes de colosses, et au premier abord on se sent bien petit, bien fourmi, devant cet assemblage de cyclopes de fer et d'acier qui font, avec une majestueuse prestance, ce que ne ferait jamais l'être humain. Leur puissance a quelque chose d'écrasant; leur masse impose une sorte de respect; on sait qu'ils vous soulèveraient comme une plume dans leurs bras, vous tordraient sans s'arrêter et vous rejetteraient broyés en une seconde. Ce sont de terribles esclaves que l'homme s'est donnés là. Et cependant il aurait tort de se sentir diminué devant eux, car c'est lui qui les a créés; c'est lui qui a donné tout ce mouvement à cette légion, sortie tout équipée de son cerveau, disciplinée par lui, travaillant à sa volonté et qu'il peut arrêter quand il lui plaît, rien que par un faible effort du doigt sur un minuscule levier: terribles, parfois, mais dociles serviteurs, ne connaissant que la consigne imposée par lui et remplissant ponctuellement, méthodiquement, la tâche qu'il leur a assignée. Il s'en faut donc que le maître soit effacé par ces compagnons de travail. Si vigoureux qu'ils soient, il a tout lieu au contraire de s'enorgueillir de leur puissance, qui est la puissance de sa pensée; la pensée ! voilà toujours par où il domine cette force matérielle. Ce que j'appelais l'enfer du travail en est le temple, en réalité; cette galerie des machines est celle qui parle le plus haut de l'intelligence humaine, et cette multiplicité d'organismes artificiels qui remplacent notre faible main est, pour celui qui regarde, la plus grande source d'enseignements et d'émotions.

Il est, dans cette armée de la mécanique, des sujets de taille modeste ou de forme étrange, ou de destination surprenante, qui se prêtent, mieux que les grands engins, à une description de simple curieux. C'est là surtout que se rassemble le public; il passerait des heures à regarder manœuvrer les petites machines à coudre et autres, machines à plisser le linge, machines à piquer les bottines, machines à faire les chapeaux, machines à scier le drap, etc., qu'on a rangées à l'entrée de la galerie, en quelque sorte comme l'avant-garde des gros bataillons. Il s'arrête volontiers devant la **fabrication des chaînettes** de cuivre et d'acier à l'aide d'un mécanisme inventé par un ancien laboureur, M. Bellair; M. Bellair, appelé au service militaire, avait eu occasion de voir des ouvriers tordre et rassembler à grand'peine les chaînons par des procédés qui lui semblèrent trop primitifs. Il s'ingénia depuis lors à trouver le moyen de remplacer la main humaine par une main d'acier accomplissant le même travail; vous diriez en effet que sa machine a des doigts : l'un tire le fil mécanique d'un dévidoir, deux autres le contournent, un quatrième l'accroche et le passe.

Parmi ces machines à coudre et à plisser dont nous venons de parler, quelques-unes sont intéressantes par leur ingéniosité. Telle est la **machine à plisser** qui, à l'aide d'un cylindre chauffé par le gaz, appuie sur le pli qui vient d'être fait, et lui donne plus de force, plus de consistance. Parmi les brodeuses, il faut signaler la broderie sur tulle, qui est commode par sa mobilité, et qui peut se déplacer sans cesser de fonctionner. Aujourd'hui tout se fait avec les machines à coudre, les gants, les souliers, les bottes, et une de celles qui attirent le plus de visiteurs est certainement la piqueuse de bottines.

Nous arrivons aux machines de fantaisie. Machine à découper le savon; c'est une vieille connaissance de 1867 ; mais celle-ci a un avantage sur sa sœur aînée : non-seulement elle découpe les savons, mais encore elle les pèse, seulement elle ne les enveloppe pas, ce qui est bien mal de sa part. Les machines de 1878 me semblent singulièrement paresseuses ; en voilà une à fabriquer le chocolat, mais elle ne l'empaquette pas; tant pis pour elle, on lui fera moins de visites qu'à celle de 1867 et on emportera moins de ses produits.

Par exemple, une machine ingénieuse entre toutes c'est celle qui fait ces suspensions en cuivre qui servent à accrocher un verre ou une lampe contre le mur. On présente une tige de cuivre à la machine, elle commence par en tordre les deux extrémités, ensuite elle les relève, elle les entrelace et rejette l'objet ainsi terminé ; mais elle fait tout cela avec tant de grâce et de délicatesse qu'on est tenté d'applaudir.

Elle est bien intéressante aussi, celle qui fabrique les épingles à tête refoulée; on lui présente un fil de laiton, et elle vous rend un cent d'épingles piquées dans du carton. Son œuvre consiste simplement à couper le fil, à affûter l'extrémité, à former la tête par un coup de recul et à enfoncer dans le papier les épingles aussi facilement faites. C'est par le même système que se font les aiguilles à bonneterie; un simple fil de fer de la grosseur voulue, qui est coupé à une certaine longueur et dont l'extrémité est relevée pour former la tête.

Machines pour les bouteilles.

Voici les machines à transvaser les bouteilles; le goulot des deux bouteilles est entré dans un tube, un siphon fonctionne, et le liquide passe de l'une à l'autre. Voici une autre machine pour mettre le vin en bouteille; elles sont suspendues à un robinet, et dès qu'elles sont pleines, la pression de l'air ne s'exerçant plus, le liquide cesse de couler. Ce système est très-ingénieux, mais est-il très-pratique ; et la manière ordinaire de mettre le vin en bouteille n'est-elle pas plus rapide, plus économique? Par exemple, où il y a avantage et économie, c'est dans ces machines à enfoncer les bouchons; ces diables de machines travaillent si bien, qu'il faudrait souvent une autre machine pour défaire ce qu'elles ont fait. Eh ! tenez, les bouchons, on les fabrique tout à côté : un carré de liége est fixé sur quatre pointes, arrive un rabot circulaire qui fait tourner le bouchon sur lui-même et le tour est fait.

La scie à rubans.

Une des curiosités de l'année, qu'on rencontre dans les galeries françaises comme dans les galeries anglaises, c'est le jeu de patience, fabriqué en quelques secondes par la scie à rubans. Voici un bloc de bois gros comme le poing d'un enfant ; la scie à rubans s'y enfonce aussi facilement que dans du beurre, s'y promène plusieurs fois en divers sens, et voilà que vous avez un objet qui se décompose en cinq ou six morceaux, formant un fauteuil, une table, une chaise, etc.

La reconstitution de tous ces morceaux forme le jeu de patience. Le fabricant demande un franc cinquante de cette plaisanterie-jouet, le public ne les donne pas, et il a raison. Cet objet mis à vingt-cinq centimes obtiendrait un succès énorme. Ce fait se joint à beaucoup d'autres qui se passent dans le palais du Champ de Mars, pour montrer combien le commerce est inintelligent quand il n'écoute que son avidité. Ils sont nombreux ceux qui ont tué la poule aux œufs d'or, à commencer par les restaurants. Ce qu'il faut examiner surtout, ce n'est pas ce jeu de patience, qui est tout ce qu'il y a de plus simple et de plus enfantin, mais bien la machine à l'aide de laquelle on le confectionne. La scie à rubans, et la scie alternative, toutes les deux nées d'hier, ont déjà rendu de grands services à l'industrie et en rendront encore davantage. C'est à elles que nous devons ces parquets, ces marqueteries, ces bois découpés qui abondent au Champ de Mars, et dont l'usage devient de plus en plus général, grâce au bas prix de revient. En continuant, vous verrez la machine qui sert à affûter les scies et à leur donner du jour ; c'est à l'emporte-pièce qu'on les fabrique ; quelques-unes des scies alternatives sont plus minces qu'un fil de dentelle.

Il faudrait tout un volume pour passer en revue toute cette galerie, quoique le nombre des machines soit moins considérable qu'en 1867 ; puis, il faut bien l'avouer, toutes ne sont pas intéressantes, et il en est un certain nombre que leur insignifiance aurait dû écarter. Telle est celle à fabriquer les serre-linge, qui ne fabrique rien du tout, attendu que le ressort qui réunit les deux morceaux de bois est mis à la main. La presse monétaire qui frappe des **médailles** commémoratives dans la galerie du travail et qui marque les boutons en doublé appartient au même système. Cette folie du public de payer un franc une médaille qui ne lui sert de rien, qu'il mettra de côté au premier jour, montre combien nous sommes peu pratiques, combien peu nous raisonnons. En Suisse, lors des tirs fédéraux, on frappe des médailles commémoratives de ces fêtes qui ont un caractère national, mais ces médailles sont des pièces de cinq francs qui rentrent dans le courant monétaire lorsqu'on veut s'en dessaisir.

N'oublions pas la machine à faire des sacs, qui travaille très-ingénieusement. On lui confie un papier sans fin, elle commence par le couper, elle en colle les bords, elle les relève et les rejoint; elle fait la même chose pour l'extrémité; et sans peine, sans fatigue, elle en met sur vos genoux cent quatre-vingts par minute. Disons aussi bonjour en passant à une vieille connaissance, le scaphandre, qui transforme l'homme en un animal amphibie et lui permet de se promener au fond de la mer. Il est accompagné du **respirol**, à l'aide duquel on peut braver impunément les milieux les plus méphitiques.

La taillerie de diamants.

Naturellement la taillerie de diamants, qu'on trouve un peu plus loin, a le don, comme en 1867, de ressaisir au passage le flot des visiteurs; elle est sous vitre; ils peuvent en faire le tour. Ce qui les émerveille, c'est la rapidité des plateaux tournants; ils ont une telle vitesse qu'on les croit immobiles. Les diamants qu'on veut tailler se posent sur ces plateaux pour en recevoir le frottement; afin qu'ils ne soient pas entraînés, on les enchâsse dans une masse de plomb qu'on fond et refroidit à chaque fois qu'il s'agit de changer la face à polir. Tout ce travail a pour le public un double intérêt, sa simplicité très-compréhensible et la valeur des matières soumises à l'épreuve. Ce sont des diamants! Le mot a toujours son prestige.

Le travail des mines.

Il est des industries auxquelles on ne pouvait demander aussi commodément de fonctionner devant le public. Il a fallu, par exemple, renoncer à donner idée du travail des forges et des fonderies. Mais on n'a pas renoncé à celui des mines.

Des mines! comment a-t-on fait? On ne se serait guère attendu à voir manœuvrer là les wagons de minerais ou de houille que vous tirez du fond des puits les engins de levage, et qui vont ensuite décharger leur contenu dans des cribles pour le triage et le broyage. Eh bien, c'est cependant ce qu'on a mis *sous* les yeux du public.

Mais on s'y est pris de la bonne façon : par des réductions en miniature de tous ces appareils. Vous avez là plusieurs ateliers, celui des mines d'Aubin (plomb argentifère) et celui des mines de Decazeville (houille) qui vous donnent en petit tout le spectacle de leur travail : de charmants wagons de quelques centimètres mis en mouvement par tout un système de machines à vapeur lilliputiennes, d'arbres de transmission, de poulies, de courroies, montent, se vident, redescendent; des concasseurs s'emparent des minerais, etc. On ne pouvait avoir pour instruire le public en l'amusant l'idée d'un plus ingénieux théâtre de marionnettes-outils; les mécanismes sont si bien représentés et avec tant de précision qu'ils s'engrènent et s'agencent entre eux sans autre intervention que celle de la vapeur.

La machine à air froid.

Vous passez, vous recevez à la figure un soufflet... d'air froid fortement chassé par un tuyau. Ceci vous annonce la **machine Giffard pour faire de la glace au moyen de l'air**; l'air est alternativement comprimé et détendu, chauffé et refroidi; chauffé d'abord à 55 degrés par la compression, sous un premier piston que fait mouvoir la vapeur, il est chassé dans un réfrigérant tubulaire à eau qui le ramène à la température du dehors, sans lui enlever sa force (2 atmosphères de pression); il passe dans un second piston, mais là il devient à son tour le moteur; il se détend comme ferait la vapeur elle-même; il donne une poussée à ce piston qui vient aider l'autre; cercle non vicieux, mais ingénieux; en dépensant ainsi sa force, l'air comprimé se dépouille de son reste de chaleur; il devient même froid, très-froid, 45 degrés au-dessous de zéro. C'est plus qu'il n'en faut pour congeler tous les corps humides qu'on lui présente à sa sortie, carafes ou masses d'eau. On a disposé à cet effet, dans une armoire que traverse cet air, une série de cases d'où l'on retire des manchons glacés par lui; c'est après ce beau coup qu'il sort furieux et gémissant, en vous fouettant le visage.

Cette machine, dite *à air froid*, peut produire jusqu'à 100 kilogrammes de glace à l'heure, à raison de 1 franc de combustible qu'elle coûte dans le même temps. On remarquera que son travail réfrigérant supprime l'emploi de tout intermédiaire chimique. C'est là le progrès.

Tout à côté sont les **machines à gaz** où la vapeur est remplacée par un mélange détonant d'air et de gaz d'éclairage qu'on enflamme au passage et qui pousse le piston par une série de petites explosions intérieures. La machine Hugon est, après celle de l'inventeur Lenoir, la plus ancienne, et nous était déjà connue par l'Exposition de 1867; mais elle a peu de force. M. Otto en expose une autre qui arrive à la force de 4 chevaux. On voit la pareille dans le pavillon de la Cie parisienne du Gaz.

La tricoteuse.

Nous voici dans le royaume des cardeuses, des ourdisseuses, des peigneuses, enfin de toutes les machines à travailler la laine.

Dans le nombre, il en est une toute petite, toute modeste, qui fait moins de bruit que les autres et qui mérite une attention particulière : *la tricoteuse universelle*. C'est le pendant de la machine à coudre ; elle sert à faire des bas, des chaussettes, des tricots. Une paire de chaussettes par quart d'heure, voilà son bilan. Ce doit être précieux pour les mères de nombreuses familles !

Les machines pour imprimerie.

Une des machines les plus curieuses de l'Exposition est la machine à composer. Voici en quoi consiste cet ingénieux mécanisme :

Imaginez une série de tubes placés les uns à côté des autres, et chargés chacun d'une seule espèce de lettres. Ces tubes viennent tous converger à leur extrémité en un canal unique qui aboutit à une rigole horizontale. Le compositeur a devant lui une sorte de clavier dont les touches sont marquées *a*, *b*, *c*, etc. Quand il appuie sur la touche *a*, le tube *a* s'ouvre et laisse tomber la lettre appelée dans la rigole. Un mécanisme spécial à chacune des trois machines fait avancer la lettre dans la rigole.

Les caractères se succèdent et passent dans la *justifieuse*, c'est-à-dire dans une sorte de cadre métallique mobile dont la largeur est égale à la justification de la ligne que l'on veut établir. Chaque ligne composée s'abaisse d'une quantité fixe pour faire place à la suivante.

La machine à composer tient donc, à la fois, du piano et de la machine à coudre. Cette comparaison nous permettra d'apprécier la vitesse à laquelle il est possible d'atteindre.

La *distribution* des caractères, c'est-à-dire l'opération qui consiste à replacer les lettres dans leurs tubes respectifs, s'exécute au moyen d'une machine aux dispositions exactement inverses de la précédente. Ajoutons que, au moins dans les modèles exposés cette année, la distribution paraît s'exécuter avec moins de simplicité que la composition.

Il y a trois machines à composer à l'Exposition universelle : deux françaises, l'une de M. Delcambre, l'autre de M. Kastenbein, et une troisième anglaise de M. Fraser.

Il faut voir en face la machine à bronzer. Vous connaissez les bandes qui servent à réunir les paquets d'enveloppes de lettres, et sur lesquelles figurent des dessins dorés . Pour faire ces bandes, il fallait d'abord faire le dessin par la machine, et faire terminer l'opération par la main d'une ouvrière. Aujourd'hui la machine accomplit à elle seule tout l'ouvrage ; elle trace le dessin, elle sème la poudre d'or et elle l'essuie, n'en laissant que dans les endroits marqués. Il y a là une invention ingénieuse.

Cette machine se trouve à côté de celles destinées à l'impression chromolithographique qui est très-curieuse, et dont on devrait montrer au public les diverses opérations.

Terminons par la machine Marinoni dont le fonctionnement intéresse même ceux qui sont étrangers à l'imprimerie. Il est curieux de voir ce rouleau de papier sans fin, d'une longueur de 5 kilomètres, saisi par la machine qui le coupe, l'imprime, le plie, tout prêt à être mis sous bande et prend même la peine de compter les exemplaires. Seule la machine qui figure dans l'exposition anglaise, et qui sert à imprimer l'*Illustrated London*, est supérieure comme mécanisme et comme invention; elle obtient pour les journaux illustrés des résultats que nous ne connaissons pas encore en France.

VI. GALERIE DES ALIMENTS.

1° Carrosserie.

En mettant le pied dans la galerie destinée aux produits alimentaires, on est tout étonné d'y rencontrer des carrosses ; encore si c'étaient des chevaux, aujourd'hui que les boucheries de cheval se multiplient, la chose se comprendrait; mais c'est seulement pendant les siéges que les cuirs et les peaux servent de nourriture. Il faut accepter les choses telles qu'elles sont et ne pas raisonner contre le fait accompli. On trouve tout d'abord une voiture bien faite pour attirer les regards et pour engager à y entrer. C'est qu'elle est très-originale, cette grande caisse roulante, avec ses peintures, ses larges panneaux, son luxe des plus voyants. Elle est bien faite « **pour un directeur de cirque** », pour un entrepreneur d'amusements publics, qui peut y loger avec toute sa famille, et qui a de plus l'avantage d'attirer le public rien que par la vue de son char triomphal ; aussi le payât-il vingt-cinq mille francs, il y gagnerait encore. Vous avez l'air de douter qu'un confrère de Mangin puisse trouver une somme aussi forte dans sa poche; quelques-uns d'entre eux en ont plus que cela encore, et ce fut toujours un bon mérite que d'exploiter la sottise et la crédulité populaires. Il y a deux ans un marchand de draps se commanda une voiture de ce genre pour aller faire sa tournée en province ; elle contenait un bureau, une chambre à coucher, une salle à manger. Il faisait transporter sa voiture par le chemin de fer, et s'y installait dans la ville qu'il voulait exploiter, n'ayant ainsi à payer ni loyer pour ses marchandises, ni chambre d'hôtel pour lui ; ses affaires terminées dans un endroit, il passait ailleurs, exerçant ainsi le commerce d'une façon originale. Le fabricant de la voiture exposée au Champ de Mars se trouve donc être plus pratique qu'il ne semble l'être au premier abord.

Viennent ensuite les voitures de toutes formes, de toute grandeur, depuis la modeste break jusqu'à la voiture de gala; la carrosserie n'a pas accompli de grands progrès depuis la dernière exposition. En 1867 il n'en était pas ainsi, et on avait vu des produits neufs, des inventions originales. Cette année les gens de l'art eux-même ne trouvent que des perfectionnements insignifiants portant sur des détails accessoires. La carrosserie anglaise, ordinairement si aventureuse et qui parfois réussit si bien, semble svoir sommeillé, et la carrosserie française lui est supérieure. Lia voitures les plus remarquées sont les voitures de courses, voitures populaires depuis longtemps de l'autre coté du détroit, ec qui commencent à s'acclimater chez nous, à mesure que l'habietde des courses se répand. Toutefois il ne faut pas se faire tuusion, le sport ne prendra jamais chez nous la même place que llhez les Anglais qui l'aiment par goût et par instinct, tandis que nous l'aimons par mode et par genre. Le problème a résoudre dans cette sorte de voitures est d'y faire tenir le plus grand nombre de gens et la plus grande somme de provisions possible. On y est arrivé en perchant les individus dedans, dessus, derrière, à côté; puis en profitant des moindres cavités pour y renfermer le champagne, les poulets truffés, le linge, la vaisselle; tout y a sa place marquée et confortable, sans rien craindre des cahots ou des accidents. Le sort des bouteilles de champagne est certainement plus assuré que celui des voyageurs; n'est-ce pas là l'important? Dix, quinze, vingt personnes au plus prennent place dans ces voitures, qui ont une capacité plus grande encore pour les provisions. Elles ne coûtent que dix mille cinq cents francs; c'est donné, surtout lorsqu'il s'agit d'un objet qui ne doit servir que quatre ou cinq fois par an. Nous sommes bien fiers des améliorations et des raffinements apportés par nous dans nos carrosses et dans nos wagons; nous sommes pourtant bien arriérés sur ce qui se faisait jadis. Tallemant parle du duc de Richelieu qui s'était fait faire vingt carrosses pour choisir le plus moelleux, celui dans lequel il pourrait s'étendre le plus à son aise pour dormir. Le duc de Richelieu se servait d'un carrosse qui avait des armoires et dans lequel il pouvait se coucher très-commodément. Casanova revint de Russie avec une compagne de voyage; tous les deux se trouvaient fort à leur aise dans son carrosse, ils pouvaient boire, manger et dormir. Le seul carrosse dont il faille regretter de ne pas trouver de spécimen, c'est un qui nous rendrait le type de cette *désobligeante* que Sterne acheta à Calais, et dans laquelle il vint à Paris. Pour l'instruction des visiteurs, à côté de ces voitures si brillamment garnies, si élégamment capitonnées, s'en trouvent d'autres qui n'ont que leur carcasse en bois. Un coup de pinceau, un morceau d'étoffe; et elles ressemblent aux autres: mais pour le moment la différence est très grande, et pour les choses comme pour les gens il vaut mieux se montrer en grande toilette qu'en déshabillé. N'oublions pas un modèle d'omnibus dans lequel on pourra circuler sans écraser les pieds de ses voisins et où l'on sera presque à son aise. Et dire qu'il aura fallu une exposition pour réaliser une réforme aussi urgente.

2° Produits alimentaires.

Nous y arrivons enfin aux produits alimentaires, et les gourmets peuvent commencer à se lécher les lèvres. Toutefois qu'ils ne se réjouissent pas trop, car il leur faudra se contenter des jouissances purement platoniques ; nous sommes un peu dans le royaume des enfers chanté par Scarron, et dans lequel l'ombre d'un laquais brossait l'ombre d'un carrosse avec l'ombre d'une brosse. Voilà des bouteilles bien faites pour amener l'eau à la bouche, le cachet est d'un rouge rutilant, l'étiquette est pleine de promesses ; mais, hélas ! ce sont des sépulcres blanchis. La plupart de ces bouteilles sont vides, et celles qui ne le sont pas ne contiennent qu'une eau colorée. Il y a des exceptions pourtant, et les vins ne craignant pas la chaleur ou les variations de la température se trouvent réellement dans les bouteilles. Ce n'est que l'exception pourtant ; presque toutes les bouteilles pleines d'un vin véritable sont dans les caves situées en dessous. De cette façon le propriétaire n'a pas été obligé d'imiter la république d'Andorre, qui, pour empêcher le vol de feuilles de tabac, les a garanties par cette étiquette : « AVIS. Le public est prévenu que ces feuilles de tabac sont empoisonnées ! » C'est à se croire en plein vaudeville. Regardez l'héroïne de la salle couronnée de fleurs d'immortelles, c'est son âge qui lui a valu la royauté ; comme à Sparte, on honore la vieillesse : cette bouteille de vin du Jura date de 1774, elle a plus d'un siècle. Vous n'en voyez là que la figuré ; le précieux liquide est dans la cave, à l'abri des tentations et des coups de main.

Viennent ensuite les huiles, les biscuits de tout genre, notamment ceux qui se fabriquent à Calais à l'instar des biscuits anglais. Il ne faut pas flatter nos compatriotes, dans cette imitation ils n'ont pu faire oublier l'original. Mais où nous triomphons, c'est dans le pain d'épice, dont voici le royaume et où les enfants feront plus d'un voyage, sur lequel ils jetteront plus d'un regard artistique. Quant à l'article de la pâtisserie artistique, il figure là pour mémoire, car il n'est que trop délaissé. Voici bien une Jeanne d'Arc, un palais de Fontainebleau, une fontaine gothique fabriquée avec du sucre, de la pâte d'abricots, du gâteau de Savoie, lorsqu'ils sont chez le pâtissier, car ici ils sont en liège. Cet art délicat et charmant de donner à la pâtisserie quelque chose qui lui enlevait son côté trop matériel, va se perdant chaque jour.

Au moyen âge il y avait de grands artistes en ce genre; toutes les pièces de pâtisserie étaient montées; elles représentaient un château féodal ou une église avec les armes de l'amphitryon; les sauces même étaient historiées de cette façon. Comme elles jouaient un grand rôle dans la cuisine ancienne, comme elles étaient très-nombreuses et de différentes couleurs, elles étaient ornées de dessins et d'armoiries. Il n'était pas étonnant qu'on mît les armes sur les sauces et sur les pâtisseries, à une époque où on les mettait sur les robes des dames et sur les justaucorps des hommes !... Cette pâtisserie artistique était encore en usage au commencement de ce siècle : c'est par un lion en pâtisserie servi sur la table du grand-duc de Florence que Canova révéla son génie de sculpteur. Lorsque lady Morgan vint en France, elle fut invitée à dîner chez Rothschild ; au dessert on servit une pièce architecturale sur laquelle figurait le nom des principaux auteurs contemporains, et le sien s'y trouvait. C'était l'œuvre de Carême. Cet art s'en va; il faut croire que c'est plutôt par l'indifférence du public que par manque d'artistes; aujourd'hui encore on peut voir encore chez un pâtissier de la place de la Bourse le palais du Trocadéro avec tous ses détails d'architecture.

Cette galerie se termine par ce qu'on pourrait appeler le palais de la gourmandise, et sa vue aurait pu inspirer les décorateurs des *Sept châteaux du Diable*. L'imagination se perd en voyant cette abondance, cette variété de sucreries et de liqueurs. Listz sur son piano trouvait moins de manières de varier un motif, de le retourner dans tous les sens, d'en renverser les notes et les accords ; les variations exécutées par les distillateurs et les confiseurs, qui font une si grande variété de produits avec du sucre et de l'alcool, est vraiment plus extraordinaire. Toutefois ne nous hâtons pas trop de conclure à la gourmandise de notre siècle, nos pères étaient plus friands que nous, et ces dragées, ces pralines, ces fruits arrangés de mille façons ne servent guère qu'aux baptêmes, aux noces, aux dîners d'apparat ; jadis au contraire, ils étaient d'un usage quotidien, après chaque repas on apportait les épices, et les grandes dames portaient leur drageoir au côté. Dans cette quantité d'objets qui vous font venir l'eau à la bouche je ne vous ferai remarquer que ce bouquet de violettes de Parme entourant une touffe de roses blanches ; vous vous étonnez de le trouver dans cette vitrine, et vous pensez à part vous qu'il ressemble à ces envois que la ville de Nice fait chaque année à sa sœur de Paris. En cela vous avez raison ; mais une chose dont vous ne vous doutez pas, c'est qu'avant de l'expédier on lui a fait subir une préparation qui double son prix aux yeux des gourmands. Tous ces pétales ont été trempés dans un sirop de sucre confits pour employer le mot propre, et ils sont aussi suaves au palais qu'à l'odorat. Quant à ces bouteilles blanches, roses, vertes, d'une apparence si séduisante, méfiez-vous-en : l'alcool en fait la base, et les remarquables travaux du docteur Magnan ont prouvés les ravages sans nombre exercés à notre époque par l'alcool et l'absinthe, qui ont donné lieu à une maladie d'un genre nouveau désignée sous le nom d'alcoolisme. Qui s'en douterait pourtant, à ces dehors si agréables, et n'est-ce pas le vieux mythe du serpent caché sous les fleurs?

GALERIES TRANSVERSALES.

Nous avons décrit chemin faisant la plupart des curiosités que nous avons rencontrées dans les vestibules, dans les angles et dans les passages transversaux. C'est ainsi, qu'à propos du mobilier nous avons jeté un coup d'œil sur l'Exposition de Sèvres et des Gobelins, et à propos de la métallurgie et des bronzes d'art, sur l'amphore de Gustave Doré et sur Charlemagne.

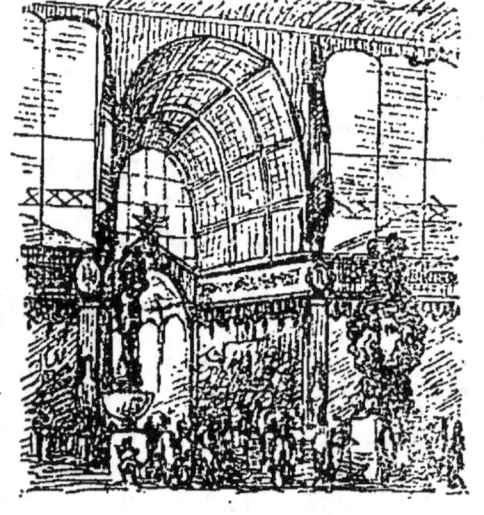

Il s'agit simplement ici de récapituler et de combler deux ou trois lacunes, en parlant des diamants de la couronne, du trophée Laveissière, de la carte d'État-major, et enfin de la galerie du travail.

Ils apparaissent à chaque Exposition comme des âmes en peine, ces malheureux diamants sans utilité, célèbres surtout parce que l'un s'appelle le Régent, et plus difficiles à garder que la vertu des jeunes filles. Ils ont nécessité une vitrine qui la nuit s'enfonce sous le sol dans une cachette de fer que clôt hermétiquement une plaque solide, a l'abri des voleurs et de l'incendie. Il ne s'échappera donc de cette vitrine que les feux lancés par les précieux prisonniers; mais ce sont des feux dont la foule est très-avide.

Le pavillon d'angle du Sud-Est est occupé par un trophée qu'on croirait d'abord astronomique et géographique: c'est une grosse sphère de laiton (grande difficulté en métallurgie), hissée en haut d'une colonne de cuivre jaune dont les cannelures sont formées de tubes réunis en faisceau.

Tout autour rayonnent en se dirigeant obliquement vers le ciel d'autres tubes, gigantesques ceux-là, et bien calibrés, qu'on prendrait pour des lunettes en quête d'étoiles et qui sont simplement des enveloppes destinées à des arbres d'hélice. Il en est qui ont 8 mètres de longueur.

On a séparé par une cloison ce pavillon Laveissière du Vestibule du Sud, et sur cette cloison, on a assemblé toutes les feuilles de la carte de France, dressée par l'État major à l'échelle de 180.000e. Cette immense carte avait déjà été vue au Congrès géographique de Paris en 1875. Elle couvre une superficie de 15 mètres sur 12. Mais elle fait ici moins d'effet qu'elle n'en faisait au Louvre. Elle est trop haute et disparaît dans les vastes proportions du vestibule.

Galerie du travail.

Voici une partie de l'Exposition qui aurait pu être des plus curieuses, des plus instructives : le spectacle des industries en activité. Aussi lui a-t-on donné un magnifique emplacement : tout le vestibule du Sud (celui qui regarde l'École militaire).

L'essai qu'on avait fait en 1867 avait engagé à recommencer cette année en plus grand. Si l'on pouvait faire du Champ de Mars un vaste chantier où se trouveraient des forges, des cristalleries, des tanneries, le succès serait immense et le coup d'œil intéressant au plus haut degré. La chose n'étant pas possible, ou s'est contenté d'organiser le fonctionnement des petits métiers, de ceux qui n'ont pas un matériel trop considérable et dont les produits sont populaires. Par malheur, les industriels ainsi installés ont été plus préoccupés du soin de vendre très-cher, que de contribuer à l'éducation du public, et celui-ci n'est le plus souvent initié que pour la frime à la fabrication des produits qu'on lui offre. Malgré tout, cette excursion est encore attrayante et nous allons la faire en compagnie du lecteur.

Voilà justement une industrie assez curieuse qui s'offre à nous pour commencer : celle du **filigrane**. Vous n'êtes pas sans avoir admiré souvent ces objets si fins, si délicats, si ingénieusement tressés, dont la ville de Gênes semble s'être fait une spécialité, on ne sait trop pourquoi, car ce genre d'orfévrerie existe de toute antiquité, est très-fréquent en Orient, et se retrouve même chez les anciennes peuplades de l'Amérique. L'ouvrier tient à sa main un simple fil d'argent ; ce fil, il le plie, il le retourne il le tord de mille façons différentes, et arrive ainsi en quelques minutes à créer les objets les plus divers, à produire les effets les plus inattendus. Ce n'est rien, dit-on, quand on l'a vu ; mais encore fallait-

VESTIBULE D'HONNEUR (AU NORD)　　　　　　　　　　PAVILLON

| Horloge de Farcot | Diamants de l'Etat | Manufactures nationales Sèvres Gobelins, Beauvais | Charlemagne |

PASSAGE TRANSVERSAL RAPP

| Ministère de la Guerre | Minéraux artificiels de Feil | Château de Pierrefonds | Marbres | Vase de Doré | Pinaud | Galvanoplastie de Christofle | Affinage de Lallemand | Temple de cuivre de Secretan |

2ᵉ PASSAGE TRANSVERSAL

| Vase Barbizet | Hallebardiers armures Le-blanc-Granger | Piano d'Erard | Émail Brocard | Temple des paillassons | Pyramide d'or et d'argent | Phares |

VESTIBULE DU SUD

| Galerie du travail : métiers fonctionnant, taillerie de diamants, etc. | Carte de l'Etat-major. | Trophée Laveissière. |

il s'en aviser, comme pour l'œuf de Christophe Colomb; puis l'habileté et le goût de l'ouvrier y sont bien pour quelque chose.

Tout à côté on habille des **poupées**; il n'y a vraiment là rien de bien inconnu, ni rien de bien intéressant. Des poupées dans le costume d'Ève au paradis terrestre et ornées d'une magnifique chevelure blonde sont là sur le comptoir, et l'on s'occupe à confectionner leur trousseau qu'on leur passe en grande cérémonie. Le public, en assistant à une opération aussi naïve, se demande si l'on a voulu faire autre chose que de tirer à vue sur sa bourse. Comme il y a une idée philosophique en toute chose, je crois que, en assistant à une opération aussi naïve, celle qui se dégage de cette exhibition est claire et facile à saisir: le but de l'industriel a été d'abord de faire de bonnes recettes; puis de montrer aux spectateurs pourquoi l'on donnait le nom de poupées aux femmes qui ont de riches habits sur le corps et qui n'ont que du son dans la tête.

Ici l'on travaille l'**ivoire**, la nacre et l'écaille, ou plutôt l'on fait semblant de les travailler et on se contente d'en coller des plaques sur des objets aussitôt mis en vente. Pourtant on peut regarder avec intérêt le tour à l'aide duquel on forme des dessins variés sur l'or et sur l'ivoire. Qui croirait que ce dernier est plus facile à travailler que l'or? C'est pourtant la réalité. Ce qui eût été intéressant, c'eût été de voir dépecer ces énormes dents d'éléphant qui pèsent 70 à 80 kilos, d'assister à toutes les préparations que subissent les morceaux avant de devenir table ou cuvette, et surtout de voir travailler à quelques-uns de ces ouvrages d'ivoire sculpté qui ont fait la réputation de Dieppe. C'eût été autrement instructif que de voir faire des trous dans un rond de serviette.

Nous parlons d'ivoire; voici justement l'**ivorine** qui a la prétention de le remplacer. Sur une plaque chauffée à 200 degrés se trouvent des carrés d'une pâte brune ressemblant assez à du mauvais chocolat; donc ce n'est pas le chocolat Ménier, puisque les affiches prétendent que ce chocolat est le meilleur de tous. Cette pâte amollie par la chaleur est mise dans des moules qu'on place dans un four, et qui au bout d'une demi-heure vous rendent un porte-plume brillant et solide. Le public cherche en vain ce qu'il y a de curieux dans une exhibition semblable, et il trouve qu'elle n'est intéressante que pour le marchand. Ah! si on lui avait mis sous les yeux l'odyssée d'une plume de fer, si on lui avait montré les nombreux États qu'elle traverse pour passer du bloc d'acier qui la renferme dans la boîte où elle est empaquetée, on eût vivement piqué sa curiosité. Il est à regretter que nos grandes fabriques de plumes de fer, celles de Blanzy entre autres, n'ait pas eu cette idée, ou qu'elle n'ait pas été réalisable.

Voulez-vous voir comment on procède au **timbrage des papier à lettres**, la chose est des plus simples. Regardez dans ce coin cet ouvrier occupé à graver une vue de l'Exposition : avec son burin, il entame un bloc d'acier, suivant un modèle qu'il a sous les yeux. Quand le bloc est gravé, on le visse dans une presse, on y passe de l'encre colorée, la presse s'abaisse sur la feuille de papier, et le chiffre apparaît. Ne croyez pas que ce procédé de gravure au burin, long et difficile, soit toujours employé. Celui dont on se sert ordinairement, pour les cartes de visite surtout, est plus expéditif ; c'est le procédé à l'eau-forte : sur la plaque métallique ; on place une couche de cire sur cette couche de cire ; on trace avec un burin les lettres ou le dessin à reproduire, et cela assez profondément pour mettre le métal à nu puis on verse de l'eau-forte, qui se charge d'entamer la plaque et d'y graver elle-même les caractères voulus. Tout cela était connu.

Une gravure peu connue est la gravure **sur verre**. On la voit faire tout à côté ; plus d'un visiteur cède au plaisir d'emporter un verre gravé à son nom. Le procédé n'est pas compliqué ; le nom est d'abord tracé sur le verre par une pointe d'acier trempée dans l'émeri, qui se promène sur les lignes et en quelques secondes accomplit l'ouvrage voulu. On peut graver sur verre comme sur acier ou sur cuivre, avec une couche de cire qu'on recouvre d'acide chlorhydrique ; mais les travaux délicats, ceux qu'on voit dans les vitrines de cristalleries, se font au burin.

Le verre est si bon enfant qu'il se laisse mettre à toute sauce. Regardez à côté, on le file ; **verre filé**, le mot est reçu, mais c'est plutôt étiré qu'on devrait dire ; sous l'influence de la chaleur, il s'amincit en fils excessivement ténus, il se prête à toutes les formes et permet de faire ces lampes, ces corbeilles à fleurs, ces navires avec leurs mâts et leurs cordages, objets qui étonnent au premier abord, mais qui paraissent bien simples une fois qu'on a vu mis en œuvre les produits dont on se sert. Regardez dans un coin ce paquet de cordons multicolores, on dirait une embrasse de rideaux : c'est un faisceau de fils de verre très-fins et réunis ensemble ; ils sont destinés à faire des aigrettes et à remplir divers rôles dans la verroterie commune.

Tout auprès, le verre est travaillé d'une autre manière ; nous sommes au **verre tourné** maintenant ; on le tourne pour le mettre dans des lorgnettes ; que ne pouvons-nous assister plutôt à une fabrication de verres d'optique, qui nous enseigne comment on arrive à faire les verres concaves et convexes et à régulariser leur foyer lumineux.

Entendez-vous les coups secs d'un marteau qui se succèdent sans interruption? ils nous avertissent que nous voilà devant une de ces **fabrique de doublé**, qui tiennent une si large part dans l'industrie parisienne. Malheureusement on n'a pu mettre sous nos yeux l'opération la plus importante, celle du doublage même. On prend un morceau de cuivre de dix centimètres de longueur et de trois ou quatre d'épaisseur, on le recouvre d'une feuille d'or très-mince; on sait qu'une des principales qualités de l'or, c'est son extrême divisibilité; d'une feuille de métal ayant un millimètre d'épaisseur on tire dix mille feuilles qui servent à l'industrie. C'est une feuille de ce genre qu'on met sur le morceau de cuivre, en lui donnant l'épaisseur qu'on veut. Puis on soumet à une forte pression et à une grande chaleur ces deux métaux qui finissent par s'associer au point de ne faire qu'un. On prend alors le bloc, on le met sous le laminoir, l'or s'y allonge et s'y amincit en même temps que le cuivre et l'on obtient une bande de dix mètres de longueur, mince et souple, propre à faire les bijoux en doublé. Ce sont surtout les boutons de manchettes qui se fabriquent ainsi sous les yeux du public. Ils se divisent en trois parties: le dessus, qu'on met sous le mouton, et sur la face duquel on imprime soit des lettres, soit un ornement; la partie inférieure, et la tige. Une ouvrière prend ces trois parties, elle les réunit, les soude au feu, et il leur suffit d'un coup de brosse pour être brillants et propres à la vente. Le public se montre content d'emporter des boutons qu'il a vu faire sous ses yeux, et les payer le double de ce qu'il les payerait partout ailleurs (ce qui est juste, il faut bien payer les leçons qu'on reçoit.

Dans plusieurs autres compartiments on travaille le **cuivre**; il est assez curieux de voir une rondelette de ce métal passer de tour en tour, s'allonger, s'élargir, prendre la forme de vase, de plat ou de tube. Il faut voir aussi comment on s'y prend pour fabriquer ces objets en **cuivre émaillé**, qui sont le fond obligé de tout bazar oriental: des couleurs mises à froid avec un pinceau, puis séchées au feu, et le tour est fait. Si par hasard vous vous avisez de dire à l'ouvrier qui fabrique ces objets qu'ils offrent une grande similitude avec ceux que vendent les bazars tunisiens et marocains du Trocadéro, il vous répondra avec un sourire narquois : « rien d'étonnant à cela, c'est moi qui les fais! »

Attention! nous voilà dans la partie la plus délicate et la plus gracieuse de ces industries, celle des **fleurs artificielles**. Elles sont de plus d'un genre : fleurs en étoffes, fleurs en plumes, fleurs en émail. Il n'est personne qui n'ait vu fabriquer les fleurs artificielles qui ornent les chapeaux des femmes; des morceaux d'étoffes de toutes couleurs sont découpées à l'emporte-pièce, qui leur donne la forme d'un pétale de rose, de violette, de réséda;

ces pétales sont assemblés sur un tube en gomme, les groupes
sont réunis à l'aide de fils de fer très-minces, et c'est ainsi que,
l'adresse féminine aidant, sont formés ces bouquets qui nous étonnent par leur éclat, leur grâce et leur légèreté. Cette industrie
est parisienne entre toutes, et les doigts déliés qui les fabriquent
n'ont pas d'égaux dans le reste du monde. Bien autrement luxueu-
ses sont les **fleurs en plumes**, découpées à la main dans le plumage des oiseaux qui habitent les régions tropicales. Il faut avoir
la riche gamme de couleurs formée par ces plumes réunies de
tous les coins du monde, ces teintes roses du flamant à côté des
vives couleurs du colibri. Regardez sur l'établi ce joli petit oiseau
au plumage multicolore, il suffira à peine pour faire une des plus
modestes fleurs qui se balancent sur les chapeaux orgueilleux.
Aussi, plus d'une en passant répète la vieille locution athénienne:
Il n'est pas donné à tout le monde d'aller à Corinthe! Pour les
fleurs en émail, c'est tout autre chose, et il n'est besoin que de
voir leur fabrication pour comprendre qu'elles doivent être à la
portée de toutes les bourses. Voici de minces petites tiges en
émail de diverses couleurs : on en prend une, on l'approche de la
flamme d'un bec de gaz qui l'amollit en quelques secondes ; on
en profite pour pétrir son extrémité avec un outil, pour former
avec une rapidité très-grande des feuilles quelconques ; une fois
la fleur formée, on la détache de la tige, on la réunit à d'autres,
et le bouquet est composé.

Tout auprès est un travail du même genre, donnant naissance
à un produit qui fait beaucoup plus d'effet. Vous avez vu, vous
avez porté peut-être de ces grosses épingles qui ressemblent à s'y
méprendre à une boule d'or émaillé. Ici vous pénétrez le secret
de ce luxe à bon marché. Une ouvrière prend une parcelle de
verre en fusion, elle la souffle de la grosseur qu'on veut donner
à la perle qui est ensuite trempée dans un bain chimique, et vous
avez un ornement pour la possession duquel les moricauds de
l'Afrique donneraient leurs femmes et leurs enfants. Puisque
nous sommes chez les peuplades barbares, jetons un coup d'œil
sur une industrie que les sauvages d'Amérique nous ont enseignée;
celle du caoutchouc, dont ils faisaient usage depuis des siècles
et que nous possédons seulement depuis quelques années; il est
vrai qu'ils l'ont conservée telle que le hasard la leur avait révélée,
tandis que nous y avons déjà apporté de surprenants perfectionnements. Cependant ce que nous en voyons au Champ de Mars n'a
rien de plus surprenant qu'il ne faut. Dans un vase se trouve le
caoutchouc liquide, qu'avec un peu de complaisance on prendrait
pour de la confiture d'abricot ; on le prend, on l'étend en couche
bien égale sur un tissu très-mince préparé pour cet usage, et on
se sert à volonté de cette étoffe devenue imperméable.

Venez dans ce coin, nous allons commettre une indiscrétion.

Savez-vous ce qu'on prépare devant ce comptoir ? Ce n'est pas la ceinture de Vénus, mais bien le chignon qui doit orner la tête de nos élégantes. Voici des **cheveux** assemblés de tous les coins du monde et recueillis un peu partout; la hotte du chiffonnier n'en a pas fourni la moindre part. Oui, madame, lorsque après vous être peignée vous jetez dédaigneusement les cheveux restés à votre gros peigne d'écaille, ils ne sont pas perdus pour tout le monde et ce ne sont pas des amoureux qui les ramassent. Ces cheveux, on les trie, on les assemble avec d'autres suivant les nuances, on les divise en petites touffes; à la longue les petits ruisseaux faisant les grandes rivières, ces touffes arrivent à former de grandes masses; on les peigne, on les lisse, on les pare et on les vend. Chose singulière! toutes les dames qui sont venues devant ce comptoir, qui ont assisté à toutes ces opérations, s'en vont en jetant sur leurs voisines des regards pleins de malices. Lorsqu'on joua l'*Ecole des Maris,* un ami de Molière l'avertit qu'il s'attirerait le courroux de plus d'un Sganarelle de sa connaissance. « Allons donc! fit-il en haussant les épaules; ces gens là seront les premiers à rire en regardant leurs voisins! »

Encore une industrie qui regarde les dames, celle de la **peinture sur porcelaine** ; aujourd'hui presque toutes s'en occupent, et plus d'une avec talent. Les mystères de la fabrication sont révélés aux yeux de tous. Une peinture est tracée sur un vase en porcelaine, qu'on met aussitôt dans un moufle ou four chauffé au gaz et qui vous rend l'objet terminé au bout de vingt minutes. Mais c'est là un joujou, et ce petit four en forme de marmite n'a rien de commun avec les grands moufles dans lesquels on enfourne pendant 24 ou 36 heures les pièces de céramique qui font votre admiration dans les vitrines d'Angleterre et de Belgique.

Voilà, par contre, un article qui est bien destiné aux hommes, c'est la fabrication des pipes et des porte-cigarette en écume de mer. La matière ainsi nommée est un silicate de magnésie, dont on trouve un peu aux environs de Paris, mais qui surtout vient de Crimée et d'Asie Mineure. Quand l'ouvrier prend le bloc sur lequel il doit travailler, vous croiriez qu'il a en main un morceau de plâtre. L'illusion est d'autant plus grande que la friabilité des deux matières est la même: une scie minuscule enfonce là dedans comme dans du savon; pour amollir encore cette prétendue écume, on la mouille; alors elle cède aux moindres contacts : on en profite pour la tailler, la sculpter, la percer, lui donner les formes les plus fantaisistes ; on la fait sécher, on y ajoute un bout d'ambre, et on a une pipe de luxe. Détail caractéristique : les déchets résultant de ces diverses opérations sont vendus à des fabricants viennois, qui font, en grand, le commerce de la fausse écume de mer; tout ce qui se vend sur notre marché de fausse écume vient de Vienne, et a été fabriqué avec ces déchets mêlés à d'autres

substances. Allez visiter la salle des pipes dans la section autrichienne, et vous ferez facilement la différence entre la fausse et
la véritable écume, car il y a des vitrines consacrés aux deux.

Mais le tour des dames revient avec les dentelles, les châles,
les éventails. L'une des **dentellières**, qui travaille sous les yeux
du public, est de Normandie; cette province est un des trois
endroits où fleurit la fabrication de la dentelle française, qui ne
se fait plus guère que dans le Calvados, dans les Vosges et en
Auvergne. Chantilly a cessé de fabriquer, le voisinage de Paris
rendant la main-d'œuvre trop chère; les dentelles de ce nom se
fabriquent à Bayeux, ville où se fait également le plus beau point
d'Alençon. Caen a renoncé aux blondes blanches, qui avaient fait
sa réputation, ne peuvent lutter avec les machines, et ne fait plus
que des dentelles noires. Dans les Vosges, on fabrique la guipure
d'art et la guipure de Venise; au Puy, on fabrique également la
guipure, mais d'un ordre inférieur, puisqu'on en fait depuis 10 centimes le mètre. Une dentellière du Puy se trouve là également
avec ses navettes que manient rapidement des doigts délicats.
Malgré ces rapidités, quand on voit faire ce travail si fin, dont le
résultat est encore si lent, quand on se rend compte de toutes ces
minuties, de tous ces détails, on comprend qu'une robe faite par
la fabrique d'Alençon ait pu compter sept années de travail à
quarante ouvriers, et s'élever à la somme de 85,000 francs.

Quant à la manière de faire des châles, ne croyez pas la connaître après avoir vu ces Indiens repriseurs qui ont l'air d'être là
pour la montre.

Vous ne saurez pas davantage faire les éventails, mais vous
vous rendrez compte de la promptitude avec laquelle on les
façonne et on les colle sur des branches de bois découpées.

Inutile de parler de toutes ces presses pour les cartes de visite
« à la minute, » qui sont de vieilles connaissances; de ce **métier
à la jacquart**, qui tisse sur soie : le public le voit fonctionner,
mais il n'en comprend pas davantage pour cela; de la fabrique
de **boutons**, qui enlève un morceau de nacre dans une coquille,
le tourne et le polit en quelques minutes; du métier à fabriquer
les bas pour varices. Fi donc!

Il ne reste plus que la **taillerie de diamants**, qui occupe le
centre de la galerie. Tout le monde sait quel en est le mécanisme.
Le diamant à tailler est emboîté dans une composition de plomb
amollie au feu, qui, ensuite refroidie, le tient serré solidement,
et ne laisse passer que la facette à tailler. Cette facette est pré-
sentée à un plateau horizontal pivotant, qui fait trois mille tours
à la minute, c'est-à-dire tant de tours qu'on ne le voit pas seulement tourner, et qu'on le croirait immobile. La taille dure plus
ou moins longtemps, selon la grosseur du diamant; quelquefois
trois jours sont nécessaires pour une seule facette. Des diamants

à peine plus gros qu'une tête d'épingle ont jusqu'à cinquante-quatre facettes; c'est ce qui leur donne cet éclat: ce qui fait que ceux de la collection du prince de Galles paraissent si ternes, c'est qu'ils ne sont pas taillés.

Colonies françaises.

En travers des galeries du Vêtement et du Mobilier et tout à fait à leur extrémité, le long du vestibule méridional dit *galerie du Travail*, on a installé nos colonies.

Quel fouillis de bocaux, de graines, de fétiches, d'idoles! Il est vrai que ces bocaux et ces spécimens agricoles, fécules, échantillons de café, gommes, tabacs, cacaos ou pots d'ananas, font supposer au visiteur que rien de bien original ne l'attend. Même ces panoplies sauvages, ces trophées d'armes indigènes, il semble qu'on les ait déjà vus quelque part dans nos musées. Ces animaux empaillés, ces oiseaux au plumage éclatant, aux vives couleurs, sont devenus pour nous comme une banalité. Mais venez-en au détail.

Et d'abord, sachant gré aux organisateurs de leur mode de décoration, formée de vastes filets appendus comme des rideaux, noués et relevés par des passementeries faites de cordages, l'ornementation a quelque chose de simple, de grand, d'exotique qui convient fort bien à une exposition du travail colonial et qui fait songer à la naïveté touchante de Bernardin de Saint-Pierre.

Puis, voulez-vous de l'inattendu? La Cochinchine vous a envoyé des **pieds d'éléphant servant de jardinières**, jardinières tannées d'où sortent à travers le cuir ridé de l'animal ses ongles blancs et polis comme l'ivoire de ses défenses.

Tam-tams en bois, paniers en bambou de la Martinique, cordes en rotin, coffrets en paille de Saint-Denis, nacres des îles Gambier, huîtres perlières de Pomotou, modèles de barques annamites, minerais de Nouméa (nickel, cobalt et cuivre), se partageront aussi l'attention.

Enfin des vitrines qui charmeront les enfants et instruiront les parents sont celles des poupées. Chacune de nos colonies a costumé les siennes à la façon du pays; on a là une galerie des types indigènes les plus variés, créoles, mulâtres, sauvages, cafres, hottentots, annamites, indiens; et pour faire suite à ces types du monde réel, on nous donne la collection des êtres mythologiques, si variés aussi, qu'a enfantés le cerveau des peuplades idolâtres.

Une exposition qui éveille de pénibles souvenirs est celle de nos déportés de la Nouvelle-Calédonie.

Quant à l'Algérie, qui est ici perdue dans l'ensemble, elle possède, il ne faut pas l'oublier, un palais, au Trocadéro.

CURIOSITÉS DIVERSES

DES PAVILLONS ET DES PARCS

Pavillon de la ville de Paris.

Ce pavillon, qui occupe le centre même de l'Exposition, en est certainement une des parties les plus originales, par sa forme et par la tentative de formes architecturales qu'il inaugure. Nous avons déjà apprécié page 10 l'œuvre de M. Bouvier. Le long de la frise sont dessinées les armes de la ville de Paris depuis l'an 1200 ; des inscriptions font connaître les divers objets exposés dans la salle.

Ces objets appartiennent tous aux divers services qui ressortissent au conseil municipal et à la préfecture de la Seine.

Il y a d'abord l'exposition artistique comprenant les objets d'art achetés chaque année par la ville de Paris pour orner ses places et ses monuments ; nous les avons décrits déjà. Puis viennent les plans, coupes et modèles en relief des églises et des mairies construites pendant ces dernières années ; le tribunal de commerce, Bercy, les bibliothèques des mairies, la salle du conseil municipal, le cabinet du préfet.

Dans l'ordre des travaux publics figurent les égouts de Paris souterrain, non moins merveilleux, non moins étonnant que l'autre, qui comprend une étendue plus de six cents kilomètres. Qu'était donc, en comparaison, la *cloaca maxima* des Romains ? Elle n'était pas éclairée au gaz, et on ne la parcourait pas en wagonnet, promenade que des troupes de curieux font chaque semaine dans nos égouts. Là figurent aussi les travaux qui ont amené à Paris les eaux de la Vanne et de la Dhuys, les pompes à incendie, l'installation de la Morgue, les secours aux blessés, etc.

Le milieu de la salle est occupé par différents modèles des écoles municipales de Paris, ainsi que des travaux qui y ont été exécutés.

La partie la plus complète et la plus curieuse de cette exposition est celle de l'Assistance publique, faite par les soins de M. Moring, son habile et intelligent directeur. Un pavillon spécial réservé aux aliénés attire tout d'abord les regards. On y voit non-seulement les travaux de broderie et de menuiserie exécutés par les malades, mais encore les vêtements qu'ils portent et les principaux modes de traitement employés, surtout l'hydrothérapie.

11.

Nous devons surtout appeler l'attention du visiteur sur la paroi qui fait le fond du cabinet et qui est en caoutchouc; c'est la représentation d'une amélioration très-importante apportée dans le traitement des aliénés. Jusqu'à ces dernières années, les malades qui étaient pris d'une agitation soudaine se voyaient revêtus de la camisole de force; cette camisole qui leur liait les membres, qui leur comprimait la poitrine, augmentait leur agitation au lieu de la diminuer, et la crise ne cessait que lorsque le malade tombait brisé, anéanti, entièrement privé de forces. A ce traitement barbare, usité encore dans beaucoup d'asiles, on en a substitué un plus logique et plus humain en même temps. L'agité est placé dans une cellule dont les murs, le plancher, les meubles sont entièrement en caoutchouc, et là il est livré à lui-même. Il ne peut se faire mal en se heurtant aux murs ou en se laissant tomber, il ne peut nuire à personne, il ne peut rien casser, les ustensiles indispensables admis à sa portée étant également en caoutchouc. Il peut se remuer à l'aise, ce qui aide à la transpiration et facilite la terminaison de l'accès. D'ailleurs il n'est pas abandonné pour cela, et un gardien le surveille par la lucarne placée au milieu de la porte. Cette cellule des agités fonctionne à Sainte-Anne, asile central pour les aliénés du département de la Seine, à la tête duquel se trouvent deux médecins de haute valeur, les docteurs Magnan et Bouchereau, et que tous les médecins de passage à Paris s'empressent de visiter.

L'Assistance publique a exposé également le modèle de son nouvel hôpital de Ménilmontant, qui est ce que l'on a construit jusqu'à présent de plus complet. Une des principales améliorations consiste en ce que l'hôpital se compose de pavillons isolés dans lesquels sont soignées les maladies de divers genres.

Enfin il ne faut pas oublier de voir l'exposition archéologique faite toujours par l'Assistance publique, qui a ouvert pour cette circonstance les trésors de ses archives. Parmi ces pièces curieuses et uniques, il faut citer :

Un livre manuscrit, avec enluminures du xv⁰ siècle;

Deux volumes des comptes de l'Hôtel-Dieu ; l'un de 1361 à 1395, l'autre de 1536;

Un petit volume manuscrit, datant de 1680 et contenant le règlement de Sainte-Pélagie;

L'inventaire des reliques et du trésor de l'hôpital Saint-Jacques en l'an 1666;

Plan original de l'hôpital Saint-Louis, présenté à Henri IV, par Sully, avec un autographe de ce ministre;

Autographe de saint Vincent de Paul (1641);

ANNEXES ANGLAISES

Hangar du parc latéral de Suffren.

Nous nageons au milieu des machines, surtout des machines agricoles. En voici pour battre le blé qui sont très-ingénieusement construites; on y met la gerbe toute liée, et c'est elle qui se charge de la délier, de couper la paille, de séparer l'ivraie du bon grain, et de rendre celui-ci tout prêt à moudre. On peut le faire sur place, grâce à une machine voisine très-ingénieusement construite. C'est une locomobile qu'on emmène avec soi sur le lieu même de la moisson, on la chauffe avec de la paille, elle communique le mouvement à une meule, et le blé est moulu à l'endroit même où on l'a récolté. Les machines reviennent ainsi à la ferme, rapportant la farine toute prête à vendre et les neuf dixièmes de la paille, un dixième ayant suffi à la consommation de la locomobile. Tout auprès est une machine qui n'est pas pour nos climats, d'un côté elle presse le sucre de canne pour en extraire le sucre, de l'autre côté elle le cristallise, mais elle n'a pas trouvé le moyen de le raffiner, et sous ce rapport les colonies seront toujours tributaires de l'Europe. Machine à faire de la glace par la vaporisation de l'éther. On chauffe l'éther qui se vaporise et en se vaporisant refroidit l'eau qui est en contact avec lui; par ce système, 1000 kilos de glaces reviennent à 8 shellings, pas tout à fait un centime les 10 kil.; c'est le système que nous avons vu mis en pratique à l'Exposition de 1867, dans le kiosque occupé par MM. Mignon Rouart, qui employaient l'annacomique au lieu de l'éther. Machine à rafraîchir la bière et diminuer la quantité de glace que sont obligés d'employer les brasseurs. La bière tombe le long de tubes en cuivre échelonnés et remplis d'eau; la première partie de ces tubes est pleine d'eau prise aux alentours, et son contact pour faire descendre la bière à 1° au-dessus de zéro; dans la seconde sont des mélanges réfrigérants qui portent la température à 1° au-dessous. Avec ce système économie de 60 pour cent sur les qualités de glace employées jusqu'ici; du moins, à ce que prétend l'inventeur. Quand nous aurons jeté un coup d'œil sur la voiture de gala du Lord maire, sur les nombreuses voitures de courses, sur les écuries modèles installées avec un comfort bien entendu, nous aurons terminé la visite des annexes anglaises. N'oublions pas toutefois la machine avec laquelle M. Colmann fabrique une moutarde qui a fait le tour du monde, absolument comme la graine d'épinards.

Cottages anglais

dans le parc d'Iéna, au bout de la tranchée.

Deux ingénieuses constructions en béton vissé, système Lascelle. A l'extérieur vous les prendriez pour des maisons vulgaires en briques et en tuiles. En réalité, les matériaux de construction pour les murs et les toits, comme pour les cloisons et les planchers intérieurs, consistent uniquement en ceci : des plaques de béton avec quatre trous aux angles pour les vis. Vous pouvez bâtir votre maison vous-même, pourvu que vous ayez un châssis en bois qui en figure la carcasse. Vous superposez verticalement vos plaques, en les vissant sur les montants de ce châssis, et vous avez votre mur. Vous étendez horizontalement des plaques semblables sur les poutrelles transversales, vous avez votre plancher. Et c'est d'un bon marché fabuleux. L'inventeur se fait fort de vous procurer pour 3000 francs une maison de ce genre qu'on pourra — surcroît de bonheur — démonter quand il plaira et transporter ailleurs. Celles qu'il expose ont un étage supérieur et plusieurs pièces très-convenables par exemple, pour une famille de mineurs dans les houillères anglaises.

ANNEXES FRANCAISES

Hangar latéral du sud

entre la porte Rapp et l'École militaire.

Visitez cette annexe, ne fût-ce qu'à cause des appareils télégraphiques. A l'entrée à droite, appareil Baudot, le plus perfectionné et le plus complet de tous ceux qui existent jusqu'à ce jour. Cinq dépêches peuvent partir simultanément par le même fil, et dans des sens contraires ; ainsi cet appareil fonctionne entre Paris et Bordeaux, et on lance en même temps trois dépêches de Paris, deux de Bordeaux. Le résultat pratique est d'envoyer deux cents dépêches par heure et de faire 36,000 signes dans cet espace de temps. C'est ici qu'on peut voir les appareils du téléphone, cette merveilleuse et féconde nouveauté qui en a enfanté tant d'autres, le phonographe, par exemple, et qui n'est pas au bout de son rouleau.

La salle suivante contient le plan en relief de la cité ouvrière des mines de Béthune, et surtout le **bâtiment des mines d'Anzin,** construit avec des blocs imitant le charbon. On y voit représenté en petit tous les détails de l'exploitation, avec puits de mines, machines, chariots, wagonnets, etc. Les galeries sont à jour, avec leurs rails dont on peut suivre les méandres, comme Gulliver aurait parcouru une cité lilliputienne en se promenant au-dessus. Du rez-de-chaussée qui représente le sous-sol de la mine, on peut monter à l'étage supérieur qui représente la surface avec ses bâtiments sur lesquels on pourrait s'asseoir.

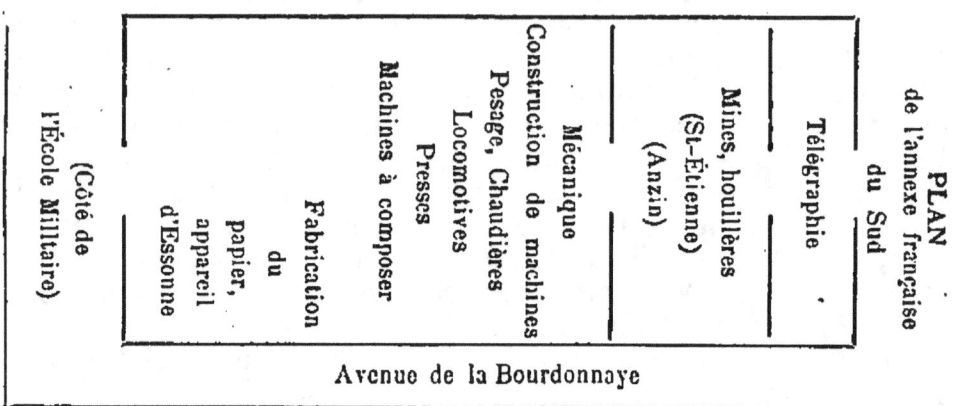

Dans la grande salle apparaît la belle machine sortie des ateliers de Fives-Lille, bouilleurs à deux tubulures offrant 200 mètres de surface de chauffe. Vient ensuite une partie qui, quoique technique, n'en intéresse pas moins tout le public, celle des wagons de chemins de fer. Les grandes Compagnies ont exposé des modèles de wagons perfectionnés qui fonctionnent déjà ou vont fonctionner dans peu de temps. Ce sont des wagons de luxe destinés aux longs trajets et aux trains rapides. La Compagnie du Nord expose un wagon contenant un compartiment de *lit-toilette* qui est une merveille de confortable et d'aménagement. Le compartiment très-large est occupé par trois fauteuils, dits crapauds. Veut-on se coucher, on tire une poignée qui se trouve à la partie supérieure du siége ; aussitôt un lit s'abat avec draps et matelas, et il n'est besoin que d'y prendre place. En face du voyageur est un panneau à glace qui glisse sur lui-même et donne entrée dans un cabinet de toilette contenant un lavabo et un water-closet. Les wagons de la compagnie d'Orléans, ceux qui accomplissent le trajet rapide entre Paris et Bordeaux, sont organisés à peu près de la même façon. Il faut examiner de près leur système de suspension sur des ressorts en acier ; grâce à cette méthode, on ne sent plus les secousses, les cahots, les trépidations qui font d'un long voyage un supplice pour le système nerveux.

Fabrication de papier sans fin.

Au bout de cette annexe, une magnifique et intéressante installation nous apprend comment on fait le papier sans fin. La machine est de M. L'huillier, de Vienne (Isère). La maison Darblay père, fils et Bérenger qui fabriquent à Essonnes du papier et des pâtes de paille, a entrepris la lourde tâche de faire fonctioner cette machine sous les yeux du public. Jamais entreprise aussi colossale n'avait été essayée dans aucune exposition.

L'obstacle provenait surtout de l'emplacement exigé par certaines opérations, telles que le collage du papier. Il a fallu se contenter d'un papier sans colle, dont la vente du reste est courante dans le commerce. Il a fallu renoncer aussi à montrer au public les préparations qui précèdent le raffinage des pâtes. La matière première est donc amenée tous les jours de la papeterie d'Essonnes. Elle arrive en rouleaux pressés à l'état de pâte blanche. Mais on la voit triturer par deux cylindres raffineurs placés sur un massifs en maçonnerie en tête de la machine à papier.

Une machine à vapeur de la force de vingt chevaux, construite par M. Farcot, donne le mouvement.

Lorsque la pâte est suffisamment triturée, elle descend dans un cuvier en maçonnerie où un agitateur à axe horizontal la brasse et la maintient en suspension ; une roue à éraper, placée dans un cuvier, remonte la pâte à son niveau supérieur, à la tête de la machine ; une vanne sert à régler la quantité de pâte reçue suivant la force du papier à fabriquer.

La pâte circule sur dix tabliers assez étendus ; elle passe dans un épurateur tournant dans lequel l'aspiration est produite par le mouvement rapide d'un diaphragme, elle s'échappe par l'orifice central pour s'écouler sur la table de fabrication, composée d'une toile en cuivre qui a 12 mètres de longueur ; un mouvement d'oscillation très-rapide sert à enchevêtrer les fibres du papier.

Des pompes aspirantes font le vide dans deux caisses placées sous la toile métallique en cuivre ; une partie de l'eau contenue dans la pâte s'écoulant ainsi par la prescion atmosphérique, le papier arrive à être assez consistant pour être détaché de la première presse.

Le papier passe alors suscessivement sous quatre presses en fonte, enveloppées de feutres (presses coucheuses) et deux autres presses également enveloppées de feutres (presses montantes) ; une pression plus ou moins énergique exercée sur ces presses, exprime la presque totalité de l'eau contenue dans le papier, qui est conduit à la main sur une batterie de huit cylindres en fonte, dans lesquels la vapeur circule pour les chauffer. Une satineuse, avant qu'on soit arrivé au dernier sécheur, s'empare du papier et le presse fortement.

À la sortie du dernier cylindre, le papier se rend sur des dévidoirs en bois où il s'enroule ; lorsque ces dévidoirs sont chargée, on réunit plusieurs feuilles qui sont coupées longitudinalement et transversalement par une coupure du système Verny d'Aubenas. Le papier mis en rames est en état d'être livré á la consommation.

Voilà une exposition curieuse et instructive, et si la galerie du travail en comptait quelques-unes de semblables, elle offrirait un spectacle autrement profitable.

Hangar du chauffage et de l'éclairage.

Plusieurs objets à remarquer dans cette salle : d'abord la *rôtissoire automatique*; c'est une sorte de tour ronde en fer-blanc : on suspend le poulet au milieu, on allume le feu dans un des côtés faisant retrait, puis on les laisse se débattre ensemble; l'air chaud monte et met en mouvement une sorte de moulinet qui fait tourner le poulet; au bout d'une **demi-heure** il est cuit, et il ne reste qu'à le manger. *La cuisine économique* : deux surfaces concaves en fer-blanc, s'adaptant presque hermétiquement l'une sur l'autre; on met au milieu des œufs, un bifsteck, une côtelette, on allume au-dessous un journal; quand le journal entier y a passé, au bout de trois minutes environ, le bifsteck est cuit, car il a profité de toute la chaleur dont pas une parcelle ne s'est perdue; par exemple il ne vaut pas ceux du Café anglais, mais c'est si commode. — Non loin de là *le fer à souder* du docteur Paquelin une des inventions les plus remarquables de cette année. On a sous le bras une boîte en fer blanc à moitié remplie de pétrole, et dans la main un fer à souder qui communique avec la boîte par un tube en caoutchouc. La vapeur du pétrole se rend dans le fer à souder, s'y allume, le porte au rouge vif et permet de faire tous les travaux sans avoir l'embarras de transporter un réchaud, sans crainte de mettre le feu; par le même système de la vapeur de pétrole, appareils de chauffage et d'éclairage le réservoir de pétrole peut-être à une très grande distance, ce qui éloigne toute crainte d'incendie.

Pavillon des travaux publics.

Ce kiosque si élégant, surmonté d'un phare métallique revêtu de faïence à l'extérieur et très-bien aménagé à l'intérieur, est un peu sérieux par la nature des objets qu'on y trouve. Nous avons vu, dans la section étrangère, la Hollande exposer ses travaux d'art récemment exécutés, les desséchements qu'elle a fait, et celui qu'elle va entreprendre pour le Zuiderzée. La France n'est pas restée en arrière; elle a accompli des œuvres remarquables dans ce genre et dont elle est justement fière. Elle a donné une grande impulsion aussi aux travaux de chemins de fer; pour les apprécier, il ne faut pas seulement prendre pour points de comparaison les peuplades encore primitives de l'Amérique centrale qui suspendent des lianes d'une rive à l'autre du fleuve et se servent de ce pont improvisé; mais bien les Américains, si inventifs, si féconds en ressources, et rapprocher le chemin de fer du Pacifique bâti avec une rapidité merveilleuse et qu'on sera bientôt obligé de refaire en grande partie, avec nos grandes voies ferrées, un peu coûteuses peut-être, mais dont les œuvres d'art font l'admiration .des connaisseurs. Outre les échantillons de notre production minéralogique et une carte minéralogique de la France, ce pavillon comprend des plans, coupes, tableaux et figurations en relief des principaux travaux exécutés par le ministère des travaux publics. Parmi les principaux il faut citer: le pont des Mantes, le bassin de radoub de Bordeaux, les ports du Havre, de Dunkerque, le canal de l'Est, le bassin de Pénohéit, le canal du Forey, le phare du Pilier, le phare de Planir, la gare de l'Est, le barrage du pont de Riot, tous nos grands ponts, une carte représentant les voies de communication de la France, en un mot tout ce qui. est du domaine de l'École des Mines et de l'École des ponts et chaussées.

Pavillon de la photochromie.

Ce pavillon a été construit par M. Dalloz pour y exposer les résultats déjà obtenus par M. Vidal, dans cette grave question de la photographie en couleur. Jusqu'à présent on n'a pu y parvenir directement, et quelques-uns (M. Vidal entre autres) commençaient à douter de la possibilité de sa réalisation. Le jugement est trop absolu, et il est permis d'en rappeler. En attendant, ces recherches n'ont point été infructueuses, et l'on est arrivé à des résultats que la chromo-lithographie n'eût jamais obtenus. On n'a, pour s'en convaincre, qu'à jeter les yeux sur les belles épreuves qui tapissent les murs; à voir le coffret de saint Louis, le portrait de Gaston de Foix, différents autres objets précieux tirés de la galerie d'Apollon : il y a là un relief qui est quelque chose de merveilleux et qu'on ne pourrait obtenir d'aucune autre façon.

Kiosque de la manufacture des tabacs.

La foule s'y porte en grande abondance, et si ce kiosque reçoit la visite de tous les fumeurs, priseurs, chiqueurs de France et de l'étranger, il sera certainement le plus fréquenté. On peut suivre de l'œil toutes les opérations par lesquelles passe le tabac avant d'arriver dans la boîte du débitant; on assiste à toutes les opérations du mouillage, du séchage, du hachage, qui sont une réduction de celles qui fonctionnent à la Manufacture des tabacs.

L'une d'elles est très-ingénieuse : elle ne laisse passer le tabac à priser que lorsqu'il a atteint la finesse voulue ; jusque-là, lorsqu'il se présente à l'orifice, elle le rejette et le renvoie au couteau. Mais les deux machines les plus fêtées, celles qui voient autour d'elles le plus grand nombre de curieux, sont la machine à fabriquer les cigarettes et la machine à paqueter le tabac. Cette machine à faire les cigarettes est vraiment précieuse ; on lui met entre les dents l'extrémité d'un papier sans fin, elle le coupe, le plie, le remplit de tabac et rejette la cigarette ainsi faite avec une aisance qu'envierait un Espagnol. L'autre machine est plus amusante encore : on lui présente des paquets tout préparés et elle les ferme ; mais halte-là ! pour qu'elle consente à les fermer, il faut qu'ils soient du poids voulu, sans quoi elle les rejette impitoyablement : qu'ils aient quelques grammes de plus ou quelques grammes de moins, et les voilà impitoyablement condamnés.

Le Creusot.

Le Creusot a fait une très-belle exposition de ses travaux métallurgiques dans un vaste pavillon qu'il a fait précéder d'un emblème colossal : une porte formée d'un marteau pilon ; ce qu'on en voit n'est qu'un fac-simile en bois. Le marteau pilon qu'on a voulu reproduire, pèse (y compris la pièce sur laquelle il frappe et qui manque ici) 700 000 kilogr. Le pavillon, dont M. Sédille a été l'architecte, se termine aux quatre coins par un autre emblème : une 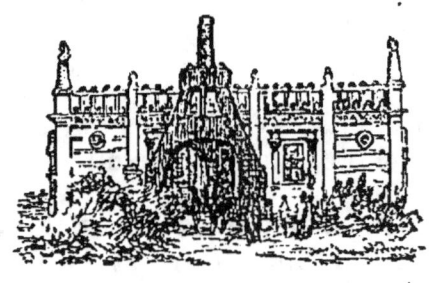 sculpture représentant une cheminée de haut-fourneau. Quant à décrire l'intérieur si riches en œuvres spéciales, en plans, en dessins, en échantillons qui disent très-haut l'activité productive et la puissance de ces forges et de ces fonderies, il faut y renoncer.

Terrenoire. — Lavoulte. — Bessèges.

Autre compagnie de forges et fonderies ; ses progrès, sa prospérité, sont attestés par des nouveautés métallurgiques d'un intérêt très-grand pour les spécialistes :

Une frette tourillon, par exemple, en acier coulé, non martelé, métal sans soufflure, exposé tel qu'il sort des fourneaux ; ce morceau pèse 7000 kilogrammes, une étagère de fers à planchers et de rails d'acier faits à Tamaris (près d'Alais), plusieurs atteignent une longueur de 20 mètres ; le modèle d'une machine soufflante pour le bessemer. système Wolf (travail vertical) employé à Bessèges. — Enfin la série instructive des transformations successives du métal ; fonte, fer, acier, acier carburé, acier manganisé, acier silicé, etc., série démontrée par des échantillons et des cassures.

HANGAR DU QUAI DE BILLY

Le vélocipède à vapeur.

Oui, monsieur, un vélocipède à vapeur ! et qui marche admirablement, qui plus est, comme il est facile de s'en convaincre en visitant le manège de M. Perraux, installé dans les bâtiments du génie civil : derrière la selle sur la quelle se place le cavalier, se trouve une petite chaudière, à peu près de la forme et de la longueur d'un chapeau d'homme ; cette chaudière est posée sur quelques tiges de fer arrondies en forme de gril. A ce gril est joint un petit réservoir rempli d'alcool... Vous allumez l'alcool, absolument comme si vous vouliez faire une tasse de café dans une lampe à esprit-de-vin ; au bout de quelques minutes les vapeurs de l'alcool se dégagent, elles vont remplir les tiges de fer qui forment le gril, et tout enflammées, sortent par de petites ouvertures, contre la chaudière, ce qui met au bout de sept à huit minutes l'eau en ébullition. Dès que la vapeur d'eau est produite à son tour, vous donnez libre jeu au piston, et voilà votre vélocipède parti, et qui marchera vingt-quatre heures de suite si vous le voulez, à raison de 6 à 7 kilomètres à l'heure.

ANNEXES AGRICOLES DU QUAI D'ORSAY.

Il faudra un jour entrer ou sortir par la porte qui donne au bout du pont de l'Alma afin de pouvoir, au moins en passant, se faire idée des machines et des produits de l'agriculture, exposés avec beaucoup d'ordre, de soin et de propreté, dans quatre hangars le long du quai d'Orsay.

Si vous préférez les machines, prenez la rangée de gauche en entrant. Vous y verrez force charrues, force pressoirs, force moissonneuses.

Si vous penchez pour les produits, c'est la droite qu'il faut prendre, c'est à dire le côté du parapet.

Les quatre hangars sont ainsi disposés :

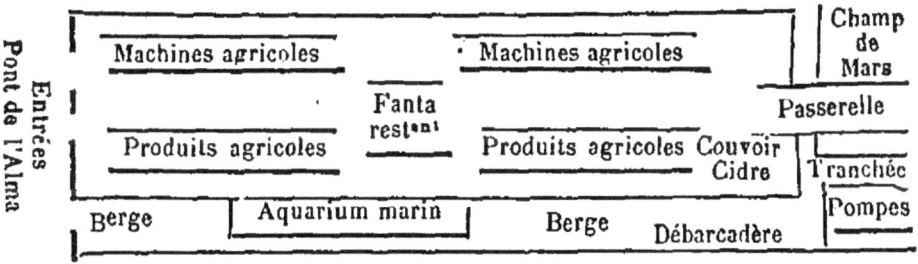

Entre les deux rangées, une allée a été ménagée, fort à propos décorée de ce qu'on pourrait appeler des statues agricoles, statues d'animaux, de bœufs, de chevaux, de cerfs, de biches et même de lions, lions chimère, lions sphinx, lions nature. Au point central de l'allée, interruption des hangars, et là apparaît le restaurant Fanta.

Le côté des produits contien plusieurs curiosités qui intéresseront même le profane. Au milieu d'innombrables gerbes de blé et de piles de pommes de terre ou de betteraves, on aura le plaisir de contempler une étagère de Champagne, et quelque chose de plus profitable, une série comparative des différents crus de vins, dressée par un pharmacien de Clermont-Ferrand, M. Gautier-Lacroze, avec la vue des topettes contenant le liquide et l'indication des vertus particulières à chaque cru, celui-ci sujet à aigrir à tel âge, à s'améliorer à tel autre... et au-dessous une autre série également instructive, la série des plantes d'Auvergne représentée par un *sujet* desséché, adroitement collé derrière la vitre d'un flacon rempli de ses confrères.

On apprendrait aussi dans ces hangars les différents aspects et la riche variété de nos bois alignés par tranches : peuplier, if, aune, cormier, mérisier, platane, etc.; une vraie gamme de veines et de teintes.

On y remarquerait aussi un assez curieux modèle de chemin de fer à rails flexibles formés de câbles fort aisés, paraît-il, à établir sur n'importe quel terrain, même en travers des ruisseaux en guise de ponts suspendus; un appareil pour faire du beurre à la minute; un autre pour traire les vaches « mécaniquement sans toucher » (une sorte de robinet, on voit cela d'ici) puis un instrument pour découper les pommes de terre en tire-bouchons; beaucoup de vues en dessin ou en relief de fermes et de métairies.

Enfin : le supplice des chapons, la terrible gaveuse pour engraisser de force la volaille.

Au bout de ces hangars, deux petits pavillons : l'un pour abriter une fabrication de cidre de Normandie, avec débit, naturellement; l'autre pour abriter un couvoir artificiel et les petits poulets qui en sont sortis. Ceci dénote beaucoup de soins; tout près la gaveuse fait rêver.

Et nous voilà arrivés à la passerelle du Champ de Mars.

Reprenons notre course et traversons le pont d'Iéna.

Parc du Trocadéro.

Nous avons déjà indiqué (pages 17 et 18) la distribution du Trocadéro et l'emplacement occupé par les diverses constructions

étrangères. La plus nouvelle à nos expositions et la plus intéressante est la suivante :

L'enclos japonais.

Plus simple dans ses goûts que la Chine, le Japon a fait au
Trocadéro, comme au Champ de Mars, des installations qui n'ont
point de clinquant.

Son terrain est occupé par la représentation, prosaïque en
apparence, charmante en réalité, d'un hameau, d'un jardin, d'une
basse-cour, comme il en existe chez lui et qui nous initie parfaitement à ses mœurs.

Clôture en treillage de bambous, maisonnettes de bois sans
couleurs ni vernis, où les tiges de bambous sont ingénieusement
entremêlées à des lames de cèdre ou de sapin.

Allons voir. Franchissons cette porte coquette dans sa simplicité,
au sommet de laquelle nous voyons figurés en sculpture de bois
les habitants ordinaires du poulailler, le coq et la poule.

Nous trouverons à droite, à gauche, partout, les ustensiles de
la ferme, les cages aux volailles, les cache-pot pour les fleurs,
les pliants pour prendre le frais au dehors, le vaste parasol en
papier pour s'abriter en famille, les surprenantes tables en bois
de cèdre larges de deux mètres et d'un seul bloc, sur lesquelles ils
ont étalé leurs jolis vases en bois à aspect de faïence verte ou
de bronze noir niellé, enfin les usages multiples auxquels se
plie leur complaisant et précieux bambou.

Nous entendrons piailler, nous verrons vivre comme chez eux
depuis leur coq-faisan au superbe plumage, jusqu'à leurs petites
poules blanches comme l'hermine.

Et si nous y tenons, dans l'habitation ouverte aux regards,
tapissée de nattes en paille de riz et cloisonnée de leur éternel
papier, nous pourrons être reçu par un Japonais en chair et en
os, et en costume cette fois, qui en fera les honneurs avec l'urba-
nité d'un Écossais — et qui vous parlera français, ce qui ne gâtera
rien à la visite.

Pavillon des forêts.

Ce pavillon, très-gracieux à l'œil, est fabriqué, nous l'avons dit
en parlant d'*architecture*, avec les divers bois de production
française. L'exposition qu'il renferme est un peu sérieuse, mais
bien disposée. Les murs sont chargés d'outils et d'ustensiles en
bois de toute sorte; ce sont les outils qui servent au travail,
puis les principaux objets de la vie nouvelle fabriqués avec le bois
de nos forêts. Les vitrines renferment des échantillons de végé-

taux et de minéraux, ainsi que tout le matériel d'enseignement resté dans les écoles des eaux et forêts. Les parties vraiment curieuses de cette Exposition sont les plans en relief qui se trouvent aux deux extrémités de la salle. A gauche vous voyez les travaux entrepris pour empêcher l'envahissement des dunes : sur les côtes qui ne sont point protégées par de hautes falaises, les sables du littoral sont entraînés par le vent qui souffle du large et ont des tendances à envahir les terres, les arbres peuvent seuls arrêter cet envahissement en donnant de la fixité au sol et en brisant la force du vent. Il est difficile de faire prendre les arbres au milieu de ces sables stériles; on y arrive pourtant, et les voyageurs qui vont de Boulogne-sur-Mer à Calais peuvent voir un travail de ce genre entre la station d'Étaples et celle de Boulogne. A l'autre extrémité du pavillon se trouvent les travaux pour le reboisement des montagnes. Dans les montagnes où les forêts ont été détruites, on voit arriver des accidents épouvantables ; naguère, dans une vallée des Pyrénées, un orage précipitait en moins de vingt minutes trois cent vingt mille mètres cubes de détritus, qui allaient répandre au loin la stérilité et la désolation. Pour éviter ces accidents, on procède au barrage du torrent, on fait sur les pentes des clayonnages et des digues, puis on les reboise. Depuis 1860, quatre mille hectares de terrain ont été ainsi reboisés.

Pavillon algérien.

L'intérieur du pavillon algérien répond à la curiosité que sa façade a fait naître. Tout d'abord on entre dans un vestibule surmonté d'une coupole percée à jour, ce qui donne lieu à de curieux jeux de lumière. Le milieu du palais est occupé par un jardin rempli de plantes exotiques avec une fontaine au milieu. Ce jardin est entouré d'arcades mauresques encadrées de faïences mauresques. Chacune de ces arcades est remplie par un motif de menuiserie d'un dessin élégant et soutenue par de petites colonnes. L'intérieur est décoré d'inscriptions arabes et de motifs empruntés aux meilleurs modèles orientaux. Dans les galeries entourant ce jardin, se trouvent les produits envoyés par deux mille exposants algériens, et pour la plupart des produits agricoles qui montrent la richesse et la fertilité de notre colonie. Le vin, le café, le tabac, les minéraux, les fruits, les céréales, les eaux minérales, les pailles, l'alfa qui sert à tant d'usages, entre autres à faire du papier, se trouvent là répandus à profusion. Parmi les objets plus particulièrement pittoresques, il faut citer : les costumes nationaux, les armes, les bijoux, les étoffes, les tapis surtout, dont quelques-uns sont composés de dix mille morceaux cousus ensemble.

Si l'extérieur du palais algérien a la forme d'une mosquée, l'intérieur représente un caravansérail. Le caravansérail joue un rôle important dans la vie de l'Oriental, surtout de l'Oriental nomade. C'est un abri réservé au voyageur, aussi bien dans la campagne que dans la ville; le marchand, le pèlerin, le mendiant, arrivent, et ils trouvent un bâtiment pour reposer leur tête, de l'eau pour se désaltérer, du bois pour faire cuire leurs aliments; mais il ne faut pas demander autre chose; les bêtes ont une écurie pour se coucher, les hommes une chambre pour étendre leurs membres. Si l'hospitalité est peu confortable, en revanche elle n'est pas coûteuse, et l'on ne doit aucune rémunération au gardien qui fait la police du caravansérail et qui fournit l'eau et le bois. Ces monuments sont fondés par des sultans ou par de riches marchands, qui croient faire œuvre agréable à Dieu. L'hospitalité passe chez les Orientaux pour la première de toutes les vertus, parce que c'est celle dont il a le plus souvent besoin. Quelques-uns de ces caravansérails comprenaient dans leur enceinte des mosquées, des parcs et des jets d'eau. On en rencontre dans toute l'Asie, jusque dans l'Inde, où ils prennent le nom de *Bengalow*, et où leur nombre a été multiplié par les soins des Anglais.

Tout autour du palais algérien se dressent des constructions fantaisistes, cafés et bazars, dans lesquels on vend des liqueurs, des bananes, des bonbons, des productions algériennes et autres.

Maisons des Alsaciens-Lorrains.

Derrière le palais algérien, tout près de la porte d'Iéna, se erouvent deux maisons simplement construites, qui font contraste avec les bâtiments de toutes formes et de toutes couleurs qui les tntourent. C'est un modèle des maisons données aux Alsaciens-Lorrains qui sont allés s'établir en Afrique après la guerre de 1870. On leur donnait la maison, les meubles qu'on y voit, la batterie de cuisine qui se trouve dans une petite pièce contiguë, des instruments aratoires, une paire de bœufs, et tant qu'ils ne travaillaient pas une somme de un franc cinquante chaque jour, par personne, et un franc pour les enfants. On trouve sur la table du gardien un rapport du comte d'Haussonville, président de la Société de protection des Alsaciens-Lorrains, dans lequel il présente un tableau complet de ce qu'a fait cette société et des résultats qu'elle a obtenus.

RESTAURANTS ET DISTRACTIONS

L'homme ne vit pas seulement d'admiration, et plus il a surexcité son système nerveux, plus il a besoin de réparer les forces perdues.

Nous allons indiquer en quelques lignes, au visiteur, comment il doit s'y prendre pour se restaurer ou pour se rafraîchir.

Restaurants et buffets.

Bourses modestes : deux établissements situés au bout du parc et contre l'Ecole militaire : le restaurant Duval et la brasserie Gangloff : tous les deux imposés par la commission ; ont les mêmes prix, ceux des restaurants Duval dans l'intérieur de Paris.

Restaurants intermédiaires : le Restaurant universel, près de l'École militaire, vers la porte Tourville ; brasserie-restaurant Fanta, sur le quai d'Orsay, au centre de l'Exposition agricole. Dans ces deux endroits on peut déjeuner à 4 francs et dîner à 6 francs. Se méfier des suppléments qui augmentent, de beaucoup ces prix rémunératoires.

Grands restaurants : deux restaurants français ; l'un dans le Champ de Mars, à la sortie du pont d'Iéna, derrière le pavillon du Creusot ; l'autre dans le palais du Trocadéro, au pied de la cascade ; restaurant belge, dans le Champ de Mars, en face du restaurant français, le restaurant espagnol, au Trocadéro, en face du restaurant français. Ces restaurants sont chers, les restaurants étrangers surtout. Le visiteur n'a pas à réclamer contre les tarifs, mais il doit exiger d'être servi convenablement, ce qui n'a pas toujours lieu ; il doit surtout ne pas souffrir qu'on lui compte les objets au delà du tarif indiqué, ce qui n'a eu lieu que trop souvent. La commission a dû intervenir plusieurs fois pour rappeler à l'ordre les directeurs de plusieurs établissements, dont la conduite a nui à leurs confrères ; car pour nous, qui nous bornons à suivre la foule et à noter ses impressions, nous devons assurer que les cafés et les restaurants n'ont pas sa sympathie jusqu'à ce jour : à eux de la faire revenir sur cette impression.

Parmi les autres endroits où l'on mange, il faut encore citer les quatre **buffets** situés aux quatre angles du Champ de Mars, au pied des grands pavillons. Côté français : le buffet Godefroid, vers le pont d'Iéna ; buffet Garen, vers l'École militaire, côté étranger ; le buffet anglo-américain, vers le pont d'Iéna ; le buffet hollandais, vers l'École militaire. Dans ces buffets on trouve des viandes froides, des pâtisseries, des sandwich, des glaces, des boissons de toute sorte ; on y peut déjeuner et luncher.

On mange aussi à la brasserie Castel, établie tout nouvellement à une des extrémités du parc, derrière les annexes anglaises, tout près de la gare du chemin de fer de l'Ouest, ainsi que dans beaucoup d'autres qui s'établissent de tous les côtés, sur le pont, sous les marquises, etc.

L'auberge hongroise.

Une auberge hongroise est située dans la partie du parc qui va à la section d'Autriche-Hongrie, le long de l'avenue de Suffren, vers le milieu à peu près, et touchant la porte. Cette petite auberge est très caractéristique, avec son toit de chaume, son balcon et les deux petites pièces qui la composent. On mange de la cuisine hongroise, c'est-à-dire des viandes apprêtées avec une sauce particulière ; on y boit du vin de Hongrie, dont la vente a été la vraie cause de l'édification de ce bâtiment. Une musique de Tziganes est constamment installée sur la terrasse et contribue beaucoup à attirer les amateurs du vin hongrois, qui tout seul n'aurait pas eu autant de succès, car il est cher, et il n'est pas de ceux dont les mérites soient appréciés par notre palais.

Si l'on se porte avec tant d'empressement vers la musique des Tziganes, c'est que les distractions sont rares dans le parc ; on n'a guère d'autre ressource que d'aller vers le

Cabaret russe.

Situé tout à côté. Du koumys y est vendu par des marchandes dont le costume est tantôt russe et tantôt français, mais dont le langage est invariablement parisien. Quant au koumys, qui doit être fait avec du lait de jument aigri et venir des steppes de l'Oural, on ne lui demande pas sa feuille de route, et on a raison.

Il ne faut pas non plus demander un passe-port à la gracieuse jeune femme assise dans un kiosque voisin et revêtue du costume de Kief. On s'approche, croyant qu'on va trouver pour le moins du kwas, tandis qu'on se trouve en face d'une eau hygénique ; la forme de la bouteille, les pailles qui en garnissent les angles, font un si bel effet, qu'on ne songe pas un seul moment à demander si cette eau vient réellement des bords de la Néva.

Les dégustations.

En continuant un peu plus loin dans le sens de l'École militaire, nous trouvons le pavillon hollandais, où l'on débite du curaçao et du bitter. Le casque d'or placé sur la tête de trois jeunes Frisonnes faisant le service donne encore plus d'authencité à cette exhibition. En face, dégustation du vin de Madère. Par dégustation entendez vente, comme chez le marchand du coin.

En longeant l'Ecole militaire, et tout près du restaurant Duval, autre dégustation, pompeusement instituée : Dégustation des liqueurs coloniales : c'est un établissement de la mère Moreaux.

Le long de l'avenue la Bourdonnaye, de chaque côté de la porte Rapp, deux grands établissements de dégustation : celui des vins français, celui des eaux minérales.

Le pavillon des **vins** français est une succursale de Bercy, où vont surtout les acheteurs sérieux; la moitié du pavillon est occupée par la Champagne, qui est symbolisée par un immense tonneau : c'est le coin le plus fêté par les étrangers. Le pavillon des **eaux minérales** reçoit chaque jour de nombreuses visites; pour 15 ou 25 centimes (selon la nature de l'eau) on a un verre d'eau minérale fraîche, agréable à boire et parfumée avec du sirop d'orange, sans compter le sourire gracieux et le bon accueil des dames qui tiennent le comptoir accompagnement qui n'est pas si fréquent que cela au Champ de Mars.

Les cafés et les bazars d'Afrique (au Trocadéro).

Il faut ensuite traverser le pont d'Iéna, et l'on trouve deux groupes distincts; celui du palais algérien, à droite ; celui de Tunis et du Maroc, à gauche. Autour du palais algérien, il y a des cafés, des bazars vendant des liqueurs indigènes, des dattes, des bananes, etc.

Les pavillons Tunisiens.

On y va, attiré par le crin-crin de quatre musiciens à babouches, qui sont censés donner avec leur tambour de basque et leur tambourin de faïence un *concert* mauresque.

Faces orientales peut-être, mais acclimatées depuis longtemps aux lazzis des barrières parisiennes. On les voit alignés sur un fond de mur, plantés sur des chaises, avec une désinvolture de corps de garde, raclant négligemment leurs monotones instruments.

Et c'est pour avoir ce coup d'œil assez plat qu'on entre dans cette maigre baraque, pompeusement décorée du nom de tunisienne, où tout semble se moquer du naïf qui s'y aventure, depuis le soubassement, en *faïence orientale*, de toile mal peinte, jusqu'aux poteaux sordidement posés pour soutenir les solives d'un plafond découpé à la hache, depuis les tables vernies en vert, avec une tache rose au milieu, jusqu'au garçon narquois qui vous apporte, en se pinçant les lèvres, un café noir et boueux dans un godet sur un coquetier. On a tenu à conserver la couleur locale, sinon pour les splendeurs du décor, du moins pour ces petits détails faciles à copier. Voulez-vous du feu? « Point d'allumettes ici, vous répond le garçon, nous n'en connaissons pas en Afrique » et il vous apporte, en compensation, pour être tout à fait Africain, un charbon allumé au bout d'une pincette crasseuse. Hélas! hélas! quelle mince idée des mœurs de ce pays nous donne là cette exhibition! Concert et café, salle et usages, tout se vaut. On vit peut-être ainsi dans quelque caboulot d'un arrière-faubourg de Tunis.

Quand vous êtes lassé du café tunisien, — « Derrière le café, nous avons des *Tunisiennes*, » vous dit le garçon compatissant pour vous consoler. En effet, on peut les apercevoir (vaguement, par bonheur!) assises au fond de quelques noirs comptoirs alignés sous prétexte de bazar, perdues au milieu de loques, de tapisseries et de mousselines qui pendent, en désordre, sur un étalage de babouches à paillettes, de narghilehs et de pipes dorées.

Cet étalage, toutefois, a beaucoup de succès, à cause du clinquant et du bon marché. On peut s'y procurer — souvenirs de Tunis et de l'Exposition — des bijoux, en cuivre émaillé, qui font beaucoup d'effet, et qui ne sont même pas dénués de goût, car ils sont fabriqués en France; des bracelets en filigrane et autres menus objets, qui tentent le passant, et lui font promptement vider son porte-monnaie.

Même répétition au Maroc. Encore des boutiques de foire, des échoppes à arcades mauresques et des Africains quelconques, enturbanés, qui vous débiteront encore des bijoux de pacotille, encore des étuis en noix de coco, et, malgré leur air juif fortement accentué, des.... crucifix! beaucoup de crucifix! et des chapelets, et des bénitiers, et des coupe-papier en « bois d'olivier de Jérusalem. » — Elle est très-amusante cette exposition du Maroc.

Le Maroc a du moins une terrasse de laquelle on jouit d'une belle vue sur l'Exposition ; des trois musiciens qui psalmodient toute la journée en l'honneur du consommateur, celui du milieu est un homme de poids, il pèse 190 kilos.

L'Aquarium.

L'aquarium, c'est trop tôt pour en parler ; les poissons ont jusqu'à ce jour refusé de s'y acclimater : c'est dommage, pour l'aquarium d'eau douce surtout, qui est des plus pittoresques, au milieu du parc du Trocadéro.

La superficie de l'aquarium est d'environ 2600 mètres. Les allées intérieures ont, en moyenne, 6 mètres de largeur. 24 bacs, d'une profondeur variant de 5 mètres à 2m,40 et d'une capacité moyenne de 30 mètres cubes, sont rangés le long de ces allées et portent des numéros d'ordre. Ceux du rocher central sont numérotés de 1 à 7, ceux du côté du palais de 8 à 17, et ceux du côté du pavillon de l'administration des eaux et forêts, de 18 à 24. On a employé pour ces bacs trois sortes de dimensions de glaces ; la première de 1m,10 sur 1m,10, la seconde de 1m,10 sur 0m,90, et la troisième de 1m,10 sur 0m,70. L'épaisseur des glaces est de 22 millimètres. Toute la maçonnerie est, comme celle du palais, faite au ciment, et la voûte en meulières.

L'alimentation des bacs se fait par le rocher central, au moyen de deux conduites se dirigeant l'une à droite et l'autre à gauche. Les appareils et la machine d'insufflation d'air sont placés dans le kiosque qui surmonte ce rocher. L'eau sortant de ce kiosque coule en cascades le long du rocher pour tomber ensuite dans le bac n° 1, où se trouve une échelle de poissons. Du côté du palais, une petite rivière sort d'un rocher élevé dans le pavillon intermédiaire de l'aile droite du palais, et ses eaux viennent se répandre en cascades dans un bassin qui se trouve à l'intérieur de l'aquarium.

Les bacs se vident par en bas dans les cuvettes en maçonnerie d'où les eaux s'échappent au moyen d'un égout circulaire relié au collecteur de l'avenue d'Iéna.

L'aquarium a deux entrées ; l'une devant la maison du garde des eaux et forêts, du côté de l'avenue d'Iéna ; l'autre, qui est l'entrée principale, contre l'allée partant de l'avenue d'Iéna, et aboutissant au pavillon de tête de l'aile droite du palais.

Six ponts relient les allées extérieures avec la grande allée de l'aquarium, et deux ponts mettent cette dernière en communication avec le rocher central.

Près de l'entrée principale, devant le bac 10, on a pratiqué un passage dont le plafond et les parois en glaces permettent aux visiteurs de se croire entourés de toutes parts par les curiosités aquatiques de ces bassins.

La disposition des bacs a produit des reflets de lumière et d'eau vraiment curieux : ainsi, sous les voûtes de l'aquarium, on aperçoit parfaitement, dans la glace du bac 13, l'escalier de l'aquarium et la maison du garde des eaux et forêts ; de même, dans la glace du bac 10, ont voit le pavillon de l'Algérie, élevé à 200 mètres de l'aquarium, en face du pavillon de tête de l'aile droite du palais.

L'Ascenseur.

Enfin, il fonctionne après trois mois d'attente. L'ascenseur qui est prêt, est celui de M. Édoux, situé dans la tour qui est à gauche du palais en entrant par la porte du Trocadéro. Une plate-forme pouvant contenir cinquante personnes s'élève en deux minutes à la première terrasse formant l'encorbellement de la tour. Sur cette terrasse, trois cents personnes peuvent tenir à l'aise. Elle est élevée de 62 mètres au-dessus de la cascade, de 100 mètres au-dessus de la Seine, de 124 mètres au-dessus du niveau de la mer. On y jouit d'une vue admirable sur Paris et les environs. Prix pour monter et descendre : 2 francs par personne. Le public trouve que le point de vue est très-élevé, mais que le prix l'est encore davantage; que pour vingt sous il vient de voir les merveilles artistiques et industrielles des deux mondes, tandis qu'on lui en demande quarante pour satisfaire une simple curiosité. En cela, ma foi! il n'a pas tort! [1].

---

[1] Au moment où nous mettons sous presse cette nouvelle édition, la course en ascenseur ne coûte plus que 1 franc. On met 4 minutes à monter et 4 à descendre. Choisir un jour de temps clair, c'est-à-dire de vent du midi.

TABLE DES MATIÈRES

TABLE PAR NOMS D'AUTEURS

TABLE DES PRINCIPALES CURIOSITÉS

Typographie Lahure, rue de Fleurus, 9, à Paris